사상의 분단

사상의 분단

2018년 6월 23일 초판 1쇄 발행

지은이   연광석

편집   최인희 김삼권 조정민
디자인   이경란
인쇄   도담프린팅
종이   타라유통

펴낸곳   나름북스
펴낸이   임두혁
등록   2010.3.16. 제2014-000024호
주소   서울 마포구 월드컵로 15길 67(망원동) 2층
전화   (02)6083-8395
팩스   (02)323-8395
이메일   narumbooks@gmail.com
홈페이지 www.narumbooks.com
페이스북 www.facebook.com/narumbooks7

ISBN   979-11-86036-41-9 93300
값 18,000원

이 도서의 국립중앙도서관 출판예정도서목록(CIP)은 서지정보유통지원시스템 홈페이지
(http://seoji.nl.go.kr)와 국가자료공동목록시스템(http://www.nl.go.kr/kolisnet)에서
이용하실 수 있습니다. (CIP제어번호: CIP2018016677)

사상의 분단

아시아를 방법으로 박현채를 다시 읽다

연광석 지음

나름북스

머리말

21세기에 들어선 지도 이미 18년째 접어들었다. 이 시점에서 20세기 1980년대의 동아시아와 남한의 사상 상황을 재역사화한다는 것은 어떤 의미일까?

지난 1월부터 한반도와 동아시아의 정세는 격동하고 있다. 한국전쟁을 경유하여 공고화된 분단 체제가 흔들리는 듯 보인다. 남과 북의 최고 지도자가 판문점에서 만났고, 장차 종전 선언 및 정전협정의 평화협정으로의 전환 가능성까지도 예상되고 있다. 정세의 전환이 진정한 평화를 향하고 있다면 마땅히 환영할 일이다. 그러나 나는 지식작업자로서 이 전환을 마주하며 부끄러움을 먼저 느낀다. 지식은 정치를 결정하지 않지만, 지식을 참조하지 않는 정치는 없다는 점에서 그렇다.

나는 지금과 같은 정세 변화를 마주하며 1980년대 중후반과

1990년대 초반 우리의 지적 상황을 떠올린다. 동구권의 사회주의가 동요 끝에 무너지고, '역사의 종언'이 회자되던 그 시절을 우리는 어떻게 경험했던가? 서구적 현대성에 근거하여 요구된 정상성의 조건들로서 자본주의적 발전(OECD 가입), 자유주의적 정치 체제(이른바 '민주화'), 국제법적 국가 지위의 획득(유엔 가입)이 가상적으로 충족되었던 시기가 바로 이때였다. 그러나 곧이어 그러한 가상적 정상성은 1997년의 위기로 폭로된 바 있다. 그런 후 2000년대는 어떠했나? 1997년 위기를 또다시 '가상'적으로 극복한 2000년대는 사실상 '위기의 일상화'를 대가로 얻은 것이었다. 그리고 지금 위기는 이곳에서 살아가는 사람들의 일상적 감성의 일부가 되어 있지만, 위기를 풀어갈 답을 찾는 길은 여전히 안개 속이다.

나는 이 책에서 지난 20세기 1980년대의 지성사적 전환을 '사상의 단절'로 개괄했다. 단절로 인해 우리의 지식사상은 '탈식민(de-colonization) 없는 포스트 식민'에 '탈냉전(de-Cold Warization) 없는 포스트 냉전'이 포개지는 상황에 처해졌다고 보았다. 분단 체제는 이 역사적 과정을 관통하고 있다. 포스트 식민적 정치사회 체제가 반공주의/권위주의적 분단 체제였다면, 포스트 냉전적 정치사회 체제는 반공주의/자유주의적 분단 체제였다고 볼 수 있다. 우리 안의 반공주의는 사라지지 않고 진화해 왔다. 위로부터 주어지는 강압적 반공주의가 가상적 정상성을 매개로 개별 주체에게 내면화되어 오히려 주체적 반공주의로 발전한 것이다. 이제 반공주의에 대한 비판의 자원은 역설적으로 공산주의가 비판했던 자유주의에게서 찾아진다.

1980년대 후반 포스트 냉전을 가져온 힘은 무엇이었던가? 우리는 그것을 냉전, 특히 유럽적 냉전 체제, 즉 자본주의와 사회주의라는 구도 속에서 바라보았다. 소련과 동구권 사회주의의 몰락이 '역사의 종언'으로 이야기되었던 이유가 거기에 있다. 같은 맥락에서 중국, 나아가 '북조선'에 대해서도 곧 '종언'을 맞이할 것으로 예상하곤 했다. 세계를 중심과 주변으로 나누고, 중심을 기준으로 주변을 분류하던 구미 중심적 세계관은 포스트 냉전으로의 전환을 추동한 역사적 동력을 자폐적인 세계상 안에서 찾았다. 그러나 식민/제국주의는 식민지 경영 또는 신식민적 국민국가를 통해 세계를 자본주의적으로 묶는 공간/시간적 균질화의 실천을 해 왔지만, 이에 대한 저항과 극복의 역사는 권역적 국제주의를 통해 국민국가의 경계를 넘는 다양한 국제주의/민족주의적 실천을 만들어 왔다. 1955년의 반둥회의는 그 성과이자 새로운 기점이었다. 그 이후의 역사는 굴곡과 부침이 있었지만, 지구적 차원에서 볼 때 역사를 갖는 민족적 주체의 권역적 실천은 끊임없이 이어져 왔다. 신식민/분단 체제하에서 사상의 단절을 겪은 남한의 지식은 이러한 역사를 읽을 시야를 제공하지 못했다.

우리에게 냉전의 동요는 1980년대까지도 외부 세계의 일인 것처럼 보였지만, 이 책에서 동아시아 권역의 참조점으로 삼고 있는 대만의 시각에서 보면 1970년대 또는 그 이전부터 세계사적 전환이 냉전의 동요로 표현되고 있었다. 그만큼 인식론적인 지체가 뚜렷했다. 그런데 이처럼 1980년대적 전환을 거친 1990년대의 지식사상계는 오히려 지체 자체를 망각하고 유럽적 현대성 '이후'에 침잠해 있었다. 현대성의 기준에서 가상적으로 충족된 주체성이 이제 포스트-현대성 논의를 능동적으로 전유하는 대대적 흐름으로 이어진 것이다. 그리고 마침내 찾아온 1997년의 위기 앞에서 우리의 지식사상은 무기력했다. 역사에 대한 망각이 일반화된 상황에서 지성사적 성찰은 갈피조차 잡을 수 없었다. 그리하여 2000년대는 사람들의 삶이 일상적인 위기에 처한 가운데, 그야말로 '사상의 종언'이었다고 할 만한 지적 상황으로 접어든다. 민간 학술사상의 자생적 공간이 가상적 정상성에 의해 확립된 대학 체제의 분과 학문 체계에 흡수되면서 학술사상계는 역사적이고 사회적인 요구에 대해 침묵하게 되었다.

그리고 지금 세계사는 다시 대전환의 시기에 접어들었고, 한반도와 동아시아의 정세에도 역동성을 부여하고 있다. 이에 대한 주체적인 지적 대응이 절실하다. 그러나 절실함은 조급함을 낳기 쉽다. 오히려 '사상의 빈곤'을 인정하고, 중장기적 호흡으로 그 근본적 원인에 대한 성찰을 하나의 사상운동으로 전개하는 것이 우선일 것이다.

　이 책은 이와 같은 우리의 지성사적 위기 상황에 대해 답을 모색하는 성찰의 시도다. 이를 진행하는 가운데 남한의 박현채 선생과 대만의 진영진 선생에게 큰 빚을 졌다. 물론 이 책은 그들의 사상 실천을 이론적 소유의 대상으로 삼아 체계화하지 않는다. 그들의 사상적 실천은 이 책의 논점으로 환원될 수는 없으며, 오히려 하나의 매개가 되어 그동안 제국/식민주의적 지식 체제에 가려져 있던 문제들을 주체적으로 논의할 수 있는 공간을 만들어줄 것이다.

　책이 나오기까지 큰 도움을 준 나름북스 편집진들에게 특히 감사드린다. 이 책의 출판이 '사상'의 쓸모를 고민하는 사람들에게 도움이 되길 바란다.

2018년 5월 25일
구로구 항동에서

서설

역사와 지리적 제약이라는 차이 때문에 대만台灣은 조선朝鮮과 달리 할양의 방식으로 일본 식민지가 되었다. 이로 인해 대만은 식민·분단의 중첩이라는 역사적 종별성을 얻었다. 이 종별성은 남한과 같이 냉전하 분단 상황에 처했음에도 대만이 남한과 다른 역사적 조건을 형성하게 했다. 즉, 냉전 시기의 대만은 더욱 직접적으로 '냉전의 동요'를 체험했다. 특히 대만의 지식사상계는 1970년대 초 조어대釣魚台 보위 운동[1]으로 역사적 주체성을 계발했고, 이어서 '현대시 논쟁' 및 '향토문학 논쟁'[2]을 경험

---

1 "조어대 보위 운동保釣運動: 1970년 9월 미국은 오키나와沖繩를 일본에 되돌려주기로 결정했는데, 미국 측이 공포한 범위에 대만의 조어대 군도(조어도.댜오위다오)가 포함됐다. 이에 대만에서 일어난 영토 소유권 보호 운동은 반미, 반일 운동을 거쳐 국민당 비판으로 전환되었고, 이어서 민족주의적 각성과 정치 및 사회에 대한 비판운동을 촉발해 70년대 반체제운동의 도화선이자 출발점이 되었다." 陳映真,《思想的貧困》(台北: 人間出版社, 1988), 201~202면.

2 "현대시 논쟁·향토문학 논쟁: 전자는 현실 사회로부터 유리되어 일관되게 서구를 모방하는 현대시와 모더니즘 비판에 관한 1972~73년의 논쟁을 말한다. 이 논쟁은 1970년대 대만 사실주의 문학 형성의 계기가 되었다. 이 문학 조류는 주로 대만 사회를 묘사해 '향토문학'이라

하면서 외부와의 관계성이 부각되는 '주체성' 관련 사상 담론 공간을 형성한 바 있다. 이와 같은 시대적 배경에서 대만의 사상가 진영진陳映真 천잉전(1937~2016)은 1980년대 '국민당'에 대항하는 '당외黨外' 운동의 성장과 양자의 공모성이 특징인 정치 환경의 대전환을 마주하고 '사상의 빈곤'이라는 문제를 제기했다. 그는 잡지 《인간人間》 창간(1985) 등 문학의 영역을 넘어 '중국통일연맹' 창립(1988)과 같이 더욱 적극적으로 사회 참여를 실천했다.

1980년대 '사상의 빈곤'으로 고뇌했던 진영진은 1989년 4월 10일부터 23일까지 기자 신분으로 남한을 방문해 당시 남한 민족민중운동의 각 영역과 의제를 취재했다. 진영진이 '전국민족민주운동연합'을 방문한 후 《인간》 6월호[3]에 게재한 보도는 그가

불렀다. 이러한 정세에 맞서 국민당 주변의 문학가들이 이를 공산주의 문학이라 비판하면서 1977~78년의 향토문학 논쟁이 발발했다. 이 논쟁을 통해 현실주의 문학 조류가 광범위한 사회적 동의를 얻었고, 동시에 향토문학 논자들 사이에서도 문학관의 분기가 출현하게 되었다." 陳映真, 《思想的貧困》(台北: 人間出版社, 1988), 202면. 향토문학론을 대표하는 인물 가운데 하나인 진영진은 일찍이 〈당천의 코미디唐倩的喜劇〉(1967)에서 식민주의적 현대주의 지식 문화를 강하게 비판한 바 있다.

3 다음을 참고하라. 陳光興(2010), 〈陳映真的第三世界: 狂人／瘋子／精神病篇〉, 《台灣社會研究季刊》, 78期(六月號), 215~268면; 陳光興(2011), 〈陳映真的第三世界: 50年代左翼份子的昨日今生〉, 《台灣社會研究季刊》, 84期(九月號), 137~242면. 《인간》의 각 보도 기사 제목은 "민족의 신문, 민중을 위한 발언 - 한겨레의 정신과 작업"; "우리는 한국 민족·민주운동의 전통을 가지고 있다 - 전민련: 한국 민중민주화운동의 사령부"; "젊고 열렬한 무궁화 - 80년대 한국 학생운동"; "존엄·행복 그리고 희망의 권리 - 한국 노동운동과 '서노련'"; "민중 속에 진리가 있으므로 - 한국 사회구성체 성격 논쟁과 한국 사회과학계의 늠름한 자태"; "한국 문학의 전후 - '부단혁명' 속에서 풍부해지며 발전해 온 한국 현대문학"; "예수는 가난한 사람 가운데 새 교회를 키웠다 - 한국 민중신학의 창시자 안병무 박사 인터뷰"; "내가 온 것은… 분쟁케 하려 함이라 - 새로운 한국 천주교는 '분쟁' 속에서 태동"; "전투 속에서 성장한 한국 민중

느낀 분위기를 잘 전해 준다.

거대한 서울의 작은 골목에 위치한 전민련(전국민족민주운동연합)은 사무실의 조촐한 탁자와 의자들로 물질적인 곤궁함을 보여주었다. 그렇지만 인터뷰를 진행하는 동안, 바쁘고 왕성하며, 견실하고 근면 헌신하는 분위기를 볼 수 있었다. 이 구석진 사무실에서 국제적인 미디어에 등장해 깊은 인상을 남긴 한국 중공업의 동맹파업, 학생들의 용맹스러운 시위를 지휘하고 있던 것이다…. '진보'적 지식인의 '이론적 거만'도, '혁명적 영웅'이 뿜내는 전기傳奇와 풍채風采도 없었다. 내게 남겨진 인상은 바로 민중의 소박하고, 진실하며, 친절하고, 때로 이를 드러내며 웃는…, 그리고 전민련이 격동적인 운동과 실천을 구체적으로 추동하고 있다는 사실이었다. 나는 마침내 한국 민중이 30년의 엄혹한 단련하에 키워낸 두텁고 강인한 힘을 절실히 느낄 수 있었다.[4]

진영진이 작성한 보도는 미디어, 민주화운동, 학생운동, 노동자운동, 사회구성체 논쟁, 민중신학, 천주교, 민중연극, 미술, 영

연극": "모든 사람의 평등과 자유를 위한 미술 - 한국 민족미술운동의 이론과 실천"; "한국 민족영화운동의 첫걸음"; "교육 민주를 위한 전진"; "한국 공해 운동의 시야",《人間》1989年 6月號, 98~155면. 이어서 진영진은《인간》1989년 7월호에 김문호金文豪, 김명식金明植 및 권영빈權寧彬을 인터뷰한 내용을 실었다.《人間》(1989年 7月號), 132~143면 참조.

4　陳映真,〈我們有韓國民族·民主運動的傳統-'全民聯': 韓國民衆民主化運動的司令部〉,《人間》, 1989年 6月號, 109면. 이하 중한 번역문은 모두 필자가 직접 옮긴 것이다.

화, 교육, 환경 등 13개 영역의 단체와 인물을 취재한 것이었다. 그는 글에서 자신이 관찰한 대만과 남한의 유사성과 차이를 문학적으로 묘사하고 있다. 진영진은 이를 통해 대만사상계의 자기 성찰적 과제를 제시하려 했을 것이다. 몇 가지를 예로 들면 다음과 같다.

〔전민련 보도 가운데〕 몸은 비쩍 마른 멀대였고, 피부는 까무잡잡했다. 웃으면 골초 특유의 누런 이가 드러나지만, 이 또한 견실한 치아였다. 마치 대북현台北縣 신장新莊, 판교板橋 일대의 젊은 노동자 같았다.

〔학생운동 지도자와 관련한 보도 가운데〕 이런 남자아이는 대북台北·타이베이의 대학 캠퍼스 어디서나 만날 수 있다. 그저 그들이 대부분 기타, 댄스, '연애 행각'에 빠져 있을 뿐이다. … 그러나 눈앞의 임종석은 일주일 후면 '서총련'의 의장뿐만 아니라 '전국대학생대표자협의회'의 의장으로 선출될 예정이었다. 일 년여 동안 들끓었던 한국의 학생운동이 바로 그, 그리고 그와 마찬가지로 그저 '옆집 소년The boy next door' 같은 모습의 대학생 간부들에 의해 기획 및 지휘되고 있었던 것이다.

〔서울지하철 노동자 파업을 주도한 여공 관련 보도 가운데〕 겉보기에 대만의 신장, 판교 지역 도처에서 만날 법한 다부지고, 순박하며, 근면한 농촌 출신의 여공과 꼭 같은 전영미[5]가 눈앞에 있었다. 그녀는 교회가 설

---

5 '김영미'의 오기.

립한 노동자 야학에서 의식화되었다고 한다. 1984년 그녀는 효성 자본의 공장에서 노조 지도부를 맡았고, 3월에 있었던 서울지하철 노동자 파업 사건을 조직하기도 했다.[6]

진영진은 남한을 통해 대만을 성찰하는 과정에서 한편으로는 남한 민족민주운동, 특히 사상운동을 크게 기대했고, 다른 한편으로는 대만의 상황을 구체적으로 반성했다.[7]

한국의 사회구성체 성격 논쟁은 30년대 중국의 '사회사 논쟁'을 상기시킨다. 그리고 한국 민족문학 논쟁 또한 과거 중국의 '문예자유 논쟁'을 연상시킨다. 중국의 논쟁들은 사회가 해체되고 국사가 혼란스러운 시대에 출현한 것인데, 한국의 논쟁은 오히려 한국 자본주의가 완강하게 전진하고, 서방 자본주의 선진국의 문화 '혁명'이 이미 완전히 붕괴하여

---

6 《人間》1989年 6月號, 98~155면.

7 그렇지만 당시 남한 논쟁에 대한 진영진의 이해는 다소 표면적인 측면이 있다. 이러한 상황은 진영진의 오해라기보다는 그가 당시 직접 인용한 내용이 2차 해석을 거친 것이었기 때문으로 보아야 옳을 것이다. 그가 보도에서 '박현채는 PD파의 대표 인물'이라고 언급하는 부분이 전형적인 예다. "박현채가 대표하는 일파는 작금의 한국 사회를 '국가독점자본주의' 사회로 본다. 남북이 대립하는 긴장 정세는 반공과 방공을 통한 '부국강병'을 위해 국가로 하여금 재정, 금융, 노사관계, 공공건설 및 경제건설 전개… 등 광범위하고 강력한 개입을 하게 했다. 이로 인해 사회 모순의 초점은 피압박 민중에 대한 내외적 독점자본의 지배에 있으며, 운동의 주도 역량은 노동자 계급, 농민 및 빈민이고, 운동의 성격은 독점자본주의를 타도하는 반제 반(군부)파시즘적 '인민민주혁명(people's democratic revolution, 약칭PDR)'이다", 《人間》(1989年 6月號), 125면.

흔적도 없이 사라진 시대에 출현하고 있다. 자본주의가 기본적으로 발전하고 있는 한국에서 학생, 지식인, 작가, 사회, 사회운동 및 노동자를 광범위하게 끌어들이는 강인한 실천은 궁극적으로 어떤 의의를 전하는 것일까? 전 지구적 혁명 사상과 운동이 커다란 퇴조를 보이는 대 허무의 시대에 깊이 생각할 문제가 아닌가?[8]

나는 소전小全의 통역을 들으며 노트에 필사적으로 써 내려갔다. 그러나 마음은 수시로 대만의 사회학계로 날아가 있었다. 이와 같은 인터뷰 가운데 스스로 부끄러움과 비애를 느끼지 않을 사람이 누가 있겠는가?[9]

진영진은 20세기 전반기 동아시아와 제3세계의 사상해방 공간으로서 중국에서 축적된 풍부한 사상전통이 남한의 1980년대에 부활하는 모습을 본 것 같았다. 그래서 그는 커다란 기대를 품었고, 동시에 대만의 사상적 상황에 절망을 느끼기도 했다. 그런데 주체적인 '탈식민'과 '탈냉전' 목표의 진전 상황에서 볼 때, 21세기 초엽의 오늘날 우리는 그의 기대와 실제 역사의 전개가 일치하지 않았음을 부인할 수 없다. 오히려 역사적 단절을 거쳐 가상적인 자립을 기초로 한 포스트 냉전 시기에 접어들었던 것

---

8 〈韓國文學的戰後-在「不斷革命」中豐富和發展的韓國現代文學〉, 《人間》(1989年 6月號), 131면.

9 〈因為在民衆中有真理-韓國社會構成體性質的論戰和韓國社科界的英姿〉, 《人間》(1989年 6月號), 127면.

이다. 우리는 이 어긋남의 배경이 무엇인지 곰곰이 되돌아볼 필요가 있다.

1970년대 말 남한 중부의 농촌에서 출생했고, 1990년대 남한 학생운동의 영향을 받아 세계관을 형성한 나는 일련의 곡절을 거쳐 1980년대 남한의 사상과 운동 상황에 관심을 가진 진영진을 만나게 되었다. 제3세계와 남한에 대한 진영진의 관심에 내가 주목한 것은 관심 대상이 남한이기 때문만은 아니다. 그의 사상적 실천 자체가 일찍이 식민 이후 우리 지식 상황을 극복하기 위한 "권역적 참조 시야"를 체현하고 있었기 때문이다. 그래서 진영진은 마침내 내가 남한 당대 지식사상사로 되돌아가 성찰적 사상 작업을 할 수 있도록 해 줄 권역적 접속 지점이 된다. 사실상 21세기 남한의 지식사상은 과거 진영진이 남한에 대해 가졌던 기대에 크게 못 미친다. 그렇지만 21세기 사상적 결핍의 상황에서 진영진을 접속 지점으로 삼아 1980년대 남한 지식사상계로 진입하는 것은 1980년대 남한 지식사상 상황을 재역사화하기 위한 소중한 경로 가운데 하나일 것이다.

이 책에서 진영진의 사상 실천은 남한 당대 사상사 성찰의 권역적 참조점이 된다. 그러나 이 참조점이 역사에 재진입하는 역할을 담당하고, 그렇게 역사의 문이 열리게 되었을 때 그 역할은 끝난다. 이 책은 참조점을 모종의 이론 성취나 체계로 포장하고자 하는 여하한 의도를 가지지 않는다. 마찬가지로 남한의 중요한 사상가인 박현채朴玄埰(1934~1995)는 이 책의 핵심적 논구 대상이 된다. 박현채의 사상 실천을 재해석해 1980년대 사상 상황을 개방하려 한 시도가 성공하면, 이 책 속에서 박현채의 사상 실천이 담당하는 역할 또한 거기서 끝난다. 이는 그저 디딤돌에 불과하다. 이 책은 박현채의 사상 실천을 이론 체계로 포장하고자 하는 여하한 의도 또한 갖지 않는다. 오히려 사상 실천이 서로 마주하는 가운데 서로 다른 인식을 찾고자 시도할 것이고, 새로운 문제를 토론할 수 있는 공간을 열고자 할 것이다.

1장

무대의 설치

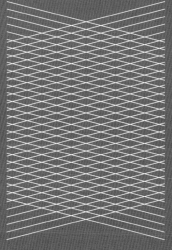

권역적 참조로 진입하기

사상적 곤혹이 어느 시점에 이르자 나는 사상 작업이 더욱 개방적인 매체를 취해야 하는 것이 아닐까 하고 생각하게 되었다. 왜냐하면, 식민 과정은 우리의 물질적이고 정신적인 조건을 왜곡했을 뿐만 아니라 본래 소통의 도구 또한 박탈해 버렸기 때문이다. 그래서 우리가 탈식민주의적 사상 작업을 전개할 때 이성적 담론을 넘어서는 감성적 호응 기제를 반드시 고안할 필요가 있다. 일정 기간이 지난 후 나는 심지어 사상 작업에 '굿'의 형식을 도입해 망각된 귀혼鬼魂을 다시 무대에 올려 해원解冤할 수 있지 않을까 생각하기도 했다.

내가 생각하는 지식사상 작업의 의의는 역사 안에서 지식의 윤리적 실천을 통해 공동체가 사랑에 기반을 둔 아름다운 삶의 모델을 건설하는 데 기여하는 것이다. 그리고 지식사상 작업이 '역사 안'에 선다는 것은 '죽음'을 통해 '삶'을 조망한다는 것이다. 이때 '죽음'은 '삶'에서 연역되는 죽음이 아니라 '삶'을 비추는 역사적인 '죽음'이다. 다시 말해 탈역사화된 '삶'의 논리에 의해 주변화, 왜곡, 망각된 '죽음'을 의미한다. 이런 맥락에서 '사상적 굿'은 성립할 수 있을 뿐만 아니라 나아가 지식사상 작업의 중요한 실천 형식의 하나로 보아야 한다.

탈역사화된 삶의 논리는 정치 이데올로기로서 '민주'로 표현되어 왔다. 이와 같은 '민주'는 단지 살아 있는 자에게 복무하는 정치이며, 우리의 역사 속에서 면면히 전해 내려오는 정치의 전통을 박탈해왔다. 나는 잠정적으로 이 전통을 '역사적 공산주의'로 부르고자 한다.[10] 식민주의적 현대성이 부여한 '민주'는 역사 없는 원자화된 개체 사이의 관념적이고 폭력적인 정치모델을 우리에게 강요했다고 볼 수 있다.

상대적으로 본래 다원적인 주체성을 가진 개별 민족은 생명력을 가진 역사 과정에서 기록되지 않거나 왜곡된 '죽은 자'를 불러내 해원하기를 반복하고, 그 가운데 미래의 방향을 찾아 현실을 살아가는 실천의 지침으로 삼는다. 따라서 역사적 공산주의의 '정치'를 회복하기 위해서는 '정치'를 밑받침하는 '역사'와 '사상'의 회복이 필수불가결하다. 이를 위한 '사상적 굿'의 시도가 이 책의 기본 구상이다. 사실상 지식인도 '죽은 자'의 목소리를

___

10 탈식민주의는 기본적으로 다원적 세계 구성과 역사의 운동성을 긍정하는데, 이 맥락에서 다원적인 '역사적 공산주의'라는 테제를 제시할 수 있다. 이는 다원주의적 역사관 및 세계관에서 주어지는 존재론적 '당위'로, 박현채의 '민족경제론'에서는 '민족적 생활양식론'으로 구체화하고, '역사의 정합'과 '사랑의 불가능성'과 같은 진영진의 주제 또한 이러한 문제의식을 반영한다. 이 책의 2장(모심)과 3장(씻김)의 관련 부분 참조.

들을 수 있는 무자巫者가 되어야 한다. 그리고 우리는 식민주의적 현대화가 박탈한 지식담당자의 이와 같은 소통 능력을 회복할 필요가 있다. 이번 장에서는 이 사상적 굿을 진행하기 위해 우선 무대를 설치한다.

1.
역사의 우위와
권역적 참조 연구

탈식민 과제가 지속해서 연기되는 남한의 사상 상황은 결국 나로 하여금 역사-지식-실천-윤리 등 사상 작업의 제 범주 간 복잡한 결합 관계를 사유하게 했다. 이 책은 이러한 사색의 단계적 성과로 볼 수 있다. 연구 전반의 길을 안내하는 아래의 내용은 아무래도 다소 규범적 담론의 성격을 갖는데, 사상적 굿 진행에 필요한 최소한의 무대 설치 작업으로 이해되길 희망한다.

지식의 모순

개별의 언어와 문화를 가지는 집단으로서의 인류는 유한한 지식에 근거해 자연/인문 환경에 실천적 작용을 가하고, 이 때문에 역사 속에서 주체가 된다. 이는 인류의 기본적인 특징이다. 그런데 역사는 그 변화에 관한 해석을 둘러싸고 인류에게 지적인 답변을 요구하며, 이 작업에 참여할 능력과 권한은 불평등하게 분배되어 있다. 이 때문에 '지식계급'이라는 존재론적 모순이 형성된다.

그리고 역사적 사상작용이 결핍된 현대의 지식 구조에서 엘리트주의와 포퓰리즘은 상호 전제이자 원인이 되어 지식생산과 실천 주체의 곤경을 드러낸다. 따라서 사회 모순의 해결은 지식 모순을 고려해야 한다. 이는 지식 모순 극복이 역사적 사회 모순 극복의 내재적 구성 부분임을 의미한다. 역사 속에서 지식 모순을 극복하려 한 집단 실험이 지식의 성격과 위상을 조정하긴 했지만, 지식 일반은 여전히 소멸하지 않고 은밀하게 또는 공개적으로 작용해 왔다. 이 때문에 지식의 불평등 또한 소멸하지 않는다.[11] 그래서 인류는 우선 지식의 불평등이라는 하나의 현실을 감당하는 동시에 새로운 역사 지식을 지속해서 생산해야 하며, 나아가 지식체계 조정('사상'적 노력)을 통해 지식에 근거한 미래의 가능성

---

11 중국에서는 1957년 반反우파운동에서 문화대혁명까지 지속해서 반反지성적/반反문화적 운동이 가장 격렬한 방식으로 이 모순을 돌출시킨 바 있다. 전리군錢理群.첸리췬은 모택동의 '모피론毛皮論(지식인을 동물가죽에 붙어 있는 털에 비유)'이 존재론적으로 지식(인)의 독립적 주체성을 부정했다고 본다. 이른바 모택동 시대의 중국은 '현대화/국가화'의 시기였으며, 정치와 문화(지식) 영역에서 '우파'를 제거하고자 했는데, 결과적으로 지식사상 영역에서 교정 기제의 작용이 극도로 축소되었다. 錢理群,《毛澤東時代和後毛澤東時代 1949~2009 : 另一種歷史書寫(上)》(台北 : 聯經, 2012), 95면[한국어판: 전리군,《모택동 시대와 포스트 모택동 시대 1949~2009 다르게 쓴 역사》(한울, 2012), 139면].

을 확보할 수 있게 된다. 우리는 이 같은 모순을 품고, 역사와 현실 안에서 긍정적으로 작용할 지식윤리 모델을 사고해야 한다.[12]

식민 이후의 지식

먼저 나는 "인간은 세계 속에 존재하고, 동시에 역사적 사회 속에 존재한다"는 명제를 제출한다.

이 명제는 매우 간단해 보인다. 익숙한 방식으로 이를 대할 경우 우리의 편향은 대체로 두 가지로 귀결된다. 첫째, 세계로부터 사회를 장악하고, 다시 개체를 장악한다. 둘째, 추상적 인간으로부터 인류학적 본질을 얻고, 다시 사회와 세계를 장악한다. 사실상 세계와 인류의 관계를 이해하는 이 두 가지 방식은 기본적으로 상호 전제가 되어 '보편적 인간과 보편적 세계'가 핵심인 서구적 보편주의 사유의 기본적 존재론과 인식론을 구성한다. 인간, 사회 그리고 세계에 대한 이와 같은 인식은 역사 속에서 '식민-제국주의'로 나타난 바 있다. 게다가 이러한 역사를 충분히 성찰하지 못한 상황에서 그 사유는 '신식민'으로 발전했다. 즉, '국민'

---

12 이 때문에 지식 체제 전환의 과도기에 지식담당자는 자신의 개별 학문 영역 자체의 모순을 인식하고, 성찰과 비판을 통해 개별 학문의 성격과 위상을 조정하여 전체 지식 실천과 민중 사이의 윤리적 관계 획득에 매진해야 한다. 특히 작금의 지식 모순을 지탱하는 현대/식민주의 대중교육 체계는 반드시 민간 학술사상 기제의 재구성을 통해서만 역사적 다원성 지향의 전환을 완성할 수 있다.

주체의 형성을 통해 일정하게 우리 내부에서 '보편화'한 것이다. 작금 우리의 지식 상황은 이를 여실히 증명하고 있다.

이처럼 우리에게 익숙한 인식 방식은 앞서 언급한 명제 속에서 '동시'가 갖는 '운동'적 의의를 무시한다. 지식의 장에서 이 운동성에 관한 인식은 식민 이후가 되어서야 비로소 과제로서 간주된 것 같다. 왜냐하면, 식민성에 대한 성찰이 관계 속에서 사회의 개별성을 다시 인식할 수 있는 계기를 제공했고, 이로부터 다원적인 역사와 문화가 마침내 유물론의 구성 부분이 되었기 때문이다.[13]

바꿔 말해 보자. 역사는 진행 중이며, 현실은 그 가운데 한 단계다. 대중으로서의 인간은 역사와 현실의 주체다. 우리는 역사와 현실을 분리할 수 없으며, 마땅히 양자를 통일적 관계로 보아야 하고, 동시에 그 관계에 동력을 주입해야 한다. 만약 부여된 보편으로서의 세계사로부터 개별 민족사를 인식한다면, 민간에서 역사를 만들어내는 대중적 주체를 인식할 수 없게 된다. 역사는 기본적으로 세계사를 구성하는 개별 민족사의 종합이기 때문이다. 우리는 여기에서 '사회'와 다른 '민족' 개념을 목도한다.

---

13 이는 우선적으로 식민지 민족해방운동이 제시한 것이며, 이어서 모종의 '제3세계론'으로 확장된 바 있다. 식민 문제를 도입한 이후 출현한 인식론적 조정에 관해 다음을 참고하라. 陳光興,〈第二章 : 去殖民〉,《去帝國 : 亞洲作為方法》(台北 : 行人, 2006)[한국어판 : 천꽝싱,《제국의 눈》(창비, 2003)].

나는 식민지 민족해방운동이 제시한 '민족'을 개체와 세계 사이의 매개이자, 나아가 인간이 세계와 사회에 동시에 속하는 '이중성'과 '운동성'을 해명할 핵심 개념으로 본다. 이러한 구도 속에서 사회는 개별 민족 내부의 인간관계 구성을 제시하는 이론 범주가 된다.

일반적으로 기존의 존재론과 인식론은 세계로부터 사회를 내려다보고, 다시 개체를 내려다보거나(예를 들어 넓은 의미의 '세계 체계world system'적 접근), 보편(특수)적 인류학으로부터 장악된 개체를 직접 세계로 내세운다(예를 들어 '세계시민주의 cosmopolitanism'적 관점). 반대로 민족적 개별사에 기반을 둔 역사 인식은 이러한 보편주의적 세계 인식과 세계사 서술을 거부할 뿐만 아니라, 더욱이 실천 동력을 파악하지 못하는 정태적인 '철학' 담론을 경계한다. 나는 역사 인식에 관한 이와 같은 조정의 궁극적 목적이 현실에서 자기 역사를 가진 민중의 주체성을 실현하는 데 있다고 본다.

토론을 동아시아로 좁혀 오면 문제 상황은 더욱 분명해진다. 식민 이후의 동아시아는 식민의 후과를 여전히 극복하지 못했으며, 내전을 거쳐 냉전 체계로 진입하게 되었다. 게다가 사회주의 세계와 자본주의 세계가 분할되고, 특히 자본주의 진영의 사상계 주류는 개별 민족사 인식이 결여된 채 식민주의적 현대성을 보편화하는 역할을 맡게 된다. 그러나 근래 우리는 사상계의 변두리에서 신식민 하 새로운 지식 조건과 문제의식에서 출발해 서로 다른 방식으로 현실에 대면하여 새롭게 역사를 인식하고자 했던 사상적 실천을 발굴하게 되었다.[14] 이 책은 이와 같은 탈식 민주의 사상 실천의 맥락을 계승하고, 동아시아 권역 내의 상호 참조 시야를 통해 남한 전후 사상사 성찰을 진행하고자 한다.

지식과 탈식민의 곤경

모택동의 '모순론'적 입장에서 볼 때, (반)식민지 사회에서 식 민주의적 현대성의 폭력(이른바 식민자와 대리인의 '제국-식민'적 폭 력)은 민중 및 사상계와 충돌을 빚어 내부 모순의 성격을 바꾸 고, 이 때문에 민족 모순은 주요모순으로 전환된다. 게다가 동아 시아의 '민족'은 '제국/국민'적 주체화에 대해 진행된 민족해방투 쟁 속에서 대안 체제 건설을 시도한 바 있다. 우리가 역사 앞에 서 결과론에 머물지 않는다면 당시 사상과 주체 모두 이질적이 고 모순적인 상태에 놓여 있었다고, 다시 말해 역사 앞에 개방적 인 상태였다고 말할 수 있을 것이다. 그러나 '내전'의 잔혹한 상호 폭력을 거치면서 냉전/분단 체제로 진입한 후, 이러한 복잡성은 식민주의적 현대성을 계승한 국민국가의 현대화와 그에 따른 폭

---

14 陳光興·張頌仁·高士明主編,《後／殖民知識狀況 : 亞洲當代思想讀本》(上海 : 世紀文景,
2012)을 참고하라.

력 때문에 편향적으로 단일화되었다. 또한, 그 과정에서 단일화된 주체는 식민 시기와 달리 '당대'의 역사를 살게 되고, 당대의 모순으로부터 국민국가 체제에 저항하는 제한된 정치성과 주체성을 형성하게 된다.

기존 인식론의 틀에서 동아시아 냉전은 '사회주의' 체제와 '자유주의' 체제의 이원 대립으로 재현되지만, 개별성에 근거해 '(半)식민-냉전'을 경험하면서 형성된 당대 역사의 궤적은 단순히 지식의 탈식민을 거치지 않은 '자유주의'나 '사회주의' 개념 또는 이론적 사조로 식별할 수 있는 것이 아니다. 따라서 동아시아 내부의 '사회주의에 대한 자유주의의 비판' 또는 '자유주의에 대한 사회주의의 비판'은 모두 일정한 인식론적 한계를 가진다고 할 수 있다.

그래서 우리는 다음과 같이 말할 수도 있다. 편향적으로 현대화된 당대 사회에서 작금의 지식은 '식민-제국'이 남긴 역사적이고 민족적인 문제를 효과적으로 다룰 수 있는 언어와 개념을 제공하지 못하고 있다. 이는 분단과 냉전이 낳은 핵심 후과 가운데 하나다. 그래서 우리는 역사적인 '민족' 문제(예를 들어 남한에 내재한 북한, 또는 대만에 내재한 중국 등과 같은 분단 체제 문제)를 토론할 때, 먼저 우리 지식 작업 속에 존재하는 보편-특수적인 언어와 담론을 문제화할 필요가 있다. 특히 기존의 보편주의적 인식과 분석이 모종의 가상에 근거하고 있기 때문이다. 즉, 인간과 세계에 대한 보편적 상이 매개 없이 자기 역사를 가지는 개별 민중 생활공간에 적용될 수 있다는 가상 말이다. 그 안에서 동아시아의 민중은 역사로부터 분리되어 '보편적이고 무차별적인' 대상이자 주체로 전환된다.

이러한 문제의식에 근거해 망각된 '내부'를 새롭게 발굴하며 비판적 주체성을 확립하고, 나아가 평등한 존재의 근거가 되는 다원적 '민족성', 주체적 자유의 근거인 관계적 '개체성', 그리고 이 양자가 '세계' 및 '사회'에 의해 소외되지 않는 존재형식을 사고할 수 있게 된다. 다시 말해, 여기에서 민족과 개체는 하나의 짝이 되는 개념으로 역사를 운동하게 한다. 민족의 다원 평등은 개체가 사회 속에서 자유로운 주체가 될 수 있는 전제이고, 또한 개체의 자유는 민족이 풍부성과 창조성을 갖게 해 세계사에 참여할 수 있게 한다. 상대적으로 보편주의의 자유 담론은 주로 보편적 인권 담론에 기대고 있다. 이 담론의 배후에는 원자화된 개인이라는 철학적 존재론(곧, 개체가 직접 세계를 대면하는 존재론)이 놓여 있다. 따라서 보편주의적 현대사회론에서 개체의 자유는 동적인 것이 아니라 정적인 것이다. 그리고 현대주의적 지식 전환을 기반으로 원자화된 개인은 보편적 사회를 구성하고, 나아가 세계시민이 된다. 결국, 이와 같은 무차별적 개체와 사회를 존재적 근거로 삼아 식민/현대주의적인 폐쇄적/정태적 세계상이 성립되었다.

탈식민주의는 우선 자유로운 개체의 실질 존재 형식인 '민중'이 능동적으로 역사에 참여하기 위한 중요한 사상 기초가 된다. 현재의 지식사상 곤경 아래서 우리가 지향하는 지식 작업은 주어진 이론-지식 틀에서 작금의 구도를 형성한 역사적 원인을 연역하는 것이 아니라, 오히려 주어진 지식체계에 의해 억압되고 주변화한 사상적 실천을 다시 발굴하고 그 계보를 복원하는 것이다. 그래서 역사적 전환기의 사상 상황을 풍부하게 하고, 궁극적으로 20세기 우리가 살아온 역사와 현실을 주체적이고 능동적으로 해석할 대안 관점을 확보하는 것이다. 이는 역사적 책임을 감당해 '자기역사화'하는 지식작업이다. 곧 역사를 다시 열어젖혀 보편-특수적인 인식 틀을 극복하고, 능동적으로 역사 안에 자리 잡는 지식작업이다. 이것이 비로소 주체적 실천 가능성을 확보하는 불가결한 전제다.

그러나 주의할 점이 있다. 당대의 역사 속에서 망각된 사상 자원은 분단-냉전 체제가 사상 방면에 초래한 왜곡 때문에 직접 발굴하거나 복원할 수 없으며, 따라서 일정한 우회가 필요하다는 점이다. 냉전 체제는 역사의 망각만을 초래한 것이 아니라 역사 유산을 식별할 시야와 언어 능력 또한 박탈했다. 이 양자는 기본적으로 동시에 진행된 것이다. 이런 상황에서 우리는 부지불식간에 포스트 냉전 주체가 되었다. 게다가 우리가 경험한 후-냉전 전환 과정은 냉전과 마찬가지로 수동적이었다. 따라서 탈냉전은 여전히 하나의 과제이며, 동시에 포스트 냉전이 가져온 또 하나의 가상, 즉 탈냉전이 없는 포스트 냉전 주체성 또한 문제 삼아야 한다. 이는 사실상 '표류'하는 주체성이며, 또한 역사적 지식 작용이 결여된 포퓰리즘이 팽배한 21세기 동아시아 상황의 주요한 배경이기도 하다. 따라서 비록 망각된 역사를 되찾는다 하더라도 기존의 언어 담론 공간에서 자신의 위치를 찾기란 여전히 매우 어렵다.

동아시아 권역적 참조점 및 역사의 우위

'우회'의 첫 번째 방향은 '동아시아'다.[15] 이는 주요하게 기성의 편향된 인식 틀을 다원화하는 문제의식이다. 그러나 우리는 동시에 동아시아 내부의 개별 단위 사이에 존재하는 불균등성도 주의해야 한다. 동아시아의 역사 경험은 식민, 내전, 그리고 냉전 등으로 중첩돼 있지만, 그것의 역사적 조합과 구체적 경험은 여전히 서로 다르며, 따라서 개별 단위의 대중적 이데올로기 조건

---

15 '동아시아'를 선택한 것은 남한과 동아시아 각국이 줄곧 역사적이고 권역적인 '국제주의' 실천 및 운동의 맥락을 공유하고 있어 사상연구에서 이미 상호참조 가능성이 주어져 있기 때문이다. 특히 '남한'의 지리적 위치와 역사적 주체성을 고려할 때, '동아시아'는 개념으로서 한계를 갖지만, 여전히 제1층위의 상호참조 공간이 될 수 있다. 이런 맥락에서 이 책의 핵심 문제의식은 내전, 냉전, 분단 문제에 집중된다.

또한 서로 다르기 때문이다. 그래서 서로 참조점이 될 가능성 또한 다층적이다. 그 가운데 남한과 대만(나아가 홍콩)은 내전, 냉전 및 분단에 관한 우선 상호참조 대상이다.[16]

두 번째 방향은 '역사'의 우위다. 우리가 지식과 대중의 관계 문제를 사고할 때, 역사 우위의 지식 입장에 선다는 것은 역사로부터 주어진 지식만이 대중과 결합할 수 있고, 대중을 역사의 주체로 내세울 수 있으며, 이로부터 대중의 실천이 닫힌 역사의 문을 열고 궁극적으로 엘리트주의/포퓰리즘이 내포하는 상호폭력을 피할 수 있게 된다는 의미다. 역사적 지식 작용 결여로 엘리트주의/포퓰리즘 기제가 일반화한 상황에서 '폭력'은 '이론적 추상물'로서 모종의 구조적 효과로 인식된다. 이는 '폭력'의 탈역사화이자 탈주체화라 할 수 있다. 비정상적인 개인/집단에 의한 '권위주의'적 국가폭력 또는 자본주의/사회주의 구조의 효과로서의 폭력에 대한 인식이 그러하다. 폭력의 '역사적 물질성'을 인식하지 못하는 사상적 한계가 진정한 '화해'를 통해 공동체를 재구성하지 못하고 '사법' 단죄를 반복하는 상황에서 표현되고 있다.

---

16 식민 경험을 중심으로 진행되는 대만과 남한의 비교는 본질화의 위험이 존재한다. 대만의 '식민'은 동시에 중국의 '半식민'이었기 때문이다. 이 때문에 조선의 대칭으로서의 대만이라는 설정 자체는 대만을 본질화하여 종국에 식민/분단의 중첩 문제를 배제할 가능성이 있다.

2.
당대 한반도의
역사적 중간물 박현채

    남한의 저명한 사회학자 김진균(1937~2004)은 1980년대부터 1990년대까지(심지어 2004년 별세하기 전까지도) 비판적 이론 및 학술운동의 핵심 역할을 담당했다. 그가 1985년에 쓴 〈80년대 한국 사회과학의 과제〉라는 글은 사회과학의 주체성 문제를 제기한다.

    학문적 전통성을 어느 정도 가지고 있었던 **경제학 일부**를 제외하면 70년대까지의 사회과학은 한국 사회의 역사적 과제가 무엇인가라는 질문에 대해 보편과학으로 대답할 뿐이었다. 학문은 하나의 국가 단위를 넘어서는 보편적 성격을 가지는 것으로만 생각되었고, 미국 주도의 정치·경제적 질서에 편입된 한국에서 미국의 학문 체계를 그대로 수용하고 그것도 최단시간 내에 소개하는 것이 학문적 발전으로 생각되는 경향까지 있었다. 물론 학문의 이데올로기성이 전혀 고려되지 않은 것은 아니었으나 학문적 역량의 미성숙으로 이에 관한 본질적 반성은 제대로 이뤄지지 않았다.[17] [이하 강조는 저자의 표시]

여기에서 김진균이 언급한 '경제학 일부'가 지시하는 것은 박현채 등의 경제학적 성과였다. 김진균은 이어서 '분단 시대'에 대한 인식의 중요성을 제기한다. 그는 이와 같은 문제의식이 문학적 상상력에서 먼저 표현되었다는 점에 주목했다. 그는 "적어도 지금까지는 문학적 상상력이 사회학적 상상력보다 시대적 현실에 훨씬 더 근접해 있고 시기적으로도 앞서 나왔다고 할 수 있다"고 말한다.[18] 흥미로운 것은 그의 문제의식에 경제학 일부로서의 '민족경제론'과 문학적 상상력에서 분단 모순을 인식한 '민족문학론'으로부터 적극적으로 사회과학을 성찰할 사상적 자원을 흡수하고자 하는 시도가 존재한다는 점이다.

사회과학의 식민성을 성찰하는 시각에서 보면, 이와 같은 박현채의 경제학은 당시 주류 사회과학과 달리 지식 전통을 계승했고, 민족문학론과의 분업 구도 하에서 1980년대 사상 및 이론 운동의 기초와 배경을 형성했다. 특히 박현채의 사상에서 보이

---

17 김진균, 〈80년대 한국 사회과학의 과제〉, 《산업사회연구 제1집》(한울, 1986), 15면.

18 같은 글, 16면, 각주 16.

는 1980년 5·18과 1960년 4·19에 관한 복잡한 사유는 당대 역사에서 그가 체현하는 전통 계승성을 뚜렷하게 표현하고 있다.

첫째 단서:
1980년 5·18과 민중 주체성의 곤혹

사실상 1980년 남한 서남부 대도시 광주에서 출현한 '항쟁', 이른바 '광주민중항쟁' 또는 '광주민주화운동'의 사후 해석은 역사에 대한 이중적 단절의 계기를 형성했고, 이원 대립 하에서 모종의 '표류'하는 주체성을 형성했다.[19] '민주화운동'으로서의 광주항쟁은 '독재'에 대한 반명제가 되었고, 나아가 '민중'항쟁으로서의 광주항쟁의 해석은 주체로서의 민중을 추상화하여, 결과적으로 역사성의 소거를 대가로 얻어진 것이었다.[20] 사실 '민주화' 이후의 지식 지형은 기본적으로 민주–독재 구도를 취하고 있다.

19　이 논점의 초기 문제의식으로 延光錫,〈二二八, 五一八與六四 : 冷戰與失語〉,《人間思想》第五期(台北: 人間, 2013)를 참조하라.

20　현재 '5·18'의 공식 명칭은 '5·18광주민주화운동'이다. 쿠데타로 실권을 잡은 계엄군이 군사정권에 저항한 학생 등에게 행한 탄압이 광주를 중심으로 시민 학살로 확대됐으며, 직접적 사망자는 165명, 부상은 3139명으로 알려져 있다. 당시 군사작전권이 미국에 있었기 때문에, 좌익 진보운동은 5·18을 미국을 다시 인식하는 계기로 삼았다. 그런데 이는 갈수록 이론과 결합하지 못하는 추세를 보였다. 이론이 결여된 반미운동은 대체로 쇠락의 길을 걸었다. 특히, 2014년 '통합진보당'이 위헌 판결을 받아 강제 해산된 것은 사상의 결여 아래서 이론과 결합할 수 없었던 반미통일운동이 자유민주제도 아래에서의 생존 공간 소멸을 확인한 것으로 볼 수 있다.

특히 진보 담론은 기본적으로 이와 같은 민주 담론의 전제를 계승하면서 좀 더 급진적으로 '민중'을 민주의 주체로 설정하고 있다. 이와 같은 '민중민주' 담론에서 비록 수사적으로는 '민족'이 사라지지 않았지만, 사실상 역사적 범주로서의 '민족'이 배제되었다. 나는 이러한 문제의식에서 아래와 같은 박현채의 고독한 호소를 만나게 되었다.

그러나 해방 후 역사에서 5·18의 1980년은 어느 점에 해당할까요. 역사는 진보의 길만을 걸어온 것이 아닙니다. 시행착오를 되풀이해 왔습니다. 1980년이 1950년보다 앞선다고 누가 이야기합니까? 그러나 여기 있는 사람들은 모두가 다 1980년이 1950년, 1940년보다 앞선다고 이야기합니다.

1945년, 1950년을 생각해 보십시오. 1980년의 광주에 뒤지지 않습니다. 왜 우리가 사는 역사에서 그걸 빼 버리고 1980년을 강조합니까? 이것 또한 잘못입니다. 그리고 역사에서 잠재력을 이야기하고 높이 평가합니다. 그러나 잠재력 없는 역사가 어디 있습니까. 잠재력이 현실적 가능성으로 전환될 때 그때 비로소 가능성으로 이야기되는 것입니다. 그럴진대 이름 그대로 잠재력으로 이야기되는 걸 가지고 오늘 현실적인 평가를 그릇되게 하는 것은 올바르지 않다는 것입니다.[21]

---

21 〈광주 5월 민중항쟁의 학술적 재조명〉, 광주 5월 민중항쟁 10주년 기념 전국학술대회,《박현채 전집 제1권》(서울: 해밀, 2006), 304면.

이는 1990년 5월 '광주 5월 민중항쟁 10주년 기념 전국학술대회' 종합토론 시간에 박현채가 한 발언이다. 당시 이른바 진보 경향의 지식인들이 개최한 이 대회에서 박현채의 언어는 거의 전달되지 않는다. 그는 심지어 조소의 대상이 되기까지 한다. 녹취록을 통해 볼 때, 그는 현실의 진보와 변화를 제대로 인지하지 못하고, 여전히 과거의 역사에 구속되어 있으며, 심지어 성격과 태도 또한 '민주적이지 못한' 구세대 지식인으로 간주되는 듯하다.

만약 인류의 인식 행위가 역사의 전개 과정에서 일정한 작용을 담당하는 역사 과정의 유기적 구성 부분이라면, 우리는 공동체 위기의 원인 가운데 하나로 사상 작용의 결여를 제기할 수 있을 것이다. 이는 내용 문제라기보다는 사상적 실천이 역사에 근거해 현실에 개입하는 독특한 양식을 잃어버린 상황을 말한다. 달리 말하면, 우리는 사상적 단절로 인해 우리 공동체가 걸어온 역사를 인식할 수 없으며, 이로 인해 미래에 어느 방향으로 가야 할지를 제시하지도 못한다. 이는 간단히 '내용'을 보충하는 문제만은 아니다. 우리가 인식 차원에서 공동체의 위기 원인을 분석할 수는 있지만, 위기의 극복은 불가결하게 사상과 실천이 서로 결합할 수 있는 '양식'의 재발견과 재구성을 포함하기 때문이다.

1990년의 시점에서 박현채가 호소한 내용은 사상의 역사적 단절과 망각에 관한 것이었다. 비록 이러한 호소가 1990년대를 거치면서 사실상 망각되었다 하더라도, 다시금 지식의 식민성과 사상 작용 결여 문제를 성찰하는 이 책에서는 박현채의 호소를 중요한 단서이자 징후로 간주한다. 그렇지만 그는 우리에게 단절의 지점을 보여줄 뿐 21세기 작금의 시점에서 단절 극복의 방향을 직접 제시하는 것은 아니다. 따라서 우리에게 부여된 과제는 박현채를 통해 모종의 내용을 보충하는 것이 아니라, 먼저 그가 남긴 단서와 징후를 통해 단절의 지점으로 접근해 단절 극복을 위한 지식사상적 과제를 확인하는 것이다.

둘째 단서:
1960년 4·19와 '민주'의 역설

앞서 언급한 대로 우리가 1980년대의 전환에 다시 주목할 때, 가장 두드러지는 박현채의 논점은 시간적 균질화로서의 '광주기원론'이 내포한 진보주의에 대한 비판이었다. 그에게 비판 대상이 된 이러한 관점은 '광주'항쟁으로부터 역사의 주체로서 '민중'을 추출해 광주항쟁을 새로운 역사적 기점으로 간주한다. 그러나 박현채가 말하듯이, 역사는 '진보의 길만을 걸어온 것이 아니라 시행착오를 반복한 것'이다. 1940년과 1950년은 1980년과 같은 선상에서 논의될 수 없으며, 오히려 앞선 역사가 내재적 논리에 근거해 1980년에 중첩되어 1980년의 의의를 복잡하게 하는 것이다. 그런데 흥미로운 것은 이러한 사상의 단절이 초래한 소통 불가능성 이전에(또는 동시에) 언어문화 양식의 단절 또한 발생했다는 것이다. 2001년 4·19혁명[22] 41주년 기념 좌담회 내용 중 저명한 문학평론가 김병익(1938~)의 회고에서 단서를 찾을 수 있다.

제 생각에 4·19세대가 갖는 문화사적인 의미, 그건 김승옥씨가 얘기한 것처럼 한글세대였다는 것과 민주주의를 어려서부터 교육받은 세대라는 것, 한글과 민주주의, 두 개가 묘하게 서로 결합된 세대라는 점이거든요. 한글, 그러니까 기표와 기의를 일치시킨 언어로 교육받았다는 것, 그리고 문화적인 민족적 정체성을 **한글**을 통해서 더하게 되고 근대성이라는 교육을 **민주주의**를 통해서 배우게 되고, 그것은 4·19세대에 의해서 우리 역사의 근대화, 근대사의 실질적인 기점이 이어지는 것이 아닐까 하는 생각이 드는데요.[23]
4·19적인 분위기를 가장 잘 표현해 낸 것이 바로 창비였거든요. 창비는 처음으로 가로 조판을 했고, 그리고 되도록 한자를 줄여서 썼고, 그리고 편집위원 체제로 운영함으로써 자기 세대의 지적인 표현기관으로,

---

22 4·19혁명은 1960년 3월 15일 남한 대통령 선거 이후 고등학생과 대학생이 주도해 선거 부정 문제를 제기한 것으로 종국에는 이승만 대통령이 하야를 선언했다. 공식 통계에 따르면, 저항이 최고조에 달했던 4월 19일 당일 183명이 계엄 폭력에 의해 희생됐다.

23 김병익, 김승옥, 염무웅, 이성부, 임헌영, 최원식, 〈좌담: 4월혁명과 60년대를 다시 생각한다〉,《4월혁명과 한국문학》, 최원식·임규찬 편(서울: 창작과비평사, 2002), 38면.

시대적인 지적 표현기관으로 생각했거든요.[24]

이 내용에서 핵심은 '한자'를 적게 사용하고, '가로' 조판을 취
했으며, '편집위원' 체제를 도입했다는 점이다. 일반적으로 편
집위원 체제는 문학의 순수성에 비해 대외 개방성 및 대중과의
소통을 더욱 강조하는 입장을 의미하는 것으로, 일정하게 문
학 영역에서의 '민주'적 성격을 표현한다. 그런데, '민주'적 조직
운영방식을 도입한 것 외에도, 《창비》는 선도적으로 '탈한자화'
라는 음성중심주의[25]와 가로형으로의 조판 개혁을 채택했다. 이
러한 변화를 단서로 삼아 사상적 단절과 언어문화 양식의 전환

---

24 같은 책, 55면. 김병익의 발언에 이어 최원식은 즉각 이견을 내는데 당시 참여자의 나이를
　고려할 때 4·19세대라고 할 수 없으며, 비록 4·19세대와 관련은 있지만 세대적 표현은 아닌
　것 같다는 논지를 제시한다.

25 개괄하자면, 음성은 현실에 대응하고, 문자는 역사에 대응한다. 언어문화의 단절적 실천은
　문자와 음성을 분리하여 문자를 음성으로 환원시키며, '현실주의'의 탈역사화 문제를 초래
　한다. 사실상 역사에 내재한 지식은 마땅히 지식에 부합하는 문자―언어 양식을 취할 필요
　가 있다. 게다가 이러한 역사적 지식이어야 비로소 대중적 주체성의 기초가 될 수 있고, 또
　한 실천의 전제가 된다. 일본의 사상가 다케우치 요시미竹内好(1910~1977)는 일찍이 역사로
　부터 유리된 현실주의가 이론주의로 전락할 위험을 경고한 바 있다.
　"이상주의자는 어디까지나 현실(이라는 관념)을 뒤쫓고자 하여 현실에 적응하지 못하는 관념
　을 차례차례 내버리지만, 현실주의자는 도저히 뒤쫓을 수 없다며 단념하고는 뒤쫓을 수 없
　는 이유를 설명하는 학설을 찾을 따름이다. 어느 쪽이든 현실을 되돌리려고 하지 않는다.
　현실과 관념이 부조화할 때 현실을 되돌려 조화를 이루려 하지는 않는다. (중략) 현실은 실
　체로 존재하며 거기에 무한히 근접하는 것이 과학적이며 합리주의라고 생각한다. 확실히 과
　학적이며 합리주의이리라. 다만 노예의 과학이며 노예의 합리주의일 따름이다." 다케우치
　요시미, 《다케우치 요시미 선집2》, 마루카와 데쓰시·스즈키 마사히사 엮음, 윤여일 옮김(서
　울: 휴머니스트, 2011), 240~241면.

사이의 관계를 생각해 볼 수 있다. 이는 남한의 역사에서 5·18의 전제이자 근거로서의 1960년 4·19혁명이 제시한 '민주'의 가치가 사상과 실천이 상호 결합하는 모델에 있어서 추동한 전환을 암시하는 것이다. 물론《창비》의 노선은 창간 이후 매우 복잡한 과정을 거쳤지만, 적어도 언어문화 양식의 차원에서는 한글 전용 및 가로 조판을 적극적으로 도입했다. 게다가 한글 전용은 번역에도 확장 실천됐고, 제도적으로는 1986년부터 번역에서 한자를 제거하고 '원음'으로부터의 음역을 취하는 방식이 보편화하기 시작했다.[26] 이는 현대성을 표준으로 하여 진행된 자신에 대한 '순화'가 타자에 대한 '순화'로 확장되어, 자기 인식, 타자 인식 및 세계 인식의 탈역사화가 언어문화 체제 안에서 완성되었음을 보여주는 표지다. 훗날《창비》에 참여했지만,《창비》 창간 시기의 서구 중심적 심미주의 경향에 비판적이었고, 1969년 잡지《상황狀況》의 창간을 주도한 임헌영(1941~)은 사상적 맥락에서 이와 같은 경향에 대한 비판적 관점이《상황》창간의 동력이 되었음을 회고한다.[27]

---

26 정부가 1986년 1월 7일 제정한 '문교부고시 제85-11호'는 음성중심주의를 전면 관철한 '외래어표기법'을 확정했다.

27 《상황》은 1969년 창간해 1973년 봄호까지 5호를 발행하고 폐간했다. 당시 이 잡지는 맹목적으로 서구적 현대성을 추종하는 문예계의 비주체적 태도를 비판하고, 주체적인 역사의식과 현실주의 문학관을 확립하고자 했다. 폐간된 후 구성원의 일부는《창작과비평》에 결합한다. 근래 문학비평계에 다음과 같은《상황》에 대한 평가가 제기된 바 있다. "《상황》은 1960년대 현실주의 문학비평의 관념성과 역사의식의 한계에 대한 비판적 성찰을 바탕으로 민족의 역

그때 1966년을 전후한 시기는 말하자면 1920년대에서 개화기[28]를 보는 거랑 비슷한 시기였죠. 문학의 고고학적인, 문학이론의 고고학 시대죠. 당시 문단은 '문인협회'의 막강한 중심력과 '자유문협' 두 단체가 있었지만, 어느 쪽을 보더라도 당시에는 보수적인 쪽이 지배적이었지요. 그러나 참여문학을 한다고 사갈시한다거나 전혀 그러지는 않았어요. 지금 생각하면 전부 나뉘어 적대시하지 않았나 싶겠지만, 사실은 전혀 안 그랬어요. 저 역시 그랬죠. 김우종, 윤병로, 김병걸, 최일수 선생, 이런 분들이 《현대문학》과 밀접한 관련이 있었던 분들인데, 거의 다 참여문학입니다. 전혀 격의가 없었어요. 아마 《현대문학》 출신 대부분 평론가는 참여문학론자들이었고 전통 인정주의자들입니다. 그래서 별 지장없이 무난하게 문단 중앙에 편입되는 그런 과정에 있었단 말이죠.

그런데 《창작과비평》이 1966년에 나왔어요. 조그맣고 얇은 잡지로. 그걸 보고 저는 이제 서구 유학하고 온 사람들의 가장 강력한 순수문학이 또 하나 나왔구나 하고 생각했어요. 물론 사르트르의 《현대》지 창간사 번역이 있었지요. 하지만 그것과 백낙청 선생의 이론이 괴리되고,

---

사적 성격과 구체적인 현실 인식에 근거를 둔 주체적 비평 담론을 제기하였다. 따라서 《상황》은 《창비》와 같은 지향성을 지녔으면서도 창비의 실천 방법에 대해서는 상당히 비판적인 태도를 드러냈다. 무엇보다도 《상황》은 당시 한국의 특수한 역사적 현실과 주체적인 민중의식에 대한 자각을 통해 분단 현실의 극복과 통일을 향한 민족문학의 정립을 궁극적 목표로 삼았던 것이다." 하상일, 《1960년대 현실주의 문학비평과 매체의 비평전략》, (서울: 소명출판, 2008), 190~191면.

28 일반적으로 '개화기'는 1876년 일본에 의한 강제적 개항, 즉 '강화도 조약'을 기점으로 1900년 전후까지 서구문화를 접촉하여 개혁을 진행한 시기를 말한다.

그다음으로는 당시 한국 문단에서 활동하고 있는 작가들의 작품을 수록했는데 주로 심미주의적 작가들을 실었죠. (중략) 그래서 '이거 참 문제가 있다'고 생각했어요. 당시 '문인협회'에서 문제가 상당히 많았는데, 그러나 '문인협회' 안에는 그런 게 받아들여졌단 말입니다. 전통문학을 기본으로 한, 《홍길동전》이나 《춘향전》의 정당성, 그걸 찾아서 그대로 참여 문학에 편입하면 되는 거예요. 그런데 그게 아니고, 예를 들어서 '감각', '4·19세대'니 이러면서 '신감각파 문학' 이런 게 나오면서, '뭔가 문제가 있다.' '이런 속에서 뭔가를 찾아야 하지 않느냐' 그런 모색을 할 수밖에 없었던 거죠.[29]

이 회고는 1960년 4·19혁명 이후 문학계의 분위기를 보여준다. 관건은 '전통'에 있는 듯하다. 비록 4·19혁명이 역사 공간을 개방했지만, 동시에 새로운 세대 문학가와 지식인을 육성했으며, 훗날 그들과 대중 사이에 형성될 현대적 관계를 배태하고 있었다. 그래서 본래 주류 문단의 주도로 경쟁 관계를 형성했던 '참여'와 '순수' 문학 구도에 전환의 징조가 발생하게 된다. 전환의 핵심은 서구의 선진문학 이론을 수용한 리얼리즘과 모더니즘 사이의 경쟁 구도(이른바 《창비》와 《문지》)가 전통에 기초한(또는 적어도 전통을 일방적으로 부정하지 않는) 참여와 순수의 경쟁 구

---

29 임헌영·채호석, 〈유신체제와 민족문학〉, 강진호·이상갑·채호석 편, 《증언으로서의 문학사》(서울: 깊은샘, 2003), 295~296면.

도를 대체하게 되었다는 점이다. 일반적으로 문학사에서 자주 소홀히 여겨지는 지점이 바로 이러한 전환 가운데 부정된 '전통'의 가치다.[30]

4·19에 관한 박현채의 인식에서 핵심은 그가 4·19를 '민족성'의 재현으로 간주한다는 점이다.[31] 이 때문에 그의 접근 방식은 역사의 단절을 특징으로 하는 이른바 4·19세대들의 '민주' 담론과 달라진다. 박현채의 인식은 '민주'를 포함하지만, '민족'

---

30 전통 문제와 관련해 다케우치 요시미의 논의를 참고할 수 있다. "단절을 이루려면 그 자체로서는 단절할 수 없는 전통이 필요하다. 전통은 혁신이 자신을 실현하는 장이다. 국민문학 실현의 장이다"; "개인만을 추상해서 뽑아내는 문학이라면 신분제와의 싸움을 피해서 생겨나는 것이니 그 자체가 특권적 의식의 산물이다"; "문학에서 식민지성은 민족과 매개되지 않는 세계문학의 표상이 얼마나 횡행하는지를 보면 알 수 있다. 오늘날처럼 그 표상이 완벽하게 투영되는 것은 지금이 완전한 식민지임을 보여준다." 다케우치 요시미(1951), 〈국민문학의 문제점〉, 《다케우치 요시미 선집1》, 마루카와 데쓰시·스즈키 마사히사 엮음, 윤여일 옮김(서울: 휴머니스트, 2011), 250~253면.

31 당시 문예계에서 《한양》은 다른 맥락에서 '주체성'과 '전통'을 강조하는 경향을 드러낸다. 《한양》은 1962년 3월 창간된 월간지로서 일본에서 출판 및 인쇄되었으며, 한국에도 대량 유통되었는데, 1974년 '문인간첩단 사건'으로 유통이 중단됐다. 특히 1960년대 당시 전통과 주체성을 강조했던 《한양》의 핵심 평론가 장일우는 한국 작가의 현대주의(모더니즘)를 다음과 같이 비판하기도 했다. "전후에 등장한 현대 작가들의 대부분이 자기비하, 자기상실의 식민지적 지성에 습성화되었고 그들의 꿈은 서구도시문화에 있었고 따라서 좁은 도시의 울속에 자기를 얽어매어 두기를 열망하였기 때문이었다. 이리하여 한국작가들 대부분의 추상미학 즉 현실추방과 구체적 인간상의 추방 속에는 이 나라 인구의 팔 할을 차지하고 있는 농민상과 농촌 현실이 포기되었다. 다시 말하면 그들은 서구의 '현대'를 빌려오고 그 대신 자기 발 앞에 어차피 부딪히는 '땅'의 윤리를 버렸다", 장일우, 〈농촌과 문학〉, 《한양》, 1963/12, 147면. 《한양》의 문학비평 경향에 대해서는 다음과 같은 최근의 연구 성과를 참고할 수 있다. "'전통의 이해에서 핵의 주체성'이라는 관점은 한양의 일관된 비평의식이다. 자기를 지니지 않은 문학은 참다운 문학이 될 수 없다는 기본적인 전제로부터 '전통=주체=민족성'의 등식을 끌어냄으로써 전통론을 민족문학의 정신사적 토대로 인식하고자 했던 것이다." 하상일, 《1960년대 현실주의 문학비평과 매체의 비평전략》, (서울: 소명출판, 2008), 74면.

을 통해 '민주'에 구체성을 부여한다. 이와 같은 그의 역사 인식은 줄곧 연속되어 1980년 5·18에 대한 주체적 인식에도 반영된다. 4·19가 열어낸 개방 공간에서 문학계는 신속하게 '참여문학과 순수문학' 그리고 '리얼리즘과 모더니즘'의 경쟁구도와 전환을 형성했으며, 핵심 전제는 모종의 현대성에 근거한 '反전통'과 '국수주의 비판'이었다. 1980년대에도 여전히 박현채의 4·19 인식은 일관된 입장을 유지하고 있었다. 박현채는 4·19에 대해 다음과 같이 개괄한다.

한 민족의 역사에서 민족적 요구 그리고 자주적 민족국가 형성에의 요구는 그것이 비록 안팎의 조건 때문에 일시적으로 숨을 죽이는 경우는 있으나 없어지는 것은 아니다. 한 민족의 역사에서 민족적 요구 그리고 자주적 민족국가 형성에의 요구는 민족 구성원의 보다 광범한 층의 생활상의 요구에 기초하고 있기 때문이다. 곧 그것은 광범한 민중의 생활과 민족적이기를 원하고 민족의 이익에 자기를 얽매는 모든 민족구성원의 긍지와 생활이 자주적 민족국가 그리고 민족주의의 관철에서 보다 잘 충족되는 데서 온다. 그리고 그것은 우리 역사에서 1960년 4·19민주혁명에서 실증된다.

동란 후 지속적으로 주어진 원조를 시혜로 받아들였던 민중의식은 그것이 1950년대 후반에 이르면 점차 생활을 통해 비록 막연하게나마 자본운동의 변형으로서의 원조의 성격에 대한 이해에까지 이르게 된다.

특히 농민층에서 미국 잉여농산물의 도입을 둘러싼 이해대립은 민족적 자각의 중요한 계기가 된다. 그러나 민중의 민족의식은 높은 차원의 개념적인 것이 아닌 까닭에 사회적 실천을 바로 구체화시키는 것은 아니었다. 내재적인 민중 생활상의 요구에 기초하면서도 자기들의 소시민적 의식을 매개로 이와 같은 민족적 요구를 제기한 것은 민족지식인으로서의 학생층이었다. 미완의 대리혁명으로 되는 4·19민주혁명에 의해 한국의 민족주의는 큰 흐름으로서 역사의 표면에 다시 등장하게 된다. 그것은 통일된 자주적 민족국가 형성에의 요구를 자립경제, 민족통일, 민족자결의 확립과 외부 간섭의 배제로써 제기하였다. 그러나 4·19는 역사적 변혁에 의해 민중을 또다시 역사의 전면에 나서게 하는 중요한 계기가 됨으로써 한국 민족주의에서 새로운 장을 여는 것이었다.[32]

이 단락으로부터 우리는 박현채가 기본적으로 민중을 주체로 한 민족운동의 맥락으로부터 4·19의 역사적 의의 해명을 시도함을 알 수 있다. 따라서 그는 1950년대 후반 미국의 신식민 원조경제 분석을 기초로 당대 모순을 극복하고자 한 4·19의 실천적 의의를 검토하고, 동시에 그것이 가지는 대리주의적이고 소시민적인 한계를 제기하며, 나아가 그것이 내포한 대안적 방향으로서 자립경제, 민족통일, 민족자결 및 외부 간섭의 배제 등과 같

---

32 박현채, 〈분단시대 한국 민족주의의 과제〉, 《한국 자본주의와 민족운동》(한길사, 1984), 66~67면.

은 원칙을 제시한다. 그는 민족운동 연속성의 맥락에 서 있었기 때문에 4·19에 대한 그의 인식 또한 단절적인 것이 아니라 간단한 부정이나 긍정을 넘는 실천적 인식의 제기였던 것이다.

다시 말해, 4·19에 관한 그의 인식에서 그는 비록 '민주'를 원용하지만, '민주'는 단절적 인식에서 파생된 '현대'적이고 '한국어'적인 요소의 구성물이 아니라, '민족'과 '민중' 등과 같은 역사적 다원성과 현실적 구체성에 의해 밑받침되는 '민주'였던 것이다.

노예의 특색:
식민성의 지속과 변용

내전/분단 이후 남한 지식사상계는 4·19로부터 '민주'를 획득하고, 5·18로부터 '민중'을 획득한다. 그러나 이러한 자원은 마침 박현채가 지식사상의 역사적 단절을 자각하는 계기가 된다. 사실상 1980년대 박현채의 고독과 곤혹은 단지 내용이나 입장의

---

33 대부분의 제3세계 국가에서 당대의 공통 언어는 기본적으로 식민/제국주의에 의해 이식된 것이다. 상대적으로 동아시아의 상황은 이식이 아닌 분할과 재창조의 과정을 겪었다. 조선/남한의 언어 상황은 식민/제국주의의 충격 이전에 '권역'적 차원에서 '문자'를 공유해 온 언어문화로 존재했지만, 식민/제국주의의 영향으로 인해 철저한 단절과 재창조를 거쳐 식민주의적 언어 체제를 형성했던 것이다. 달리 말하자면, 조선/남한의 언어상황은 조선/남한이 제3세계에서 갖는 종별성을 보여준다. 즉, 역사의 부정보다는 역사의 단절과 왜곡이 더욱 두드러진다. 따라서 우리는 조선/남한의 언어문화 문제를 대면하면서 단선적이고 강제된 이식보다는 상대적으로 '능동'적이고 '주체'적인 단절과 왜곡을 더욱 강조하게 된다.

문제가 아니었고, 형식을 포함한 모종의 실천 양식의 단절과 전환에 기인하는 것이었다. 특히 단절과 전환은 지식인과 대중 사이의 소통방식으로서 언어문화의 문제를 포함했다.[33] 박현채의 후배이자 논쟁 대상이었던 경제학자 이대근(1939~)은 박현채 서거 10주년을 기념한 회고록 모음집 《아! 박현채》에서 언어문화에 관한 박현채의 견해를 소개한 바 있다.

박 선생은 한자 교육과 사용에 매우 긍정적 입장이었다. 필자가 1990년대 초 우리 사회의 '한글 전용주의'에 반대하여 인문학 계통 학자들과 한자 교육, 사용 운동을 펼치고 있는 것을 보고, 박 선생은 자기와 동향 (화순)인 오지호 화백(오 화백은 화가로서, 한글 전용에 철저히 반대한 분으로, 그의 '국어에 대한 중대한 오해'란 글이 유명하다)의 사례를 들면서, 한국 사람이 한자를 버리고 한글 전용으로 나가는 것은 결코 옳지 못하다는 점에서 필자와 입장을 같이했다.[34]

비록 박현채는 이처럼 권역적 문자체계인 한자를 버리고 국민주의적 한글전용을 지향한 언어문화의 전환에 결연히 반대했지만, 1980년대 중후반이 되면 일정하게 한글전용을 받아들이게

---

34 이대근, 〈박현채 선생과의 만남〉, 《아! 박현채》, 196면. 이 글에서 소개하는 오지호 화백은 사실 박현채의 외당숙이기도 하다. 그는 박현채보다 이른 시기에 입산해 빨치산으로 활동했으며 뒤늦게 입산한 박현채를 보호해 주기도 했다.

된다. 사실상 1980년대 중후반 국한병용의 서술 방식이 먼저 미디어에서 사라지기 시작하고, 이어서 학술계와 출판계에서도 한글 전용을 채택하게 된다.[35] 박현채는 비록 국한병용이 역사적 사상을 계승하는 언어문화 형식임을 인지하고 있었지만, 현실에서 그의 표현양식은 타협을 통해 한글전용을 수용한다. 이 때문에 그의 사상적 실천에 내용과 형식의 탈구라는 문제가 출현한다. 결과적으로 학술계 내부뿐만 아니라 대중과의 소통에서도 그의 사상을 공유하기가 극도로 어려워진다. 이 또한 '역사적 중간물'로서 박현채의 모순 가운데 하나였다. 물론 박현채는 이 문제를 적극적으로 제기하지 않았지만, 하나의 징후로서 중요한 의의를 가진다. 특히 이 책에서 주목하는 문학에 대한 그의 개입은 이러한 징후가 자리 잡은 장소라고 할 수 있다.

박현채의 한글전용 비판에서 소개한 바 있는 오지호(1905~1982) 또한 1979년 한글전용과 구체적 국가폭력의 관계를 회고한 바 있다.

1970년 당시, 한글전용을 반대하는 자는 반정부행위자로 규정되고 이를 정보기관에서 다루었다. 한글전용 반대집회를 준비하였다는 이유로

---

35 그런데 흥미로운 것은 포스트 냉전 시기에 들어서 새롭게 인식해야 할 대상으로서의 중국에 대해 미디어와 학계가 탈한자적인 음역 방식을 취했다는 점이다. 이는 한글전용이 번역에 적용된 구체적 실천 사례다.

대학교수가 교단에서 축출되고, 칠판에 한자를 썼다 해서 중고교교사가 파면을 당했다. 교육계는 하나의 공포분위기에 휩싸였다.[36]

사실상 이와 같은 언어문화의 전환은 내용의 전환(역사로부터 지식과 사상의 단절)의 전제였다고 볼 수 있다. 현실주의(리얼리즘)와 민족주의를 핵심으로 삼았던 당시의 민족문학은 이 문제를 인식하지 못하고 있었고, 심지어 더욱 적극적으로 단절과 전환을 심화하고 확장했다. 이 과정에서 박현채의 언어는 비록 내용상으로 역사와 전통을 계승하고 있었지만, 형식은 내용과 모순을 일으키거나 자기 형식을 찾지 못하는 결핍 상태에 놓여 있었다. 이는 실천 측면에서 전체적으로 부박한 공동체 역사 인식과 지식을 매개로 대중이 주체가 될 수 있는 조건 자체를 사상과제로 삼고자 하는 것이기도 하다.

나는 이를 언어문화 형식의 신식민주의적 전환이 초래한 모순이라고 본다. 사실상 일본 식민지 시기에 이미 언어문화의 식민성 문제가 존재하기는 했지만, 당시 '봉건'의 유제가 여전히 존속하는 상황하에서 신식민 시기의 대중교육이 존재하지 않았기 때문에 이러한 언어문화의 식민성 문제는 기본적으로 지식계급 내부의 문제였다. 그러나 우리는 일본 식민시기 문화의 식민성 문

---

36 오지호吳之湖, 〈내 뜻대로 산다〉, 《語言硏究》11(1), 1983.2, 13면.

제에 대한 비판에 주목할 필요도 있다. 특히 민족사학자 신채호(1880~1936)[37]의 아래와 같은 비판은 대표성을 갖는다.

우리 조선은 (중략) 석가가 들어오면 조선의 석가가 되지 않고 석가의 조선이 되며, 공자가 들어오면 조선의 공자가 되지 않고 공자의 조선이 되며, 무슨 주의가 들어와도 조선의 주의가 되지 않고 주의의 조선이 되려 한다. 그리하여 도덕과 주의를 위하는 조선은 있고 조선을 위하는 도덕과 주의는 없다. 아! 이것이 조선의 특색이냐? 특색이라면 노예의 특색이다. 나는 조선의 도덕과 조선의 주의를 위해 통곡하려 한다.[38]

신채호의 비판은 우리에게 앞서 소개한 바 있는 일본의 과학과 합리주의에 대한 다케우치 요시미의 비판을 상기시킨다. 나는 신채호의 비판을 당시 '식민주의'적 지식문화 양식에 대한 문제의식으로 본다. 게다가 우리가 경험한 그 이후의 역사는 이러한 상황이 신식민 시기에 연속되고 변용되었음을 증명하고 있다. 그런데 식민주의와 비교할 때, 신식민 시기에서 가장 두드러지는

---

37 신채호申采浩는 한반도 역사학자, 독립운동가이자 무정부주의자이며, 주요 저작으로 《독사신론讀史新論》, 《조선상고사朝鮮上古史》 등이 있다. 1919년 대한민국 임시정부에 참여했으나 입장의 차이로 탈퇴한 후 국민대표자대회를 소집했고, 무정부주의 단체에 가입하기도 했다. 오랜 시간 역사서를 연구했고, 1928년 동방무정부주의자연맹의 성원으로 활동하다 체포됐다. 1930년 중국 대련에서 10년 형을 받아 려순 감옥에 투옥되었다가 1936년 뇌출혈로 옥사했다.

38 신채호, 《단재 신채호전집》(하), 단재신채호선생기념사업회, (서울: 형설출판사), 1995, 26면.

것은 언어문화의 '가상적 자립'이라고 볼 수 있다. 이는 식민주의적 현대성에 대한 가상적 극복의 표현이기도 하다. 다시 말해서, '신식민' 하에서 역사로부터 단절된 '순수 한글'이 창조 및 발명되었고, 나아가 '주체성'의 표현이 된 것이다. 게다가 이러한 주체성이 성립된 핵심적 배경은 역사적 사상으로부터 단절되어 지식의 사적 '소유'를 중심으로 하는 신식민적 지식 체제의 형성이었다. 그 구체적 효과는 식자 대중의 보편화와 엘리트주의-포퓰리즘 체제의 형성이다. 뒤에서 검토하겠지만, 이는 1980년대 박현채가 맞닥뜨린 곤혹을 분석하는 핵심적 단서가 된다.

3.
책의 구성

앞서 언급한 바와 같이, 이 책은 조선의 민간 전통에서 광범하게 계승되어 온 '굿'의 절차, 즉 모심-씻김-보냄의 구성을 취하고 있다. 나아가 이 구성의 앞뒤에 '무대의 설치' 및 '무대의 해체'를 배치했다.

'모심'의 주요한 목적은 박현채와 같은 역사적 중간물을 모시는 것이다. 그리고 대만의 진영진은 참조점으로 설정되어, 박현채의 사상 실천을 재조명할 권역적 맥락의 역할을 맡는다. 다시 말해, 이 연구는 권역적 참조체계 속에서 '당대의 역사적 중간물'로서 박현채의 사상적 실천을 새롭게 해석하기 위해, 20세기 동아시아 권역의 참조점인 대만의 당대 역사중간물 진영진의 문학 실천을 참조 시야로 삼는다. 그 가운데 나는 남한 지식사상사를 성찰하기 위한 경로로서 '이중분단', '내전의 외재성' 그리고 '민중 구성의 복잡성'을 추출하고, 이를 권역적 참조의 범주로 삼는다.

다른 한편 이 장이 소개할 박현채의 '미완의 회고록'은 식민과 내전의 당사자로서 박현채가 형성한 사상 실천의 원형적 동기를 재현한다. 이와 같은 그의 원형적 동기는 신식민성에 대한 그의 역사적이고 주체적인 인식의 기초이자 배경이기도 했다. 특히, 1980년대 사회구성체 논쟁에서 그는 이를 촉발시킨 당사자였지만, 논쟁이 격렬해지며 주변화하기도 했다. 그러나 이 속에서 보여준 그의 태도는 그가 이론을 대하는 주체성을 더욱 잘 드러내기도 했다.

이어서 '씻김'의 주요 목적은 역사적 중간물 박현채의 곤혹과 고뇌를 재조명하는 데 있다. '씻김'을 통해 과거에 그에게 덕지덕지 붙어 있던 여러 레테르와 모욕을 씻어 내고, 최종적으로 과거에 전달되지 못했던 그의 말들이 새로운 언어와 해석을 얻게 될 것이다. 이 장은 주로 1980년대 남한 지식사상계에서 대규모로 격렬하게 진행된 '사회구성체/사회성격 논쟁'을 단서로 삼아 박현채의 사상적 실천이 마주했던 곤혹을 고찰할 것이다. 마침 진영진은 1980년대 남한의 사회성격 논쟁으로부터 영향을 받아 대만사회 성격에 관한 사유를 심화한 바 있다. 이번 장은 이러한 고찰을 바탕으로 1980년대 박현채와 진영진의 사상 실천이 형성하는 대비되는 문제의식을 확인하고자 했다. 진영진이 '사상의 빈곤'으로 고뇌했다면, 박현채는 '살아남은 자'로서 '사상의 단절'로 고뇌했다.

'보냄'은 본래 '씻김' 이후 귀혼을 되돌려 보내는 의식이지만, 이 책에서는 이를 더욱 적극적으로 역사적 '계승'으로 해석한다. 이 때문에 나는 한편으로 박현채와 그가 대표하는 망각된 역사가 안면할 수 있도록 하면서, 동시에 우리에게 사상 실천을 열어주는 방향과 입각점을 찾고자 한다. 그래서 이 장은 1980년대 사회구성체/사회성격 논쟁 외부에서 진행된 박현채와 백낙청의 논쟁적 대화를 단서로 삼아 박현채가 '분단'을 매개로 '신식민성'에 대한 인식을 구체화하는 과정을 고찰한다. 박현채는 인식론적 차원에서 '민족 내부모순'이 '국가 간 모순'으로 외화된 것이라고 분단을 이해한다. 그 결과 '현대'적 '국가' 인식론이 역사적 민족 인식론을 대체하게 되며, 나아가 이와 같은 탈역사화된 보편주의적 인식론은 필연적으로 실천론으로부터 유리된다고 본다. 한편, 그는 '문학'의 현대적 형성을 비판하며 경제학을 포함한 사회과학의 한계 극복을 시도한다. 나는 이를 문학 비판이라기보다는 사상형식의 한계 문제를 제기하는 것이라고 본다. 특히 '문학'의 현대적 형성에 대한 비판은 그가 종속이론 등의 이론사조를 비판했던 것과 같이 '비판이론'을 지식인의 '소유'이자 '사유'로 간주했던 지식사상계의 존재론적 기저에 대한 비판으로 볼 수 있다. 나아가, 이 장은 《민족경제론의 기초이론》(1989)을 다시 읽을 필요성을 제기한다. 왜냐하면 이 저작은 박현채가 생전에 이미 주변화된 상황에서 미래를 위해 남긴 거의 유일한 '체계'를 갖춘 저작이기 때문이다.

마지막으로 '무대의 해체'는 '신식민/분단 체제'로 박현채의 사상 실천을 개괄하며, 동아시아 권역의 탈식민주의 사상의 궤적 속에서 진영진을 참조점으로 삼아 박현채의 사상적 실천이 갖는 궁극적 함의를 확인하려 한다.

2장

모심

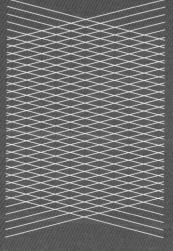

당대의 역사적 중간물:

진영진과 박현채

'모심'은 권역적 참조체계 속에서 '당대 역사적 중간물' 박현채의 사상적 실천을 재해석하기 위해 진영진의 문학적 실천을 참조 시야로 삼아 남한 지식사상사를 반추할 경로를 찾고자 한다. 우선 진영진의 문학적 실천의 사상적 함의를 재해석하여 그것이 남한에 주는 참조적 의의를 얻고자 시도하고, 이어서 초보적으로 당대 역사적 중간물로서 박현채가 1980년대에 마주한 사상적 곤혹을 소개하며, 그가 남긴 '미완의 회고록'을 통해 그가 보인 사상적 실천의 원형적 동기를 확인할 것이다. 마지막으로 이를 바탕으로 상호참조적 사상과제를 제출하고자 한다.

1.
참조점으로서 대만:
진영진

진영진(1937~2016)은 대만의 저명한 소설가이자 사상가이며, 동시에 '중국통일연맹' 등 여러 정치조직의 핵심 성원으로 활동한 정치 운동가이기도 했다. 1980년대 이래 그의 선명한 정치적 노선(이른바 '좌익통일')으로 인해 그의 문학작품은 일찍이 상호 모순된 해석에 직면한 바 있었다. 문학계 내부에서는 다소간 '탈정치화'된 시각에서 그의 작품을 문학의 틀 안에 가두어 부분적으로만 긍정하는 상황이었고, 정치 및 사상계에서는 '정치화'된 시각에서 그의 문학을 적극적으로 수용하거나 배척하는 상황이 전개되었다. 여기에서 우리는 '문학의 진영진'과 '사회 및 정치적 진영진' 사이의 모순 관계로서 그의 특징을 개괄할 수도 있을 것이다. 그러나 이 책에서는 '사상'의 실천적 작용이 더욱 주목받는 역사적 전환기에 진영진과 같이 줄곧 문학과 정치를 분리하지 않고, 동시에 문학의 자율성을 견지하고자 했으며, 나아가 충실한 문학적 실천을 수행했던 사상가에 주목한다.[39]

따라서 이번 장에서는 사상의 투철함을 기반으로 문학과 정치의 모순을 초극한 진영진의 삶과 실천을 재해석의 대상으로 삼는다. 특히 그가 견지했던 장기적이고 일관된 사상적 과제를 정치적 실천보다 문학적 실천이 더욱 잘 표현하고 있기 때문에, 이 장에서는 문학으로 정치를 포섭하는 방식으로 진영진이 20세기 중후반 체현한 사상가적 면모를 재현하고자 한다.

이번 장의 문제의식과 서술 전략을 부연하자면 다음과 같다. 우리는 20세기 후반 이래 현대주의/식민주의적인 역사적 단절 속에서 '사상'으로부터 이탈한 문학과 정치의 현실을 성찰하기 위해 진영진과 같은 '사상가'를 다시 마주할 필요가 있다. 이러한 맥락에서 이번 장은 '당대 역사적 중간물'로서 진영진의 사상적 특징을 개념화하고자 한다.[40] 당대 역사적 중간물 개념을 원용하는 목적은 기본적으로 '식민'에서 연속되며, 동시에 '냉전'과 '포스트 냉전'의 복잡성을 체현하는 동아시아적 '당대'의 시간성을 지시하는 데 있다. 이 맥락에서 진영진과 같은 역사적 중간물

---

39 이와 같은 맥락에서 진영진의 《人間》(1985~1989)을 계승한 《人間思想》(繁體版2012~; 簡體版 2014~)의 창간을 주목할 필요가 있다.

40 '중간물' 개념은 노신魯迅.루쉰에게서 원용되었다. 노신의 문제의식은 기본적으로 현대와 前 현대 사이에 있었는데, 본 책의 문제의식은 식민과 냉전/포스트 냉전 사이에 있다. 魯迅, 〈 填寫在'填'後面〉, 《魯迅全集(第一卷)》(北京: 人民文學出版社, 1981), 282면을 참고할 것.

은 일정하게 식민 모순이 부여한 사상적 과제를 감당하면서, 동시에 냉전 및 포스트 냉전 시기를 마주하여 투철한 실천을 보인 굴절을 갖는 사상가로 간주된다. 비록 그의 사상적 실천이 정치적 활동과 밀접한 관계를 맺고 있지만, 정세적인 진영 논리에 의해 규정되기 쉬운 정치적 담론에 비해 그의 문학작품이 그가 사유한 일관된 사상적 과제를 파악하는 데 더욱 적합한 소재가 된다고 본다. 따라서 이번 장에서는 그의 문학작품 전반에 대한 종합적 독해를 중심으로 논지를 전개해 나갈 것이다.

그러면 진영진은 어떤 역사적 중간물이었을까? 이 문제를 토론하기 위해 먼저 그의 문학적 정체성 형성의 바탕이 된 초기 작품의 문제의식을 고찰할 필요가 있다.[41] 아래에서 우선 초기 작품에서 드러나는 역사 인식의 구도를 살펴보고, 이어서 대만민주동맹사건으로 투옥된 1968~1975년 이후의 문학적 보충을 정리하여 역사적 중간물로서 진영진이 제기한 문제들을 인식하고자 시도할 것이다.

먼저 진영진이 제3세계 지식인으로서 가졌던 사명감과 자기비판의 한 대목을 보자.

---

41 이 책에서는 진영진 문학의 '초기'를 대략 1959년에서 1968년 투옥 이전 시기로 잡는다. 이 시기 창작의 주요 문제의식은 연속성을 갖는 역사 인식, 지식문화의 식민성 및 분단과 사랑의 불가능성 등으로 개괄된다. 그리고 중기는 출옥 이후부터 1980년대 후반까지로 본다. 1990년대는 표면적으로 진영진 문학의 공백기인데, 사실상 공백기의 사색이 후기의 창작, 즉 1999년부터 2001년까지의 '충효공원' 시리즈에 축적 및 반영되었다고 할 수 있다.

하나의 역사적 전환기에, 도시의 소 지식인의 유일한 자기 속죄의 길은 개입적 실천 과정 속에서 고통스럽게 자기 혁신을 행하는 것이고, 그들이 무한히 의탁하고 있는 구세계를 결연하게 절단해내는 것이며, 이로부터 더욱 새로운 세계로 투신하는 것이다. 그러나 진영진의 세계 속 도시 소 지식인 중에는 실천 속에서 풍파를 딛고 서거나, 파고를 헤쳐 나가는 인물이 없었다. 이는 아마도 객관적으로 그러한 인물이 존재하지 않기 때문이기도 하지만, 사실은 또한 진영진 자신과 우울함 속의 일반적 도시 소 지식인의 무기력의 본질이 예술적으로 표현된 것이다.[42]

제3세계의 지식인은 자신의 전통문화를 비판적으로 평가하고, 전통문화에 대해 재인식을 진행할 책임을 부여받고 있다.[43]

스스로의 문학세계를 자기비판한 글인 〈진영진을 논함試論陳映真〉은 포스트 혁명 시기 지식인의 곤경을 표현하고 있다. 그는 이러한 곤경 자체가 도시 지식인의 무기력에서 기인한다고 자책하지만, 동시에 "제3세계" 지식인으로서 전통문화에 대한 재인식이라는 지적 과제를 제기하기도 했다.

그는 초기 문학작품(특히 1963년 발표된 〈문서文書〉에서 정식화됨)을 통해 전통–식민–냉전으로 이어지는 그의 초중기 문학의 역사적

---

42 陳映真, 〈試論陳映真〉, 《陳映真作品集9: 鞭子與提燈》(台北: 人間, 1988), 9면.

43 琳達·傑文, 〈論強權, 人民和輕重〉, 《陳映真作品集6: 思想的貧困》(台北: 人間, 1988), 5면. 이하 중국어 원문의 한국어 번역 인용은 모두 필자가 직접 옮긴 것이다.

구도를 명확히 한 바 있다. 게다가 초기 작품은 기본적으로 냉전 시기, 즉 포스트 혁명 시기라는 하나의 전환기에 창작된 것이다. 따라서 그는 당시 조건하에서 문학은 혁명의 도구나 혁명에 봉사하는 것이 될 수 없다고 보았을 것이다.

노신은 변혁의 시대에 혁명과의 밀접한 관계 속에서 문학적 실천을 했지만, 상대적으로 진영진은 포스트 혁명 시대에 미래의 또 다른 변혁을 준비하면서 문학적 실천을 했다. 그 때문에 양자 사이에 '전통'에 대한 문제의식은 다르게 나타난다.

전통에 대한 노신의 내재적 비판은 혁명의 시대에 현실의 변혁을 더욱 전진시키는 '계몽'적 성격을 가질 수 있었지만, 진영진에게 전통은 그러한 '변혁'적 운동이 존재하지 않는 조건에서 오히려 변혁의 좌절이 주는 교훈을 바탕으로 새로운 변혁을 준비하기 위해 재인식할 대상이 된다. 적어도 백색테러 이후 변혁에 실패한 1960년대 '대만의 중국인'으로서 진영진은 전통을 일방적으로 부정할 수 없었으며, 역사 안으로 돌아가 다시 전통을 붙잡고 몸부림칠 수밖에 없었다. 그렇게 전통으로 돌아갔을 때, 식민은 외재적으로 부정되는 것에 그치지 않는다. 나아가 신식민도 마찬가지다. 그는 혁명의 좌절 이후, 식민('왜곡된 전통')과 신식민('포스트 혁명 시대의 곤경') 사이의 역사적 중간물로서 양자의 연속성과 단절을 일관되게 문학과 사상의 과제로 삼아 실천해 왔다. 그의 초중기 문학이 리얼리즘이 아닌 "모더니즘"적 경향을 보이고, 중기 이후 '역사적 정합'이라는 문제 설정하에 "모더니즘"과 "리얼리즘"이 결합되는 추세를 보인 것 또한 이와 같은 맥락에서 해석될 수 있다.

역사의식: 초기 작품

진영진은 초기 작품에서 이미 '포스트 혁명' 시대에 대한 인식을 보여주고 있다. 〈내 남동생, 강웅我的弟弟康雄〉(1960)에서 '나'는 이상을 포기하고 부유한 집으로 시집을 가면서 이를 '순교자'적인 타협이라고 말하고, 이에 대해 항변하지 않겠다고 말한다.

> 내 동생 강웅이 죽은 지 4개월이 지나 나는 혼례를 치렀다. 신단神壇과 신부神父의 축복 앞에 선 경건하지 않은 신자···. 이로부터 나는 반역의 쾌감을 느꼈다. 비록 이 쾌감이 사멸하는 묵중한 비애, 즉 처녀 시대와, 내가 제대로 이해하지 못한 사회사상과, 현대 예술의 유파와 고별하는 비애였지만 말이다. 그러나 그 최후의 반역으로 인해 나는 한줄기 혁명적이고, 파괴적이며, 학살적이고, 순교자적인 극도의 흥분을 맛보게 되었다. 이는 나같이 단순한 여자에게 이미 충분히 위대한 것이었다.[44]

---

44 陳映真, 〈我的弟弟康雄〉, 《陳映真 小說集1: 我的弟弟康雄》(台北: 洪範, 2001), 16면.

사실 백색테러 이후 억압된 사회 분위기에서 지식인을 포함한 대중의 선택은 유사했을 것이다. 성장 과정에서 자연스럽게 현실의 모순을 마주하지만, 포스트 혁명시대의 신식민 권위주의 정권하에서 '이상주의'를 견지한다는 것은 쉽지 않다. 신식민/분단하에서 길 없는 절망적 상황을 묘사한 〈첫 번째 임무第一件差事〉(1967)의 저역룡儲亦龍의 말처럼 "대저 길이 끊겼으면, 인정해야만 한다." 이 시기에 혁명과 이상은 지식인의 '유치한 열정'일 뿐이었다. 1949년 이후 대만의 현실에서 마주한 모순은 먼저 식민으로 인한 '왜곡된 전통'(또는 '현대화')이었을 것이다. 〈집家〉(1960)에서 '나'는 부친이 사망한 후 가족 중 유일한 남자이자 전통 사회의 장자가 갖는 책임감으로 고민한다. 마을 사람들은 이 장자가 대학에 합격해 집안을 일으켜 세우는 '미담'의 주인공이 되기를 기대한다. 그러나 나는 '보습반'에서 경쟁으로 일어나는 인간성의 파괴를 경험하면서, '착한 마음씨의 마을 사람들'이 기대하는 미담美談의 주인공이 되고 싶지 않다. 그리고 '착한 마음씨의 마을 사람들'을 '벌레들'이라고 비난하기까지 한다. 그러나 작품의 말미에서, 그는 결국 아버지의 역할을 맡기로 결심한다.

악을 어찌할 수 없을 때, 악은 심지어 하나의 필요가 된다. 하물며 나는 이내 일기에 영웅처럼 이런 말을 기록해 두었다. "악을 어찌할 수 없다면, 반드시 그 악 속으로 들어가야 한다."[45]

〈내 남동생, 강웅〉에서의 강웅康雄(포스트 혁명 시대 곤혹 속에서 자살한 무정부주의자 청년), 〈향촌의 교사鄉村的教師〉(1960)의 오금상吳錦祥(전후 탈식민 곤경 속에서 자살한 교사), 그리고 〈고향故鄉〉(1960)의 형(식민주의 현대성의 곤경 속에서 '천사'에서 '마귀'로 전락한 이상주의자)은 모두 '큰 이상이 붕괴한 시대의 표지'다. 진영진은 훗날 〈진영진을 논함試論陳映真〉에서 이들 이상주의자를 윤리적으로 비판한다.

도시 소 지식인은 사회 속에서 갖는 중간적 지위 때문에, 기존 질서를 유지하려 힘쓰는 상층과 다양하게 연관되지만, 기존 사회 개선을 희망하는 하층에 대해서는 완전히 동의할 수 없는데, 그래서 그들의 개혁주의는 불철저하고, 공상적인 성격일 수밖에 없다.[46]

그렇게 변혁의 시대가 끝났음을 확인하면서, 진영진은 변혁의 대상이 되었던 전통을 다시 사유한다. 〈죽은 자死者〉(1960)와 〈고양이, 그들의 할머니貓牠們的祖母〉(1961)는 하나의 짝을 이루어 '할아버지'와 '할머니'의 목소리를 통해 대만의 내재적 역사를 재현한다. 〈죽은 자〉에서 임종웅의 큰 외삼촌, 작은 외삼촌, 그리고 모친을 죽음을 이르게 한 노병老病은 죽음을 앞둔 할아버지에게

---

45 陳映真, 〈家〉, 《陳映真小說集1: 我的弟弟康雄》(台北: 洪範, 2001), 30면.

46 許南村(陳映真), 〈試論陳映真〉, 《陳映真作品集9: 鞭子與提燈》(台北: 人間, 1988), 5면.

서 역으로 다시 그 '전통'을 확인시켜준다. 외할머니는 일제강점기에 계곡에서 자살했고, 외할아버지는 패덕한 고향을 떠나고자 했지만 결국 고향으로 돌아올 수밖에 없었다. 외할아버지는 외증조부의 유언을 반복하는데, '패덕한 지주의 관리인'의 역사는 4대에 걸친 끈질긴 것이다. 이는 그 안에서 내재적으로 극복되어야 한다.

특히 작품 중에서 외할아버지를 모셔 온 둘째 외숙모와 연하 농부의 관계는 전통의 기준에서 보면 '패덕'의 연속이지만, 작자는 민간의 개방성을 통해 패덕의 역사사회적 맥락을 사유한다. 전통에 대한 단순한 부정이나 그로부터의 도피가 답이 될 수 없기 때문이다.

게다가 줄곧 이 관계가 순수한 사음邪淫의 필요에서 기인했는지를 의심했다. 어쩌면 오래 묵은 불가사의한 풍속에서 기인했겠지. 아니면 경제적 조건의 결과이겠고. 그것도 아니면 봉건적 혼인이 초래한 저항이거나. 그러나 어찌 됐든 그들이 호음好淫하는 부류로 보이지는 않았다. 왜냐하면, 그들도 고생이 많았고, 고초를 겪었으며, 그들의 선조와 같은 적빈한 사람들이기 때문이다.[47]

---

47 陳映真, 〈死者〉, 《陳映真小說集1: 我的弟弟康雄》(台北: 洪範, 2001), 75면.

여기서 진영진은 역사 속 현실로서의 민간을 다시 인식해 '정치적 올바름'이라는 주어진 기준을 넘어 사회의 윤리적 생활 모델 재건 방향을 모색하고 있는 것 같다.

그리고 양자로서의 임종웅은 그 전통으로부터 자유롭다고 생각하고, 외조부의 죽음을 하나의 시작으로 여긴다. 그래서 '처를 들일 돈을 마련할' 계획을 세운다. 임종웅은 패덕으로부터 자유로울 수 있을까? 작자는 양자로서 임종웅이 상상하는 '자유'를 통해 식민과 광복을 거쳐 스스로 '현대화'되었다고 생각하는 1950년대 대만인의 착각을 암시하는 것 같다.

〈고양이, 그들의 할머니〉에서도 연자娟子는 외성인 군인 장의張毅와의 사랑을 통해 "그녀의 할머니를 포함한 기존의 모든 가치와 의의를 버리고"자 한다. 그러나 그것은 가능할까? 장의의 서술처럼, 장의도 '자신의 할머니'가 있고, 그런데 그가 언급하듯이 "그녀들[할머니들]은 그렇게도 모습이 닮았다." 그 둘의 사랑이 역사와 전통에서 벗어나기 쉽지 않다는 암시다. 즉, 같은 뿌리를 갖는 국민당 또는 중국 대륙을 통한 대만의 '해방'은 가상일 수밖에 없으며, 그 뿌리를 비판적으로 재인식해야만 내재적 개혁이 가능함을 말한다.

이와 같은 진영진의 문학 작품이 취하는 역사 인식 구도는 대략 〈문서〉(1963)에서 완성되는 듯하다. 〈문서〉는 진영진이 군 복무를 마친 후 《현대문학》에 발표한 첫 작품이다. 외성인 군인 출신 기업가가 저지른 살인 사건의 기록 형식을 취하는 이 작품은 정신병 환자의 서술을 통해 역사적 모순의 중첩을 재현한다. 모순은 세 사람의 죽음을 통해 표현되는데, 군벌의 가족으로 살던 어린 시절 그의 집안에서 모욕 속에서 자살했고 청조 붕괴 이후 난맥상을 반영하는 풍흔馮昕 아주머니, 과거 안 씨 집안에서 수모를 당하기도 했고 항일 전쟁 중에 죽은 상관 뚱보 관關 씨, 대만에서 백색테러로 희생된 부인의 오빠, 이들은 봉건, 제국주의, 냉전(신식민)이라는 역사적 고리를 각각 대표하고 있다.

사랑의 불가능성을 어떻게 극복할까?: 초기와 중기 문학

1) 역사·지리적 단절과 사랑의 불가능성

1949년 이후 대만의 역사·지리적 단절 속에서, '남성'은 사랑에 무능하고, '여성'은 표류한다. 남성은 좌절해 자살하거나 미치고, 여성은 그래도 아이를 갖고 희망을 남긴다.[48] 상징적으로 남성이 역사로부터 주어지는 지식인이라면, 여성은 주어진 지식을

---

48 진영진의 작품에서 정신질환 및 자살은 초기부터 후기까지 일관되게 사용되는 장치다. 주로 남성의 경우가 많다. 그러나 초기 작품에서 종종 여성의 경우가 있었는데, 〈사과나무蘋果樹〉에서 료생재廖生財의 처가 정신질환자였고, 〈죽은 자〉에서 임종웅의 외조모, 〈문서〉에서 '풍흔 아주머니', 〈장군족〉에서의 '말라깽이 계집小瘦丫頭兒'은 자살했다. 어쩌면 〈녹색 철새 한 마리〉에서나 '진 모 씨'의 아내도 자살했으리라는 가정이 가능하다.

바탕으로 현실에 참여해 미래를 만들어가는 실천가다. 역사·지리적 단절은 대다수 남성을 사실상 거세시킨다. 여성은 표류하다 지치고, 진정한 사랑 없이 생겨난 아이는 낙태되거나, 때로는 여성에 의해 보호되지만, 그 아이의 미래는 여전히 불투명하다. 그래서 진정한 사랑은 〈장군족將軍族〉(1964)의 이름 없는 외성인과 본성인, 또는 〈녹색 철새 한 마리─綠色之候鳥〉(1964)의 외성인 계숙성季叔城 교수와 본성인 아내의 사랑처럼 비극으로 끝난다.

　이러한 사랑의 테마는 〈그토록 노쇠한 눈물那麼衰老的眼淚〉(1961)에서 역사적 분단 모순과 사랑의 불가능성으로 처음 다뤄진다. 외성인 '상층'(교수, 군인, 사업가)과 본성인 '하층'(하녀)의 결합 또한 진영진의 소설에서 자주 선택되는 조합인데, 이 작품들 속에서 '외성인'은 '중국인'도 아니고 '대만인'도 아닌 것처럼 보이지만, 사실 그러한 분단의 가상을 넘어서 보면 이는 본래의 '중국인'임을 피력하는 하나의 장치다. 따라서 이러한 외성인은 '역사'를 상징하고, 본성인 여성은 '현실'을 상징하며, 둘 사이의 사랑의 불가능성을 초래한 원인은 역사에 있으나, 이를 헤쳐 나갈 힘은 여전히 '현실'의 민중에게서 찾아야 한다. 자주 등장하는 '낙태' 또는 '임신' 등의 제재 또한 그러한 여성의 '현실'이 갖고 있는 잠재적 (불)가능성으로 제시된다.

　〈그토록 노쇠한 눈물〉에 이어지는 다음 작품이 〈가룟 유다 이야기加略人猶大的故事〉(1961)인데, 이는 진영진이 스물네 살 때 쓴 작품으로 대학을 갓 졸업한 시기에 정치의 모순을 사랑을 통해 돌파하고자 하는 주제를 다루고 있다. 특히 여기에서 대중의 층위가 부각되어 다시 한번 혁명적 낭만주의와 이상주의의 문제에 대한 간접적 비판을 담아낸다.

> 유다는 인민의 궐기와 혁명의 승리가 눈앞에 있음을 깨닫고, 군중 속에서 이리저리 뛰어다니며 함성을 질렀다. 그러나 얼마 지나지 않아, 승리의 함성은 점차 사그라들었고, 완전히 적막해졌다. 성 안의 주민들은 기뻐했고, 만족하며 일상생활로 되돌아갔다. 그들은 마치 즐거운 명절을 지낸 것처럼 보였다.[49]

이 작품에서 유다는 정치로부터가 아니라, '사회'의 관점에서 출발하여 '反국가주의', 세계주의 및 사회혁명의 신념을 견지한다. 그를 대중을 조직해 변혁을 달성하려는 전형적 혁명 지식인으로 볼 수 있을 것이다. 이처럼 유다는 예수의 사망을 통해 대중의 열망을 조직하고 혁명을 완성하고자 한다. 그러나 그가 기대한 혁명은 발생하지 않는다. 그리고 유다는 실패를 통해 '사랑'과 '일상'의 중요성을 사고하게 된다. 다시 말해 혁명에는 두 가지 전제 조건이 있었다. 사람과 사람 사이의 사랑 그리고 역사성에

---

49 陳映真, 〈加略人猶大的故事〉, 《陳映真 小說集1: 我的弟弟康雄》(台北: 洪範, 2001), 127면.

근거한 대중의 일상생활이 그것이다.

앞서 언급한 것처럼, 이러한 사랑의 테마는 이후 여성의 표류와 남성의 좌절로 그려진다. 연속해서 쓰인 세 편의 단편인 〈오! 수잔나哦!蘇珊娜〉(1966), 〈마지막 여름날最後的夏日〉(1966), 〈당천의 코미디唐倩的喜劇〉(1967)는 모두 여성의 표류를 주제로 한다.[50] 상대가 되는 남성은 모두 지식인이지만, 그들이 가진 지식은 '사랑'에 전혀 도움이 되지 않는 '거세'된 지식이다. 여성은 '표류'를 끝내고자 하지만, 그 미래는 여전히 불투명하다. 특히 〈당천의 코미디〉는 신식민지적 현실에서 서구를 통해 수입된 지식의 식민성을 통렬히 풍자하고 있다.[51]

전통, 식민 및 신식민의 역사적 구도를 초기에 확립한 이후, 진영진은 이어서 표류와 사랑의 불가능성 문제를 제기했다. 〈처참한 무언의 입凄慘的無言的嘴〉(1964)은 정신질환을 앓는 대학생의 시각에서 일본으로부터 미국으로 이어지는 식민주의의 연속성을

---

50 여성의 표류는 〈첫 번째 임무〉의 임벽진과 〈6월의 장미꽃六月裡的玫瑰花〉(1967)의 에밀리 황으로 이어진다.

51 한편, 〈여전히 비추는 태양兀自照耀著的太陽〉(1965)은 진영진의 작품에서 매우 특이하다. 비록 직접적으로 표현하고 있지는 않지만, 이는 이후 전개되는 풍자소설의 전조라고 할 수 있다. 게다가 이 작품의 대사는 매우 극적인데, '전전과 전후의 중산계층 생활'을 통해 식민과 신식민의 연속성을 묘사 및 폭로한다. 병든 아이가 그들의 반성과 참회의 계기가 된다는 설정은 그 자체로서 매우 비현실적인데, 그로 인해 중산계층의 참회와 반성의 허구성을 드러내는 것으로 보인다. 특히 작품 속에서 일관되게 침묵하는 진철陳哲은 거의 관객의 입장에서 중산계층이 연기하는 연극을 보는 것 같은 느낌을 준다.

처음으로 다룬다. 작품은 뿌리 뽑힌 1960년대 대만 청년의 하릴없는 정신 상황을 묘사하여 '뿌리'의 현실적 표상으로서 감동을 주는 '노동자' 신체의 아름다움과 피살된 창녀의 '처참한 무언의 입'을 대비시킨다. 이를 통해 '뿌리'를 되찾는 것이 비로소 '언어'를 복원할 조건임을 강조하고 있다. 이와 같은 일본-미국 식민주의하 '표류'의 문제의식은 이어지는 작품인 〈녹색 철새 한 마리〉(1964)에서 '분단'과 사랑의 불가능성으로 발전한다.

한편, 희랍 신화를 개작한 〈사냥꾼의 죽음獵人之死〉(1965)은 여전한 신의 세계와 아직 오지 않은 인류 세계의 대비를 통해 사랑의 문제를 윤리의 문제로 발전시킨다.

이는 구애받지 않는 삶을 살고, 또 그토록 생의 느낌을 뜨겁게 사랑하는 우리 사랑의 신이 이해할 수 없는 것이다. 결국은 그녀의 일생이 비록 둥지를 틀지 못하는 한 마리 새와 같이 사랑의 진실을 찾고 있고, 또 매번 날개 꺾이고 울음을 잃어버리는 고통 속에서 실망하지만. 그러나 그녀는 한 번도 이 젊은 사냥꾼처럼 사랑을 못 한다고 말한 적은 없었다. 한 번, 또 한 차례 새로운 연애의 느낌은 그녀에게 또 한 번, 또 한 차례의 새로운 행복에 대한 희망과 환멸을 가져다줬다. 그리고 그녀는 한순간도 이 실성한 듯 보이는 다 큰 남자처럼 '나는 연애를 못 해'라고 생각해 본 적이 없었다.[52]

사냥꾼 아도니스는 "사랑 바깥에서 표류"하고 사랑의 신 비너스는 "사랑 속에서 유랑"한다. 결국 아도니스는 자살로써 신의 세계에 종지부를 찍고 인류의 세계를 열어젖힌다. 그는 "떠도는 시대는 끝나야 해. 그때가 되면 남성과 여성은 두려움 없이, 자유롭고, 독립적으로, 성실하게 서로 사랑할 거야"라고 말한다.[53] 이어서 신식민주의적 지식과 사랑의 불가능성은 분단 및 외성인이라는 제재로 구체적 형상을 획득한다. 〈첫 번째 임무〉(1967), 〈영원한 대지永恆的大地〉(1970〔1966〕), 〈어느 오후某一個日午〉(1973〔1966〕), 〈주렁주렁纍纍〉(1979〔1967〕)등의 작품은 모두 외성인을 제재로 역사·지리적 단절과 사랑의 불가능성을 묘사한다.

2) 역사의 보충과 계급적 연대

진영진은 1968년 '민주대만연맹民主台灣聯盟' 사건으로 투옥되어 1975년에 출옥한다. 그가 투옥된 사이에 '조어대 사건'이 발생했고, '향토문학 논쟁'의 선행 논쟁인 '현대시 논쟁'이 전개되었다. 1970년대 냉전 체제의 동요는 대만에서도 중요한 계기를 만들고 있었다. 아울러 한국과 대비해 볼 때, 이러한 냉전의 동요가 대만의 정세 변화에 더욱 직접적으로 반영되었음도 주목할 필요가

---

52   陳映真,〈獵人之死〉,《陳映真小說集2: 唐倩的喜劇》(台北: 洪範, 2001), 32면.

53   陳映真,〈獵人之死〉,《陳映真小說集2: 唐倩的喜劇》(台北: 洪範, 2001), 49면.

있다.

투옥 이전에 일정하게 역사적 구도를 확립하고, 나아가 '사랑'의 문제 설정을 바탕으로 일련의 작품을 발표했던 진영진은 출옥 이후 이를 두 가지 측면에서 발전시킨다. 첫째, 투옥 기간 만난 백색테러의 희생자들이자 역사적 좌익운동의 선배들을 통해 광복 이후 좌익의 역사와 좌절을 새롭게 인식하고 문학적으로 복원한다. 둘째, 신식민지하의 급격한 종속적 경제발전이 가져온 민중 생활 왜곡을 그려, 계급적 연대가 대만의 역사적 단절과 현실적 분열을 돌파하는 계기가 될 수 있음을 피력한다.

여기에서 '백색테러 시리즈'가 '워싱턴 빌딩 시리즈'와 상호 보충적 관계임에 주목할 필요가 있다. 〈초롱꽃鈴鐺花〉(1983)에서 스승을 백색테러로 잃은 아순阿順의 눈물, 〈산길山路〉(1983)에서 동지를 위해 일생을 바친 채천혜蔡千惠의 헌신적 실천, 이는 냉전/신식민하 역사적 '공산주의' 운동의 우정과 사랑의 실현으로 그려진다. 그러나 진영진은 역사의 힘이 마주한 제약을 모르지 않는다. 작품 중에서 1952년 채천혜의 연인은 좌익 운동 참여로 백색테러를 당해 무기수가 되고, 연인의 동지는 죽음을 맞는다. 이후 채천혜는 희생당한 동지를 위해 동지의 애인으로 위장해 일생을 그의 가속에게 헌신한다. 이렇게 30년을 살던 중, 그녀는 본래 무기수였던 연인이 특사로 출옥한다는 소식을 접한다. 그녀의 부치지 못한 편지는 다음과 같이 쓰고 있다.

기나긴 삼십 년을 헤어져 지낸 뒤, 되돌아간 고향 마을에서 천지개벽할 변화를 마주하게 됨은 예상하시겠지요. 일찍이 사람으로서 마땅히 가져야 할 삶을 위해 투쟁했던 당신에게, 출옥은 어쩌면 또 다른 고난의 시작일지도 모르겠네요. 광범위하고 완전하게 가축화되어버린 세계를 마주하며, 당신의 투쟁은 과거보다 더욱 힘들겠지요? 나는 이렇게 당신 걱정을 하고 있어요.[54]

그러나 이와 같은 신식민하 변화에 대해 진영진은 부정적으로만 인식하지 않는다. 진영진이 문학적 공백기로 접어들기 전 마지막 소설인 〈조남동趙南棟〉(1987)은 시대적 분위기의 변화를 반영해 백색테러의 역사와 신식민주의 현대화의 모순을 비교적 직접적으로 다룬다. 엽춘미葉春美 스스로가 백색테러의 수난자였는데, 죽어간 동지의 가속을 동지적 사랑으로 보살핀다. 작품에서 조남동은 옥중에서 태어났고 또 옥중에서 어머니를 여읜 동지의 아들이었다. 그러나 이렇게 보살핌을 받은 가속이지만 신식민적 모순하의 하층 민중이 될 수밖에 없는 현실이다. 그럼에도 불구하고 엽춘미는 '사랑'으로 방황하던 조남동을 다시 맞이한다.

---

54 陳映真, 〈山路〉, 《陳映真小說集5: 鈴鐺花》(台北: 洪範, 2001), 90면.

그녀는 천천히 위쪽으로 걸어갔다. 그녀는 조남동 앞에 서서, 때투성이의 장발과 창백하고 메마른 얼굴을 보았다. 그녀의 눈 속에서 따뜻한 광채가 퍼져 나왔다. 마치 자신의 혈육을 만난 것처럼. "꼬맹이 구아바. 우리 아가…."[55]

한편, '워싱턴 빌딩' 시리즈 가운데 한 작품인 〈구름雲〉에서 문수영文秀英과 장유걸張維傑의 관계는 사실 백색테러 시리즈 중 〈초롱꽃〉의 학생 아순과 스승 장원조莊源助 관계의 재현이다. 그러나 현실의 변화만큼 양자의 에너지는 다르게 부여된다. 여기에서 문수영에게 '고향'과 '가족'은 이미 강력한 자양분으로 그려지고 있다. 문수영 자신도 진영진 작품 전체에서 봐도 흔치 않은 순수한 아이 같은데, 수줍지만 또한 그만큼 가능성을 가진 여공으로 그려진다. 문수영과 고향의 가족도 둘째 오빠의 죽음과 같은 대만 기층 민중의 비극을 겪었다. 이런 문수영에게 따뜻함을 안겨주는 1970년대 대만의 농촌과 가족은 역사를 '망각'한 결과일 수도 있지만, 다른 시각에서 민중의 생활은 역사의 '망각' 속에서도 조금씩 자신의 방식으로 역사의 상처를 치유하고, 결국 문수영의 따뜻함을 지탱하는 힘이 될 수도 있다. 그러한 치유는 지식인이 아닌 민간 여성 노동자의 목소리를 통해 표현된다. 노동

---

55 陳映真, 〈趙南棟〉, 《陳映真小說集5: 鈴鐺花》(台北: 洪範, 2001), 201면.

조합 재조직화 투표 전날 문수영은 일기에 다음과 같이 쓴다.

왠지 모르겠지만, 지금 나는 누군가에게 감사하고픈 마음이다.

타인에게 관심을 기울이며 진지하게 살아갈 수 있도록 도와준 사람과

일들에, 나는 말하고 싶어. "고마워요."

회사와 공장의 사람들과 생활이 더욱 따뜻해지고, 더욱 우애 있게 만

들기 위해, 사심 없이 사는 사람들에게, 나는 말하고 싶어. "고마워요."

노동자에게 관심을 두고, 그들을 지지해주고, 그들이 자신의 권리를

위해 일어나 말할 수 있도록 도와준 회사에, 나는 말하고 싶어. "고마

워요."

이렇게 좋은 회사, 이렇게 좋은 노동자가 함께 생활하고 일할 수 있는

우리나라와 사회에, 그리고 다른 나라와 세계의 사람들에게, 나는 말하

고 싶어. "고마워요."

타인에게 감사의 마음을 가질 수 있다는 게, 얼마나 행복한 일인지![56]

노동조합의 설립은 사측 보수 세력의 방해공작으로 좌절됐
지만, 그 과정은 커다란 행복과 가능성을 가져다주었다. 진영진
의 이 작품은 당시의 대만 현실에 비추어 다소 비현실적인 희망
과 기대를 표현하고 있다. 그러나 역사의 복원을 통한 단절의 회

---

56 陳映真, 〈雲〉, 《陳映真小說集4: 萬商帝君》(台北: 洪範, 2001), 104면.

복뿐만 아니라, 그 단절 이후의 변화 또한 진영진 문학의 대상이었고, 그러한 현실과 역사의 접목이 〈구름〉에서 다소 희망적으로 그려진 것으로 보인다. 백색테러 시리즈에서 제시된 것처럼, 사랑은 역사의 정합에 근거한 윤리성이 바탕이 되지만, 그 사랑의 주체는 현실을 살아가는 역사적 민중이라는 점을 진영진은 워싱턴 빌딩 시리즈를 통해 강조하고 있는 것 같다.[57] 워싱턴 빌딩 시리즈는 1980년대 급변하는 정세에서 백색테러 시리즈로 전환하며 중단되지만, 진영진의 이러한 인도주의는 이후《인간》(1985~1989)으로 다시 계승된다.

> 사실 나는 계속 저 흰 구름을 보고 있었다. 저렇게 즐겁고, 평화롭고, 사이좋게, 함께 하늘에서 천천히 흘러가고, 서로 산들산들 잡아당기는 것을. 만약 저 구름들이 땅 위의 우리를 보면 얼마나 난감할까.
> 이런 하늘, 이런 구름, 그리고 이런 마음, 어떻게 쓰지?
> 못 써. 나는 쓸 수 없어.[58]

민중생활 속에서 새로운 언어를 찾고자 했던《인간》의 실천은

---

57 "역사의 정합에 제대로 서서, 대만에서 자주적 변혁 세력을 창조해 내는 것. 바로 이것이 현재 대만에서 가장 긴급한 과제라고 나는 생각합니다."《陳映真作品集6: 思想的貧困》(台北: 人間, 1988), 201면.

58 陳映真,〈雲〉,《陳映真小說集4: 萬商帝君》(台北: 洪範, 2001), 117면.

문수영의 수줍은 부정에 대한 진영진의 응답이라 할 수 있다.

이처럼 역사적 중간물로서의 진영진은 초기 문학 작품에서 탈식민 과제로 '전통', '식민', '냉전'의 복잡한 관계를 인식했다. 냉전 아래 신식민 상황에서 그 문제의식은 '분단과 사랑의 불가능성'으로 발전하고, 7년의 투옥 기간을 거쳐 역사적 단절 극복과 계급 모순의 해결을 핵심 모티브로 삼게 된다. 1980년대 그의 문학이 '사상의 빈곤'이라는 문제로 일정 기간 공백을 거치고, 현실 담론 공간에서 다양하고 다소 모순된 규정을 부여받았지만, 역사와 현실에 충실했던 그의 문학적 성취는 역사적 단절과 사회 모순이 나날이 심화하는 가운데 여전히 사상적 좌표의 역할을 감당하고 있다.

분단, 내전, 민중

앞에서 살펴본 바와 같이 진영진의 문학 창작 생애는 전통, 식민, 냉전 그리고 포스트 냉전의 역사와 현실을 포괄하고 있다. 그의 사상과 문학의 역사적 구도는 대략 1963년 전후에 확립된 바 있고, 출옥한 이후인 1975년부터는 초기에 구축한 역사적 구도가 구체적 현실의 변화와 결합해 독특한 문학적 풍격風格과 성취를 낳았다.

진영진의 문학이 탁월한 성취를 얻을 수 있던 것은, 그가 대만의 역사적 궤적을 비판적으로 인식하면서도, 동시에 일관되게 문학가로서 대중의 현실 속에 서서, 생활조건의 변화에 민감하게 반응했기 때문이었다. 따라서 진영진의 문학은 대만의 지식 사상계에 비판적인 역사 시각을 제공할 수 있고, 이로부터 현대화된 학술 체제의 '역사학'과 '사회과학'의 탈역사성 문제를 인식하는 계기가 될 수 있다. 동시에 그의 문학이 대만과 유사한 역사적 궤적을 가지면서, 지식의 식민성과 탈역사성 문제를 공유하는 '남한'에도 지식과 학문 체제 변혁에서 중요한 권역적 참조점이 될 것으로 예상된다.

1980년대 들어 진영진은 '사상의 빈곤'이라는 화두를 던지며 역사 속으로 되돌아가 백색테러 시리즈를 창작한다. 이후 장기간의 공백기를 거친 진영진은 1999년이 되어 그의 문학 생애 마지막 세 편의 작품을 담은 '충효공원' 시리즈를 발표하기 시작한다. 이는 그가 제기한 '사상의 빈곤'에 대한 그 나름의 답변이었다고 볼 수 있다. 아래에서는 앞서 소개한 진영진의 초중기 문학 실천의 성과를 기반으로, 그의 중후기 작품인 백색테러/워싱턴 빌딩 시리즈와 충효공원 시리즈에서 남한에 대한 대만의 참조적 의의를 추출하고자 한다. 이는 '이중분단의 특수성', '내전의 외재성', '민중 구성의 복잡성' 등으로 개괄된다.

1) '이중분단'의 특수성

〈충효공원〉(2001)은 사실상 진영진의 마지막 문학 작품이다. 이 작품은 전형적인 두 인물의 교차 구도를 설정하고 있다. 마정도馬正濤는 중국 동북 사람으로, 과거에 동북지역에서 일본과 협력한 바 있고, 여러 번의 변절을 거쳐 최종적으로 국민당과 함께 대만으로 건너와 정보기관에 자리 잡은 외성인이다. 본성인 임표林標는 일제강점기에 일본군으로 남양군도의 전투에 참여한 바 있고, 훗날 일본이 패전하자 전장에서 광복을 맞이하고 승리국의 병사가 되어 대만으로 돌아온다. 이 작품은 2000년의 시각에서 이 두 인물의 말년을 교차시켜 중국과 대만의 식민성과 신식민성의 연속성 드러내기를 시도한다. 작품의 결말에서 마정도는 민진당이 선거로 정권을 잡은 상황을 마주하자, 정신적이고 현실적인 방패막이로서의 국민당 정권의 비호가 사라짐을 두려워하며 자살로 생을 마감한다. 임표는 일본과 중국 사이의 정체성 혼란 속에서 치매에 걸린다. 그리고 외성인 2세대인 축경祝景은 국민당에 실망해 마정도를 비판하며, 임표의 아들 흔목欣木은 노숙인이 된다. 이들은 포스트 냉전 시기 국민당 합법성의 위기와 계급계층 모순의 심화로 표현된 민진당 주도 민주화의 허구성을 간접적으로 보여준다.

필자가 보기에, 이 작품은 하나의 새로운 인식 과제를 제기한다. 일본의 대만 식민은 '중국'의 피식민 경험이지만, '대만'의 신식민 또한 그것의 연장선에서만 적절한 해석을 얻을 수 있다는

것이다. 이는 미국의 신제국주의적 개입이라는 외부요인만으로
신식민을 해석하는 것과 다르다. 그것을 포함하면서도 역사적으
로 그 내재적 연원을 밝혀주는 것이다. 따라서 광복 이후 대만에
서 탈식민의 좌절과 실패는 단순히 대만의 문제만은 아니게 된
다. 오히려 그것은 '중국'의 문제이자 과제였다. 중국 대륙을 분리
해 사고하면, 내전에서 중공의 승리와 중화인민공화국의 성립으
로 민족해방 문제가 해결된 것으로 여겨질 수 있다. 그렇지만 만
약 대만을 포함한다면, 대만의 신식민은 중국의 민족해방 및 탈
식민 과제가 여전히 해결되지 않았음이 드러난다. 이는 우리가
국공 대립 이전의 시간대로 되돌아가 안으로부터 원인의 소재를
다시 파악할 것을 요구한다. 따라서 진영진이 초기부터 일관되게
전통으로서의 '뿌리'로 제기하고자 한 것은 단순한 중화인민공
화국과 중화민국의 포괄이 아닌, 나아가 청 말 민초의 '중국'적
상황에 대한 내재적 비판의 암시라고도 볼 수 있다.[59] 그런 의미
에서 '충효공원'은 역사적 왜곡과 주체성의 혼란 속에서도 마주
할 수밖에 없는 '식민주의'의 역사적 상징 공간으로 제시된다.

---

59 앞서 언급한 것처럼 진영진은 제3세계 지식인이 전통에 대해 재인식할 것을 호소한 바 있
   다. 琳達·傑文, 〈論强權, 人民和輕重〉, 《陳映真作品集6 : 思想的貧困》(台北: 人間, 1988), 5
   면. 한편, '문명'에 대한 진영진의 문제의식은 향토문학 논쟁 중에 나타난 바 있다. "근래 20
   년 동안 대만에서의 중국문화는 역사적으로 외래문화의 침해를 가장 많이 받았다. 이는 대
   략 '고이유지古已有之'론의 평론가들이 부정할 수 없는 것이다. 하나의 문화의 원초적 형태는
   늘 그것의 말단에서 비교적 완전하게 보존된다." 陳映真, 〈在民族文學的旗幟下團結起來〉,
   《陳映真作品集11: 中國結》(台北: 人間, 1988), 52면.

〈충효공원〉은 이처럼 역사내재적 연속성의 맥락에서 대만/중국의 식민과 신식민을 연결하여 해석하고, 탈식민의 과제로서 전통에 대한 비판적 재인식에 근거해 탈식민화(탈일본화)/재민족화(재중국화)를 제시한다. 탈식민화는 일본의 식민지배 과정에서 진행된 물질적/정신적 왜곡의 교정이 주가 될 것이고, 재민족화는 전통의 비판적 계승을 바탕으로 한 양안의 분단 체제 변혁을 의미한다. 남한과 상호참조의 관점에서 보면, 1895년과 1949년 양안 분단의 중첩이 대만의 중국 지식인에게 이중적 역할을 부여했음을 발견하게 된다. 그러나 대만의 중국 지식인이 이러한 과제를 전체 중국의 혁명과정에 유기적으로 결합시키기는 쉽지 않았다. 비록 1차 분단의 강도가 2차 분단보다 약했지만, 중국 대륙과 대만이 서로 다르게 경험한 물질/정신문화적 변화는 당시 인식능력의 범위를 넘어서는 차이를 보였다. 게다가 본래 일본의 식민주의는 '청조'로 대표되는 중화질서의 '전통'과 '봉건성'을 외재적 극복과 부정의 대상으로 간주했다. 이는 대만과 조선의 식민통치에 그대로 반영되어, 일본제국은 일관되게 조선과 대만을 중화질서로부터 분리하려 했다. 남한은 1948년의 형식적 분단과 내전을 거쳐 분단이 공고해졌지만, 대만과 같은 식민과 분단의 중첩을 경험하지는 않았다. 따라서 남한에서는 탈식민의 과정에서 '탈일본화'의 문제가 주로 언급될 뿐, '전통'의 문제가 주목받지 못했다. 그러나 '전통'에의 재인식이 부재한 '탈일본화'

는 사실상 '사상누각'이라 하지 않을 수 없다.

특히 진영진은 문학 생애의 초기인 10대와 20대 초반에 중국의 신문학을 적극적으로 학습해 문학의 기초가 되는 언어의 훈련과정을 겪었다.[60] 진영진은 대학 시절 외문外文과 학생이었음에도 초사, 사선詞選, 시선詩選 등의 수업을 들었고, "고문학 속에서 기초를 다지고, 어휘를 연구했으며, 오늘날 그의 문장이 갖는 무수한 단련을 거친 시와 같은 아름다움의 기반을 세웠다."[61]

이와 같은 탈식민적 문제의식이 남한의 문학에서는 상대적으로 빈약했다. 남한의 '민족문학론'의 경우 이념적으로 식민, 분단, 냉전 등을 제재로 삼고, 이론적으로 리얼리즘을 적극 수용했지만, 그것의 문학적 기초이자 바탕이 되는 언어문화의 탈식민 과제는 제대로 검토된 적이 없었다. 실제로 조선(1392~1897)의 역사를 보면, 국한문 병용이 조선적인 '현대성'에 부합되는 언어문화 체제의 방향으로 설정되었으나, 일본 식민 지배를 거치면서 진행된 '탈중국화'는 본래 조선의 언어문자 체계에서 유기적 구성 부분으로 자리 잡았던 '한자'를 배척했다. 이는 식민시기를 경

---

60 진영진 스스로 이야기하듯이, "나에 대한 노신의 영향은 운명적인 것이었다." "예술과 사상에서 노신이 얻은 성취로 말하자면, 지금까지 어떤 중국 작가도 노신에 다다른 이가 없다고 생각한다. 노신의 또 다른 영향은 중국에 대한 나의 정체성이다. 노신의 문학을 통해 나는 현대의 고난을 겪은 중국을 이해했다." 韋名, 〈陳映真的自白-文學思想及政治觀〉, 《陳映真作品集6: 思想的貧困》(台北: 人間, 1988), 35면.

61 邱勝男, 〈我的老友陳映真〉, 《陳映真作品集6: 思想的貧困》, (台北: 人間, 1988), 138면.

과하며 남한의 좌우익을 막론하고 동시에 수용했던 '반反전통적 서구화'의 과정이었다. 이에 관해 근래에 매우 미미한 반성이 일어나고 있지만, 공동의 문제의식으로 간주되지는 못하고 있다.[62]

진영진의 문학 및 사상 실천은 사실상 기존의 대만 사상계 내부(나아가 중국 대륙을 포함)에 대해 관련 문제의식의 결여를 지적하는 것이기도 하다. 즉, 양안을 중국과 대만으로 분리해 사고하는 탈역사적 인식론이 분단과 식민을 수동적으로 인식하는 문제를 낳았던 것이다. 반면 진영진은 전통을 재인식해 능동적으로 분단과 식민을 인식하려 한다. 인식 차원에서 대만의 '수동성'에 비해, 남한은 전통을 부정하는 서구화가 규범으로 자리 잡았으며, 식민성 문제가 더 이상 검토되지 않을 만큼 '단절'과 '왜곡'이 내면화되었다.

2) 내전의 외재성

진영진은 문학작품에서 초기에 역사 인식의 구도를 확립한 이후, 일정한 비판과 풍자의 과정을 거쳐 대안 돌파구를 모색한다.

---

62 이와 관련한 최원식의 성찰은 주목할 만하다. "동/서의 마주섬에서 동이 서를 배타하는 것이 한문체요 서가 동을 집어삼킨 것이 국문체라면 동과 서가 최소한의 긴장을 놓지 않으면서 진지한 대화를 견지하는 것이 국한문체라고 해도 좋다. (중략) 세계화의 파고 속에 국한문체의 주변으로만 돌던 국문체 또는 한글체의 승리가 이제 확고해진 세월이다. 그런데 영어의 내습을 동반한 한글체의 승리가 거꾸로 우리 어문 자체의 위기를 야기한 반어를 상기할 때 유길준을 다시 생각하게 된다." 최원식, 《제국 이후의 동아시아》(창작과비평, 2009), 213~214면.

이는 크게 백색테러 시리즈의 '역사' 계열과 워싱턴 빌딩 시리즈의 '현실' 계열로 나뉜다. 특히 백색테러 시리즈는 대만 좌익운동의 역사적 계보를 재현한 것으로, 복원된 역사는 역사적 단절로 인한 '사랑'의 불가능성을 극복하는 하나의 자원으로 제시된다.[63] 한편, 1999년에 발표한 〈귀향〉은 이의 보충 성격을 갖는데, 백색테러와 관련한 작품들이 백색테러를 내전의 왜곡된 연속이라는 맥락에서 다루며 대만과 대륙의 혁명적 지식인을 중심으로 역사를 재현한다면, 〈귀향〉은 민중적 차원에서 내전의 왜곡된 연속성이 갖는 문제를 다루고 있다. 작품에서 노주老朱는 상해에서 국민당에 의해 강제징병 당해 국공내전에 참여했다가 대만으로 온 외성인 병사이다. 한편 양빈楊斌은 대만에서 국민당에 속아 국공내전에 참여했다가 포로가 되어 중국 대륙에 남은 대만 사람이다. 포스트 냉전적 전환은 두 인물이 대만에서 조우하게 한다. 이 둘의 대화와 교차는 민중 차원에서 공유하는 양안의 국공내전을 재현하며, 따라서 이는 백색테러 시리즈에 대한 민중 차원의 보충적 관계를 갖는다.

조선은 1945년 광복 이후 미국과 소련의 관할하에 일시적으로 생긴 형식적 분단이 내부적 이념 대립을 거쳐 상호폭력을 동반

---

63 〈향촌의 교사〉는 모호한 방식으로 백색테러와 국공내전의 상관성을 다룬 첫 번째 작품이었다. "성 내의 소동과 중국 동란의 촉수가 심지어 이 적막한 산촌까지 다가왔다." 陳映真, 〈鄕村的教師〉, 《陳映真小說集1: 我的弟弟康雄》(台北: 洪範, 2001), 37면.

하는 내전으로 확대되는 가운데, 미국 등이 개입하며 이를 주체적으로 종결짓지 못하고 휴전 상태로 분단이 공고화되었다. 이는 민족 내부의 구성원이 이념 대립을 기초로 극단적인 폭력의 가해자이자 피해자가 되어 그 상흔이 매우 심각함을 말한다. 특히, 남한의 경우 폭력의 상흔과 결합한 반공주의가 매우 두터움을 짐작할 수 있다. 그런데 권역적 시각에서 보면, 이와 같은 조선의 내전, 이른바 '한국전쟁'이 1949년 국공내전의 불완전한 종결과 연속되면서도 전쟁의 성격이 변화했음에 주목할 만하다. 중국의 국공내전에서 중국공산당이 유지해왔던 '근거지' 민중해방의 원칙이 궁극적으로 한국전쟁에서는 계승되지 못했거나 그럴 수 없었다. 역사적으로 볼 때, 한국전쟁의 발발로 양안 해협은 봉쇄되었고, 대만에서 중국의 내전 또한 단절되고 왜곡되었다. 따라서 하나의 질문을 던질 수 있다. 1950년 전후 국제 공산주의 운동이 냉전 전환에 대응하는 과정에서 식민지 해방의 주체와 대상 그리고 방법 등의 문제를 포함한 탈식민의 복잡성을 충분하고 적절하게 인식하지 못한 것이 아닐까?

이와 같은 상황에서, 1945년 이전의 대만은 국공내전의 원인이 된 이념적 대립을 대중적 차원에서 직접 공유하지 않았으며, 그 때문에 내전의 상흔 또한 공유되지 않은 것으로 보인다. 그러한 가운데 1945년 이후 국민당이라는 억압적 통치 집단과 대만 민중이라는 적대적 구도는 현재적 관점에서 소급되어 상대적으로 투명하게 재현된다. 따라서 남한과 대비해 볼 때, 대만에서 벌어진 백색테러는 이러한 역사적 종별성 때문에 대중의 역사 인식과 큰 마찰을 빚지 않고도 복권을 주장할 수 있었고, 그렇게 되어가고 있다. 남한에서 '국가폭력' 피해자 또는 민주화운동유공자 '복권'이 이루어지고 있지만, '좌익' 복권이 여전히 난망한 상황은 대만과 분명한 대비를 이룬다. 오히려 '좌익'도 '민주화'로 포장되어 복권되는데, 이는 반공주의의 두터운 물질성과 역사 망각의 또 다른 표현이라 할 수 있다.

백색테러의 대상이 된 대만의 좌익들은 내전의 연속선상에서 식민과 분단이 초래한 내전의 외부성을 극복하려 했는데, 일본의 식민지로부터 해방된 대만의 상황에서 대륙에서 진행된 국공내전의 이데올로기적 대립을 대중적 차원에서 공유해 민중적 역량과 주체성을 형성하기 위해서는 대만의 식민 및 분단의 극복이라는 종별적 과제와 '내전'의 과제를 상호 결합하는 사상 및 정치적 능력이 요구되었다고 할 수 있다.

3) 민중 구성의 복잡성

진영진의 소설에서 '성적省籍' 요소는 초기부터 중요한 제재로 다뤄진다. 〈고양이, 그들의 할머니〉(1961)의 외성인 군인 장의에서 출발해, 〈그토록 노쇠한 눈물〉(1961), 〈문서〉(1963), 〈장군족〉(1964), 〈녹색 철새 한 마리〉(1964), 〈첫 번째 임무〉(1967), 〈영원한 대지〉(1970[1966]), 〈주렁주렁〉(1979[1967]) 등 투옥 전에 쓴 작품들에서 이미 여러 번 다루고 있다. 진영진은 이와 같은 초중기 작품들을 통해 역사의 단절과 민족의 분열이 어떻게 사랑을 불가능하게 하는지 묘사한다. 진영진은 이를 극복하는 대안으로 '계급'적 시각에 주목한다. 이는 이미 〈장군족〉의 비극적 사랑에서 암시돼 있었다. 이러한 맥락에서 진영진은 '정치경제학'에 큰 기대를 건다. 그는 '향토문학 논쟁 10주년 회고' 인터뷰에서 '정치경제학'의 용도를 밝히고 있다.

> 일부 대만 작가들은 외성인이 본성인을 억압한다는 식으로 정치 사건을 받아들일 뿐, 더욱 높은 수준의 정치경제학적 지식으로 이해하지 않습니다. 그래서 비분강개하는 것이지요. 그들은 이에 따라 대만문학이라는 개념을 제출했고, 대만인은 무엇인가라는 것을 검토합니다.[64]

그래서 진영진은 그의 역사 인식 구도를 기초로 워싱턴 빌딩 시리즈를 창작하고 신식민하 대만의 현대화가 초래한 왜곡과 모순을 그려낸다. 〈샐러리맨의 하루上班族的一日〉는 워싱턴 빌딩 9층을 배경으로 화이트칼라의 소외를 다루고 있다. 〈만상제군萬商帝君〉은 워싱턴 빌딩 7층을 배경으로 식민주의적 현대화가 초래한

---

64 《海峽》編輯部, 〈鄕土文學論戰十周年的回顧〉, 《陳映真作品集6: 思想的貧困》, (台北: 人間, 1988), 107면.

물질 및 정신 차원의 왜곡을 폭로한다. 흥미로운 것은 〈샐러리맨의 하루〉의 본성인 황정웅黃靜雄(올리브 황)은 대만 지부의 실질적 권력자인 외성인 영榮 장군과 함께하게 되고, 〈만상제군〉의 본성인 류복금劉福金은 결국 경쟁자인 미국 유학파 외성인 진가제陳家齊와 계급적 이익 차원의 협력 관계를 형성한다는 점이다. 그러나 올리브 황의 정부情婦였던 로즈Rose는 편지에서 다음과 같이 '중국 남자'를 비판한다.

> 중국 남자는 비교적 똑똑해요. 하지만 모두 삼류 러버lover죠. 그들은 사랑할 용기가 없어요. 사랑에 조건이 어쩌나 많은지. 당신도 똑같아요…[65]

여기에서 '사랑할 용기가 없는' 중국 남성은 본성인과 외성인의 구분을 넘어 일치된 계급이해관계를 갖는 중산층 집단을 말하며, 나아가 이후 전개될 '현대화'된 대만의 정당정치 속에서 양대 세력의 공생관계를 암시하기도 한다.

한편, 〈만상제군〉에서 농촌 출신의 하층 샐러리맨으로 도시에서의 출세라는 허황한 꿈을 꾸는 임덕왕林德旺은 본래 있던 정신병의 발작 상태에서 본성인과 외성인을 대립시키는 성적省籍 모순

---

65 陳映真, 〈上班族的一日〉, 《陳映真小說集3: 上班族的一日》(台北: 洪範, 2001), 211면.

의 허구성을 풍자하듯이 "이 비겁하고 말도 감히 못 하는 인간 세상. …. 이 비겁하고 참말 못 하는 세계"라고 말한다.[66]

결국, 로즈는 미군과 함께 미국으로 떠났고, 임덕왕은 그의 누나의 말처럼 "흙을 떠나면, 시들어 누레지는" 화초의 운명에 처한다. 여성은 표류하다 떠나고 남성은 자살하거나 미치는 구도는 진영진의 작품에서 계속해서 반복되는데, 이는 역으로 역사에 기초한 단단한 전통 인식 위에서만 미래의 희망을 품을 수 있음을 강조하는 것으로 읽힌다.

대만의 경우 1945년 이후 외성인이라는 독특한 이주민이 민중 구성에 추가된다. 진영진의 소설에서 볼 수 있듯이 외성인은 이중성을 갖는데, 외성인이 중심이 된 '국민당'의 대만 통치로 인해 '대만인'과 대립하는 '외성인'이라는 논리의 근거가 되지만, 동시에 국민당 외부의 다수 외성인이 계급적으로 '대만인'과 동일한 계급위상을 갖기 때문에 계급을 매개로 분단 모순을 극복하는 중요한 고리가 되기도 한다. 이는 냉전 아래 대만의 정치와 경제가 결합하는 독특성의 원인으로, 이주정권으로서의 국민당은 냉전과 신식민화의 과정에서 대만경제 상층계급과의 결합 과정을 거칠 필요가 있었다. 왜냐하면, 일제강점기 식민지 경제구조가 남긴 기초가 광범위한 대만인에 의해 전환되어야 했기 때문

---

66 陳映真, 〈萬商帝君〉,《陳映真小說集4: 萬商帝君》(台北: 洪範, 2001), 204면.

이다.[67]

상대적으로 1945년 이후 남한은 분단과 내전을 거치며 신식민지 지배하에 들어서고, 민중의 사회주의적 지향은 억압된다. 이념적 분계선을 따라 북과 남에 별도의 정부가 들어섰고, 지주, 자본가 및 지식계급의 상당수가 이러한 분계선을 따라 남과 북으로 재이동했다. 그러나 생활의 물질적 조건이 땅에 결박된 '조선'의 민중은 대체로 본래의 생활 터전에 남게 된다. 반대로 남한의 지배 계급은 정치 및 경제적 차원에서 일제강점기 매판적 반공주의 계급 정체성을 지속하고 강화한다.

상호참조가 드러낸 역사적 종별성

이상과 같이 이번 절에서는 진영진의 문학적 실천에 관한 분석으로부터 대만이 남한에 주는 참조적 의의를 파악했다.

먼저 대만이 경험한 '이중분단'의 종별성으로부터 식민과 분단의 중첩을 경험하지 않은 남한의 종별성을 확인했다. 대만은 줄곧 식민과 분단을 분리해 사유할 수 없는 조건에 처해 있었기 때

---

67 진영진은 정치세력과 경제세력의 상호융합 방식으로 일본 구식민과 미국 신식민의 연속성을 파악한 바 있다. "50년대에 대개 대만의 지주계급과 과거 친일 자본가가 국민당 전체의 정치구조 안에서 발언권을 획득하게 되고, 나아가 국제세력이 대만을 철저하게 친미 반공으로 만들면서, 이른바 '대만 분리주의'가 형성되었다."《海峽》編輯部,〈鄕土文學論戰十周年的回顧〉,《陳映真作品集6 : 思想的貧困》, (台北: 人間, 1988), 107면.

문에, 식민 문제의 극복은 분단 극복과 연결되어 있었다. 진영진의 구체적 문학실천에 따르면, 이 문제의 해결 방안은 '뿌리'로서의 '중국'을 통해 식민이 초래한 '왜곡'과 '결핍'을 극복하는 것으로 개괄된다. 그런데 당대의 대만에 이 방안은 '역사적 중국'과 '현실적 중국' 사이의 동요하에서 다시금 '주체성' 차원의 수동성 문제를 야기하기도 했다. 그리고 진영진은 '사상의 빈곤'이라는 문제의식으로 이 곤혹을 사유했고, '정치경제학'에서 문제 해결의 방향을 찾았다.

반면, 남한은 식민이 앞서고, 분단이 뒤따르는 역사를 겪었다. 따라서 자신 외부의 비식민적 '뿌리'가 존재하지 않으며, 이로 인해 자신의 내부에서 식민성 극복의 전망을 찾을 수밖에 없다. 이 과제에서 도출되는 핵심적 문제의식은 '내부'의 식민주의적 왜곡에 참여한 당사자가 어떠한 경로로 자신의 왜곡을 성찰할 수 있는가이다.

둘째, 대만은 '국공내전'으로부터 완전히 분리돼 있지는 않았지만, 직접적 현장은 아니었다. 이 때문에 대만의 민간 또는 일상의 차원에서 내전은 다소 외재적이었다. 사실상 1940년대 후기와 1950년대를 거치며 대만의 좌익은 백색테러 속 궤멸의 길로 접어든다. 그 원인은 한편으로 대만이 대중적 차원에서 국공내전의 이데올로기적 대립과 모순을 충분히 공유하지 않았으며, 다른 한편으로 1950년대 지구적 냉전 전환기에 전후 동아시아 좌익의 이념이 적어도 사상적 차원에서 피식민지 대중의 해방과 주체성 문제를 충분히 인식하지 못했다는 데 있다.

상대적으로 남한은 국토 대부분이 내전과 열전의 현장이었고, 인민 내부의 상호폭력 또한 극단적이었다. 이 때문에 두터운 물질성을 갖는 반공주의처럼 대만과는 전혀 다른 대중 정서의 조건을 형성하게 된다. 이러한 정서적 조건에 대해 남한 사상계의 근원적 재인식이 절박하다고 할 수 있다. 그 출발점은 극단적 폭력의 내재적 원인으로서 역사적 단절과 주체성의 왜곡이라는 식민의 후과에 대한 인식일 것이다.

마지막으로 대만에는 독특한 이민 집단인 '외성인'이 존재한다. 게다가 정치 및 경제 영역에서 국민당 권력 상층의 외성인과 식민경제를 계승하는 본성인의 결합이 나타난 바 있다. 이 역사적 과정에서 신식민 사회의 지배계급은 자율성을 획득하고, 동시에 민중적 차원에서 국민당 외부의 다수 외성인과 다수 본성인은 동일한 계급적 지위를 가지며, 이로 인해 민족문제와 계급문제의 복잡성과 독특한 역사적 궤적을 형성하게 된다. 특히, '외성인'은 대만의 지방성과 권역성을 지속적으로 상기시키는 요인으로서 대만의 가상적 국가화와 현대화를 제약한다.

그러나 남한은 내전과 분단을 거치며 경제와 정치 영역에서 상대적으로 동질적인 권력 집단을 형성했다. 이러한 동질성은 남한의 가상적 전국성과 국가성이 실체화하는 기반이 되었고, 대칭적 분단 조건하에서 대만에 비해 정권이 더욱 폭력성을 띤 물질적 조건 가운데 하나가 되었다고 볼 수 있다.

2.
역사적 중간물로서
박현채

전후 실천적 지식인으로서의 곤혹

우리 상황에서 민족적인 것은 민중적인 것이고 민중적인 것은 민족적
인 것일 수밖에 없습니다.[68]

박현채는 역사에 근거해 현실에 개입하는 독특한 양식을 계승
하고 부단히 실천한 전후 남한의 대표 사상가 가운데 하나였다.
일반적으로 그는 경제학자로서 1970년대 남한 진보진영의 교과
서로 알려진《민족경제론: 박현채 평론선》의 저자로 유명하다.[69]

---

68 박현채 묘비에서 인용.

69 1970년대 남한 진보운동의 3대 사회과학 교과서로 조용범의《후진국경제론》(1973. 박현채
    의 차명저작), 리영희의《전환시대의 논리》(1974), 박현채의《민족경제론》(1978)이 꼽힌다.

한편 그는 1980년대 사회구성체 및 사회성격 논쟁 중에 '종속 이론'을 수용한 학자들이 제기한 담론이 갖는 지식의 식민성 문제를 비판함으로써 더욱 주목받은 바 있다.

그럼에도 불구하고 그는 1980년대 중후반 남한의 이론 논쟁을 비판적으로 보았다. 이와 관련해 사회학자 조희연(1956~)은 다음과 같이 회고했다.[70]

그래서 박현채 선생님에게 있어서는, NL과 PD는 하나죠. NL=PD였 던 것이지요. 그런데 현실에 있어서는, 박현채 선생님이 어떻게 보면 이 런 NL적, PD적인 급진적 사고를 신세대들이 갖도록 만들어낸 데에 굉 장히 중요한 계기를 만드셨지만, 그 이후의 후배들이 자신에게 있어서 하나의 NL적 측면과 PD적 측면이 분리되어서, 두 개의 집단으로 나뉘

1960~70년대 박현채의 활동을 가장 잘 이해할 임동규(1939~)는 현재 파킨슨병을 앓고 있 다. 1979년 임동규간첩사건(통일혁명당재건위원회사건)의 당사자인 그는 다음과 같이 회고한 다. "끊임없이, 10년 동안을 거의 끊임없이 그런 작업을 해서, 우리가 농담으로 모든 사회 돌 아다니는 신문, 잡지, 이런 데에 제 주인 찾아가기로 하면 엄청나게 많은 양이 될 것이다. 책 으로 따져도 참, 몇십 권을 넘어서 그만큼, 말하자면 100권 수준까지 되지 않겠냐, 그런 정 도로 많이 작업을 했죠", 《박현채 전집 7권》, 514면. 차명저작 《후진국경제론》을 포함해 박 현채가 차명 또는 필명으로 글을 쓴 것은 한국전쟁 시기 빨치산 활동과 관련된다. 게다가 1964년 '인민혁명당' 사건으로 체포, 투옥됐던 그는 공개적인 출판 작업에 매우 신중한 태 도를 보일 수밖에 없었다. 《후진국경제론》의 실제 저자와 관련해서는 임동규, 〈아! 박현채〉, 《아! 박현채》(서울: 해밀, 2006), 265면 참조.

70 박현채와 조희연은 1980년대 중후반부터 1990년대 초까지의 사회성격/사회구성체 논쟁을 정리해 《한국사회구성체 논쟁》(박현채, 조희연 엮음, 서울: 죽산, 1989~1992) 총 4권으로 출간 했다.

어서 갈등하고 대립하는 것을 보아야만 했던 것이죠.

저는, 박현채 선생님은 그것을 굉장히 탄식감을 가지고 바라봤던 것 같아요. 그러니까 NL과 PD는 하나다. 그것이 박현채 선생님이 '민족적인 것은 곧 민중적인 것이고, 민중적인 것이 곧 민족적인 것'이라고 하는 간명한 표현 속에 잘 나타나 있는 거죠.[71]

엔엘과 피디는 지금까지도 남한의 좌익 사회운동 및 이론 지형을 파악하기 위해 일차적으로 활용되는 구분법이다. 그렇지만 사실상 박현채가 엔엘피디알(NLPDR, Natnional Liberation/People's Democracy Revolution의 약칭)로 제시한 실천 방안 중 나름의 방식으로 강조점을 추출해 엔엘과 피디로 부르게 되었던 내막은 엔엘과 피디 모두에서 거의 무시되고 있다. 사실 박현채가 그러한 분열의 상황에 탄식했던 이유는 젊은 급진적 세대가 박현채가 제기한 사상체계 가운데 성격과 층위가 다른 사회구성체론과 사회성격론의 논의에서 어느 한쪽만 취하는 편향을 보였기 때문이다. 다시 말해, 사회구성체론의 차원에서 '신식민지-국가독점자본주의'라는 논리와 사회성격론의 차원에서 '신식민지-반봉건사회'라는 논리는 박현채 자신에게 서로 모순되지 않는 것이었지만, 다소 도식적으로 설명한다면, 젊은 세대

---

71 조희연 인터뷰, 〈KBS 인물현대사 "민중을 위한 경제학: 박현채"〉, 《박현채 전집 제7권》, 552면.

들의 경우 피디로 정향된 조류는 사회구성체적 규정으로 사회성격론을 대체했고, 엔엘로 정향된 조류는 사회성격론으로 사회구성체론을 대체하고자 했다고 볼 수 있다. 1980년대 후반과 1990년대 초반, 박현채는 이처럼 현실과 유리된 이론주의적 논쟁을 반복해서 비판했지만, 현실에서는 이제 새로운 '민중' 운동 또는 '민족' 운동 그리고 기성의 '민주화' 세대들이 2원 또는 3원론적 대립 구도를 형성했다.

박현채는 1989년 1월 '사회적 실천에서의 사상의 문제'라는 주제로 진행된 대담에서 다음과 같이 이론의 현실 유리를 지적하면서, 결국 민중의 삶에 충실해 민족문제를 해결하자는 관점 아래 새로운 방향으로 사상투쟁을 전환해야 한다고 호소한다.

그간의 사상투쟁 또는 이론투쟁이라는 범주에서 많은 정력의 낭비를 가져온 만큼 현실적인 오늘의 상황에서 1989년을 전기로 하여 《사회와 사상》에서 제기한 것처럼 비생산적인 이론투쟁은 종결되어야 합니다. 그리고 민중적 삶의 충실을 통해서 그들과 더불어 그들의 요구에 따라, 말하자면 구체적인 사회적 실천에 들어가면서 이론을 발전시키는 것에 대한 노력을 갖는 것이 오늘의 민족문제 해결을 위한 길에 보다 유익한 길이 아닌가 그런 생각을 갖습니다.[72]

---

72 박현채, 《박현채 전집 제1권》, 864면.

80년대 말 박현채가 '사상'적 관점에서 제기한 '이론의 현실로부터의 유리'는 지금의 시각에서 보면 매우 적확한 지적이었지만, 그의 비판은 현실에서 전개된 논쟁의 추세를 교정하는 데 무기력했다. 80년대의 격동이 이미 사그라든 90년대 중후반 대학을 다닌 필자 세대가 과거의 흔적과 침전을 마주하며 역사와 다시 만나기는 쉽지 않은 일인데, 우리에게 박현채는 역사의 방향과 다시 맞닿기 위한 불가결한 다리라고 할 수 있다.

박현채가 우리 세대에게 역사적 중간물인 이유는 그가 모종의 독특한 조건에 처해 있었기 때문이다. 박현채 생전에 긴밀한 관계를 유지했던 경제학자 정태인(1960~)은 비학원파 지식인으로서 박현채의 조건이 오히려 더욱 광범위한 집필을 가능하게 했던 요인이라는 사실을 알려준다.

흔히 제가 박현채 선생한테 혼나는 것 중에 하나가, 전 모르기 때문에 못 씁니다 이런 얘기를 한다든가 하면 혼났어요. 질문을 했을 때 저는 모릅니다, 보통 어른들하고 얘기할 때 겸손하게 대답을 하는데 그러면 혼났어요.

뭐냐면, 자기가 아는 한에서 지금 필요한 질문이라면 답변을 해야 된다고 하는 것이 박현채 선생의 생각이었고, 굉장히 다양(하게 썼습니다.). 문화론도 쓰셨고, 글의 주제가 굉장히 다양했는데, 그것은 주어진, 필요한 문제라면 모두 답변한다. 그리고 현실적인 문제에 대해서 주로, 가령 교수들이 아주 닥친 문제에 대해서는 말하길 꺼려하거든요. 과거에는 여러 가지 걸릴 게 많았으니까. 잘못 말하면 문제가 많았으니까, 여러 가지로 꺼리는 상황에서 홀로 모든 문제에 대해서 답변했다고 볼 수가 있는 것이죠.[73]

박현채는 겉보기에 제약적인 '재야평론가'라는 지위를 적극적으로 활용해 스스로를 신식민적 대학 체제 외부에 위치시키고, 역사와 현실에 내재적인 사상적 실천으로 이 체제를 극복하고자 했다. 이 때문에 대학교수들이 답변하기를 회피했던 무수한 문제에 관해 그는 한편으로 공부하면서 다른 한편으로 글을 썼고, 결국 우리에게 사상의 역사적 단절을 인식하고, 이를 문제화할 수 있게 해주는 역사적 중간물이 되는 것이다.

박현채의 사상적 내용과 태도는 역사적 중간물로서 그의 면모를 실증한다. 예를 들어 그가 역사적 연속성에 기반을 두고 '분단'을 내재적으로 인식한 점은 역사에 대한 그의 주체적 관점을 잘 드러낸다.

전후 분단국가에서 독일의 경우나 한국의 경우는 군사적 점령이 선행적인 것으로 주어지고 거기에 한 사회의 내부적 모순이 결합한 유형이

---

73 박현채, 《박현채 전집 제7권》, 387~388면.

다. 이에 비하여 중국, 베트남의 경우는 한 사회의 내부적 모순에 따른 내전이 민족해방전쟁의 과정에서 보다 치열해지고 이것이 외압에 의해 관철되지 못하고 분단상황에 그친 것이다. 그러나 어느 경우이든 이데올로기 문제가 개입되면서, 한 사회의 내부모순의 발현으로서의 계급적 대립이 현상화된 그 이데올로기적 대립이 외화되어 마치 이것이 외부적 조건에서 오는 것인 양 강조되는 경향이 있다.[74]

분단의 책임을 외압에 돌리고 이데올로기를 외화하는 것은 이들 나라에 있어서 분단된 한쪽을 민족적 요구에 따른 정통으로 설정하고 다른 한쪽을 외세에 영합하는 비정통적인 것으로 규정하게 하는 중요한 근거이다. 이데올로기적 기반을 한 사회의 사회구성 속에 있는 모순관계에서 보지 않고 밖으로부터 강요된 것 또는 수입된 것으로 보는 것은 한쪽을 민족사의 정통으로 자처하게 함으로써 서로 간에 1민족 2국가를 정당화시키는 것으로 된다. 그리고 이 과정에서 국가권력은 민족사의 정통이라는 이름으로 자기를 합법화시킨다. 그러나 그것은 민족이나 국민이라는 이름 밑에 한 사회를 구성하는 다원적인 계급계층적 요구를 부정하면서 일방적인 계급적 편향을 드러내놓는 것일 뿐이다.[75]

---

74 〈분단시대의 국가와 민족문제〉, 《창작과비평》, 1988년 봄호(통권 59호), 1988.3, 245면.
75 같은 글, 246면.

그는 역사내재적 계승의 관점에서 분단하 국민국가의 형성과 그에 부수한 외재적 분단 인식 담론이 계급계층적 요구의 '다원성'을 부정하는 오류를 낳았다고 보았다. 이는 남한 국민국가의 실체화와 자율화를 비판하는 것일 뿐만 아니라, 사회모순 인식 방법에 있어서 남한 내부의 지식사상계와 반미 운동의 한계를 짚은 것이기도 하다. 여기에서 그의 '민중' 개념이 현대적 '당'과의 관계하에서 민족모순에 의해 편향적으로 규정되는 추상적 '인민'과 달리 역사내재적으로 현실에서 다양성(나아가 개체성)을 창조적으로 만들어가는 다원적인 범주임을 알 수 있다.[76]

저명한 소설가 조정래(1943~)의 장편소설 《태백산맥》(1986~1989, 총 10권)에서 소년 빨치산으로 묘사된 것처럼, 그는 한국 전쟁 중에 극적으로 내전을 경험한 세대이기도 하다.[77] 그의 역사적 체험이 그가 '이론'을 대하는 태도를 결정했다. 이는 지식인으로서 그의 윤리의식을 반영하는 것이기도 하다.

---

76 전리군은 1957년 전후 '인민' 개념이 '당'에 의해 편향적으로 규정되고 추상화되어 인민의 다양성과 그 속의 개체성은 부정된 상황을 '57체제'라는 개념으로 지적한 바 있다. 錢理群, 〈第三講, 反右運動前後(下)〉, 《毛澤東時代和後毛澤東時代 1949~2009 : 另一種歷史書寫》 (台北 : 聯經, 2009) [한국어판: 전리군, 〈제3강 반우파운동 전후(하)〉, 《모택동 시대와 포스트 모택동 시대 1949~2009: 다르게 쓴 역사》(한울, 2012)]

77 실제로 박현채는 1946년 소학교 6학년 시절 역사적 개방 공간에서 에드거 스노의 《중국의 붉은 별》 일본어판을 접한다. 《박현채 전집 제7권》, 70~71면. 1945년 해방 이후 일본인이 남기고 간 세계문학전집 및 성경 등이 소학교 시절 박현채의 독서 대상이었다고 한다. 김희종(소학교 동기) 인터뷰, 〈KBS 인물현대사 "민중을 위한 경제학: 박현채"〉, 《박현채 전집 제7권》, 522~523면.

사회적 실천과 관련 없는 제 논의를 지나치게 높이 제기하는 것은 정당한 것이 아닙니다. 그래서 우리가 각국에 있어서의 사회적 실천을 보더라도 초기 단계에는 내생적인 요구에 기초한 운동이라는 것이 상당히 소박한 형태로 진행됩니다. 소박한 형태로 진행되면서 자기들이 쟁취한 실천의 성과와 관련지어서 점점 높은 차원으로 상승합니다. **말하자면 높은 차원의 요구를 제기해 놓고 그 밑의 모든 이론과 사회적 실천이 즉각적으로 주어지는 것이 아니라, 내생적인 요구에 기초한 사회적 실천은 지극히 소박한 삶의 요구로부터 출발을 해서 그것이 점점 사회적 실천의 성과와 결합하면서 상향한다는 것입니다.** 그런데 외부규정성이 많은 그런 의미에서의 이론이, 내생적 요구에 의해서 생기는 것이 아니라 밖으로부터 도입된 상황에 있어서는 이론 그 자체가 지나치게 추상화되면서 사회적 실천과 유리될 뿐 아니라 도리어 사회적 실천을 제약하는 요인이 됩니다.[78]

이는 1989년 1월 14일 진행된 좌담에서 박현채가 외부로부터 도입된 추상적인 이론이 사상과 분리되면서 사회실천에 제약을 초래한다며 제기한 문제다. 여기에서 그가 고민하는 지식의 윤리성 문제를 엿볼 수 있다. 이러한 윤리적 문제의식은 기본적으로 그가 '역사적 중간물'로서 가진 식민-내전-냉전 인식과 현실

---

78 박현채, 법성, 김창호, 〈좌담: 사회적 실천에서 사상의 문제〉, 박현채, 《박현채 전집 제1권》, 838면.

이론지형 사이의 괴리에서 주어진 것이다.

역사적 중간물로서 원형적 체험:
미완의 '회고록'을 중심으로

진영진과 대조적으로 박현채는 자신의 비판이 현실에서 주변화되는 시점에 '문학'의 방식으로 자신의 인생 경험을 기록하고자 했다. 우선 그는 1987년 당시 장편소설《태백산맥》을 연재하고 있던 소설가 조정래에게 자신의 역사적 경험을 제공한다. 이는 소설 속에서 한국전쟁 시기 남한 좌익 빨치산으로 그려진 '소년 전사 조원제'의 이야기가 된다.[79]

이어서 그는 58세의 나이였던 1992년 벗들의 제안을 받아들여 회고록을 쓰기 시작한다. 1991년부터 건강에 문제가 생기자 시간이 얼마 남지 않았음을 직감했을 것이다. 수많은 저술이 발표되었음에도 불구하고, 그는 여전히 일종의 아쉬움과 무력감을 가졌던 것 같다. 그것이 그로 하여금 모종의 '문학'에의 집착을 낳았는지도 모른다. 아마도 이는 '역사'의 축적을 반영한 그의 사

---

79 "조원제趙元濟가 나오는 부분,《태백산맥》은 박현채 선생이 겪으신 그대로고, 그걸 제가 다시 소설로 재구성을 한 것뿐이고, 다른 말로 하면 제가 대신 쓴 박현채 선생님 자서전이다. 그 부분까지만 일대기다. 하고 말할 수 있습니다. 그리고 당신께서《태백산맥》을 다 읽은 다음에, 나보다 더 잘 썼다. 내가 써도 이렇게 못 쓰겠다 하고 만족해하셨어요", 조정래 인터뷰, 〈KBS 인물현대사 "민중을 위한 경제학: 박현채"〉,《박현채 전집 제7권》, 374면.

상이 사회과학의 언어로 전달될 수 없음을, 오히려 문학의 언어와 결합되어야 함을 인식한 것일 수 있다. 그의 광주서중 입학 동기이자, 훗날 언론운동의 핵심 인물이 된 김중배(1934~)는 다음과 같이 회고한다.

사실은 그 사람이 그런 생각을 자기 속으로 꾸준히 해왔던 것 같습니다. **소설을 쓰겠다고, 죽기 전에 소설을 하나 써야 되겠다고.** 우리는 친구니까, 네 책의 글을 쓴 것들을 보면 전혀 소설하고는 어울리지 않는데 그 문장으로 어떻게 소설을 쓴다고 하냐 그러면 또 이제 이 친구가 내가 왜 소설을 못 쓰냐고, 그런 것들이 다정다감의 표현일 수도 있고, 속으로는 그런 것을 실제로 생각하고 있었던 것이 아닌가. 나중에 들어보니까 그런 얘기를, 소설을 쓰겠다는 얘기를 나한테만 한 것은 아니고 여러 사람들이 그런 얘기를 들었다고…[80]

한편, 재야운동가 백기완(1932~)의 회고에 담긴 그와 박현채의 대화에서도 '소설'에 대한 박현채의 생각을 엿볼 수 있다.

"거 박 교수, 〈민족경제론〉이라는 입장을 가지고 좀 더 대중 속으로 파고들려고 하면 소설을 한 번 써보는 게 어떻겠수. 논리적으로 다가가면

---

80 《박현채 전집 제7권》, 423면.

서 아울러 정서적으로 다가서는 방법 말이외다."

떡하니 이래 말을 했더니 박 교수의 반응이었다.

"그렇지 않아도 소설을 한 번 써봤으면 했었는데 아주 내 속을 정통으로 치는구려. 하지만 소설이란 재주도 있어야 하고, 또 사물을 볼 때 정서적으로 접근하는 끼가 있어야 하는데 그게 없으니 어떻게 하겠습니까?"[81]

이로부터 유추하건대, 박현채는 소설을 통해 표현하고자 했던 무엇인가를 말년까지 품었고, 그 내용의 일부가 사후에 발견된 〈회고록〉에 초고 형태로 반영되었다고 볼 수 있다.

그 후 그는 1993년 여름 중풍으로 병상에 눕고 병세가 악화하여 결국 1995년 8월 17일 세상을 떴다. 그가 세상을 떠난 뒤, 23쪽 분량의 쓰다 만 회고록이 발견되었다. 그러나 회고록이 다루는 범위는 겨우 한국 전쟁 시기 그가 빨치산으로 참여했던 대략 2년의 활동에 불과하다. 결국, 전후 그가 직간접적으로 참여했던 수많은 기록되지 않은 역사가 그의 몸과 함께 유실된 것이다. 그는 중풍이 온 후 뇌의 문제 때문에 평소의 강직함과 달리 감정을 조절하지 못하고 수없이 눈물을 흘렸다고 한다. 아마도 그의 눈물은 빨치산 활동 중에 죽어간 전우, 냉전 과정에서 희생당한

---

81 백기완, 〈아! 박현채 교수〉, 《아! 박현채》(서울: 해밀, 2006), 145면.

동지들에 대한 모종의 책임감이자 미안함의 표현이었으리라.

병세의 악화로 그의 〈회고록〉은 완성되지 못하고 아주 작은 부분만을 남겼다. 그러나 〈회고록〉이 기록하고 있는 한국전쟁 발발 이후 빨치산 활동 2년의 경험은 그가 훗날 보여준 사회적 실천의 원형적 동기가 어떤 것인지 짐작하게 한다. 그의 회고록은 1950년 9월 29일로부터 시작한다. 이 시점은 인민군이 남한을 거의 '해방'했던 형세가 미국의 개입으로 역전되면서, 미국과 국군을 위시한 연합군에 의해 서울이 수복되고, 인민군이 전면 철수를 선포한 1950년 9월 28일의 다음날이다. 그는 다음과 같이 회고록의 1장을 시작한다.

1950년 9월 29일 아직 23명의 동료 학생들은 노령산맥 언저리의 도로가에 모였다. 그들은 자기들이 각기 갖고 있는 증명류와 서류들을 한데 모으고 거기에 국기 등 깃발을 모았다. 그리고 불을 질렀다. 누가 시작했는지 모르게 낮은 목소리로 국가[북조선의 국가]가 불러졌다. 노래는 점점 커지면서 오열로 변해갔다.[82]

1950년 6월 25일 전쟁의 시작으로 남한 내부는 격동에 휩싸이고 남한의 좌익은 '해방'을 맞이했는데, '해방'을 적극적으로 맞

---

82 《박현채 전집 제1권》, 24면.

이한 좌익들이 3개월 만에 적대적 세력에 포위된 것이다. 결국, 박현채는 10월경 빨치산으로 입산해 전라남도 광주지구의 부대 원이 된다. 박현채는 당시 만 16세, 중학 4학년(고등학교 1학년) 학 생이었지만, 일제강점기 소학교 시절부터 좌익의 영향 아래 성장 하면서, 해방 공간이라 불리는 1945~1948년 사이에 이미 민족 의 미래를 둘러싼 좌우 대립을 몸소 겪고 있었다. 회고록은 입산 하여 빨치산이 되기 전, 소학교 및 중학교 시절 그의 경험을 이 해하는 데 중요한 실마리를 제공한다. 먼저 그의 가족 관계에서 유년 및 소년 시절 가치관 형성의 자양분을 확인할 수 있다.[83] 그 는 1945년 8월 15일 일본의 패망과 조선의 해방에 대해 다음과 같이 회고한다.

해방은 박경민 당숙의 5구라디오 앞에서 오주순, 박석민, 박경민, 아버 지, 나 등 온 가족이 함께 맞이했다. 당시 오주순 삼촌은 그간에 우리 집을 박헌영[84] 동지와의 접선을 위해 수시 밤에만 드나들었으나 8·15

---

83 박현채의 가계는 친가와 외가 모두 좌익 쪽에 치우쳐 있었다. 조선 출신의 중국 음악가로 저 명한 정율성은 광주 태생으로 박현채의 고향인 화순에서 유년 시절을 보냈는데, 정율성의 형수가 박현채의 고모할머니라고 알려져 있다.

84 박헌영(1900~1955?): 일제하 조선의 독립운동가, 노동운동가, 혁명가 및 정치가이며, 조선민 주주의인민공화국의 정치인물이다. 조선공산당이 일본 당국에 의해 수차례 탄압받아 해체 된 후, 1927년 12월부터 조선공산당 재건운동의 리더가 되어, 여러 차례 수배, 체포, 고문을 당했다. 1945년 8월 해방 후 조선공산당을 재건했지만, 김일성이 소련과 중화인민공화국의 지지를 받아 북조선에 조선공산당 분국을 설치한 후 와해되었다. 1948년 월북해 부총리 겸

이틀 전에 화순을 떠나 아예 우리 집에 기식하고 있었다.[85]

해방을 같이 맞이한 분들의 정치운동의 방향은 모두 좌익 쪽이었으나 당은 달랐다. 주순 삼촌은 공산당의 전남 공청위원장을 맡았다고 들었고 나머지 분들은 경민이 당숙까지 여운형[86] 선생의 인민당원이 되었다. 주순 삼촌은 박헌영 선생과 함께 서울 갔다 며칠 후에 돌아왔고 우리들은 각기 생활하랴 정치운동하랴 모두 바쁘기만 했다.[87]

이와 같은 박현채의 주변 환경은 당시 좌익 정치운동의 핵심 지도자들과 직접적인 연계가 있었다는 점에서 특이하긴 하지만, 일정하게 당시 민중의 정치 성향과 부합되는 측면도 있다. 당시 남한의 여론은 대다수가 좌익을 지지하고 있었기 때문이다.[88]

외무장관을 역임했으나, 1952년 간첩혐의로 체포되어 1955년 12월 15일 처형되었다. 1953년 또는 1958년 사망했다는 설도 있다.

85 《박현채 전집 제1권》, 35면.

86 일제하 조선의 독립운동가이며 1945년 8월 군국준비위원회 위원장이었고, 같은 해 9월부터 1946년 2월까지 조선인민공화국 부주석을 역임했다. 1946년부터 민족운동가와 함께 좌우합작운동을 전개했으나, 좌우 양측으로부터 십여 차례 테러를 당하기도 했다. 동시에 그는 박헌영과 함께 좌익 헤게모니 투쟁을 한 바 있다. 1947년 7월 19일 우익 테러집단 백의사에 의해 암살당했다.

87 《박현채 전집 제1권》, 36면.

88 〈동아일보〉 1946년 8월 13일 자 3면에 미군정청의 여론조사가 보도되었는데, 세 번째로 제시된 정치이념과 관련한 질문에 대한 결과는 다음과 같았다.
問三, 貴下의 贊成하는 것은 어느 것입니까
가. 資本主義 1,189명(14%)
나. 社會主義 6,037명(70%)

이런 주변 환경 속에서 그는 소학교 시절 사로계(社勞系) 최충근 선생님의 지도로 독서회에 참여하면서 에드거 스노의 《중국의 붉은 별》을 읽고, 이를 계기로 좌익 관련 서적을 탐독하게 되었다. 1947년엔 공무원 파업에 참여했던 아버지가 수색을 당하면서 박현채의 노트와 책이 압수되고, 그중에 이승만과 김구를 '매국노'로 욕한 그의 메모와 《맑스주의의 기원》이 발견되어 구타를 당한 일도 있었다[89]. 이러한 학습 과정을 거치면서 박현채는 삶의 방향을 차츰 결정하게 된다.

나는 이 시기(1946~47년)에 나의 삶의 방향을 둘러싸고 심각한 고민에 빠지게 된다. 격동의 역사적 시기에 당하여 이 시기를 어떻게 역사와 자기에게 부끄럼 없는 삶을 영위할 것인가가 나의 고뇌였다. 나는 민족적 참여의 시기에 견결히 현실에 참여한다고 생각했으나 어느 쪽으로부터 참여할 것인가가 문제였다. 나의 이와 같은 선택에 결정적 영향을 미친 것은 화탄노동자의 현실참여였다. 광주와 화탄의 거리는 약 30리 거리였으나 행사가 있을 때마다 화탄노동자들은 도보로 광주행사

다. 共産主義 574명(7%)

라. 모릅니다 653(8%)

한편 〈조선일보〉 1947년 7월 6일 2면에는 조선신문기자회가 실시한 여론조사 결과가 실렸다. 그에 따르면, '어떤 국호를 찬성하는가?'라는 질문항에 대한 응답비율은 조선인민공화국 69.5%, 대한민국 24.6%, 무응답 6.0%였다.

89 이는 당시 우익에 속했던 이승만과 김구의 반탁 노선에 대한 비판의 표현으로 보인다.

에 참여하였다. 우익 측인 독립촉성회 노인들의 참여에 대하여 그들의 강건한 현실 참여는 모든 사람들을 격하게 하기에 족한 것이었다. 나는 이론적으로 따지기 전에 민족의 운명을 나약한 늙은이들에게 내맡기기보다는 젊은 생산계급에게 의지해야 한다고 생각했다. 그 과정에서 그들의 허리춤에 매달려 있었던 주먹밥은 강력한 인상을 주었다. 민족의 새로운 내일을 걸머질 힘은 그것 밖에는 없다는 것이다. 역사를 끊임없이 생산적 활동을 하는 계급에게서 기대한다는 것은 역사의 진보의 편에 서는 것을 의미한다. 그런 의미에서 나는 그간에 읽은 관념적 영웅전의 결론으로서 노동자의 편을 택했다. 그리고 나는 좌경적인 책들을 읽기 시작했으며 주순 삼촌이나 재옥 매부의 이동문구에 개입하여 맑스주의 글 읽기 운동에 참여하는 것으로 된다. 그리고 이런 선택은 국민학교에서의 독서회 활동으로 연결됐다.[90]

이는 소학교 6학년 시절에 시작된 박현채의 고뇌를 보여주고, 그로부터의 결단은 노동자 계급의 성원이 되는 것이었다. 그래서 그는 아버지가 광주서중 입학을 강권했음에도 불구하고 노동자가 되기 위해 '광주공업학교'에 지원했다. 그러나 공교롭게도 신체검사 결과 적록색맹이 발견되어 어쩔 수 없이 당시 지역 엘리트들을 양성했고, 아버지도 추천했던 광주서중에 1947년 9월

---

90 《박현채 전집 제1권》, 34~35면.

입학하게 된다. 박현채는 이러한 우연을 계기로 그가 희망했던 노동자의 삶과 멀어지는데, 이 계기가 오히려 박현채를 실천적 지식인으로 살게 한 것이기도 했다. 그가 정전 이후에도 경제학을 공부하며 진보적 사상을 온몸으로 실천한 것은 이와 같은 배경과 관련이 있다.

결국, 박현채는 중학 입학과 동시에 당시 남한 내부의 좌우 대립에 본격적으로 휘말린다. 1948년 4월 제주도에서 이른바 '4·3항쟁'[91]이 발발했는데 이는 미군정과 남한 우익정권이 단독정부 수립을 무력으로 관철하는 과정에서 출현한 저항이자 희생이었다. 같은 해 10월 19일 제주도 민중의 항쟁에 무력진압을 거부한 군부 내부의 명령 불복과 무장봉기 및 적색테러, 이른바 '여순 14연대 반란 사건'[92]이 일어난다. 이는 가까운 지역이었던 광주에도 영향을 미친다. 당시 중학 1학년이던 박현채는 다음과 같이 회고한다.

1948년의 여순반란은 나의 생활에 큰 타격을 주었다. 여순반란은 우리와 아무런 관련이 없었음에도 불구하고 우익에 의한 큰 반동을 구체화시켰다. 우리에게서는 A조에서 조직이 학련에게 폭로되어서 박정재와

---

91 4·3항쟁은 1948년 제주도의 남조선노동당이 단독정부 수립에 반대하기 위해 4월 3일 미군정 경찰서를 습격하면서 발발하여 한국전쟁 시기까지 이어진 탈식민주의적 민족주의 통일운동으로 볼 수 있다.

92 '여순'은 남해안 항구도시 여수와 순천을 통칭하는 표현이다.

최은주가 징역 2년을 복역하게 되는 사건이 생긴다. 나는 이 시기에 학교를 무단결석하여 약 2개월을 목포 아버지 집에 머무른 적이 있었다. 그 시기의 나는 극좌적 경향을 갖고 있었다. 학교는 다니고 있었지만 기회가 있는 한 그만두고 프로로서 자기를 사는 것이 보다 나은 길이라고 생각하면서도 결단을 못 내리고 아버지에게 최선을 다한 연후에 자기가 가는 길을 가려 하고 있었다. (중략) 서중 내에서의 정치적 바람은 이제 끝났으므로 내가 학교에 나오는 것이 좋겠다는 것이다. 아버지가 어떻게 하셨는지는 모르고 하는 수없이 다시 학교에 다녔다. 그 사이에 학련 놈들의 고발에 의해 경찰에 몇 번 잡혀갔고 직접 학련에도 잡혀가기도 했다.[93]

이미 1948년을 지나며 남한에서 미군정과 우익의 좌익에 대한 탄압은 상당히 심각한 수준에 달했고, 박현채 또한 학내에서 여러 고초를 겪는다. 그러나 그는 우익과의 충돌 속에서도 논쟁을 통해 상대방을 설득하면서 6·25 이전까지 자신을 보호할 수 있었다고 말하고 있다. 이어 1950년 상반기 남한 좌익이 궤멸될 위기 상황에서 한국전쟁이 발발한다. 6·25에 대한 박현채의 기억도 매우 구체적이다.

---

93 《박현채 전집 제1권》, 39~40면.

6·25사변은 우리에게 큰 결단을 요구했다. 6·25 당일은 어찌할 수 없었다. 우리는 병사국 앞에까지의 시위에 참여하는 등 그들에 추종했다. 그러나 시간이 지남에 따라 전면전쟁이 일어났다는 것이 명백해졌다. 나는 동지들을 모아놓고 조국해방전쟁의 발발을 알리고 학교를 떠나 자기를 보존하면서 해방의 날에 대비할 것을 전했다. 나는 6월 26일로 학교를 그만둘 것을 선언하고 그날 오후에 학교를 떠났다. (중략) 도시에는 인민군대가 왔으나 상공에는 미군 폭격기가 계속 투입되어 폭격이 진행되었다. 피난처에서 주저하다가 7월 23일 이후 1주일이 지난 8월 1일에서야 나는 학교에 나갈 수 있었다.[94]

박현채는 이 과정에서 중학 내의 교위(학교위원회) 조직을 재건하고, 도민청(전남도 조선민주청년동맹)과 학교위의 연락원 역할을 했으며, 뒤에는 광주서중 교위의 강사가 되기도 했다. 전쟁으로 인민군에 의한 해방을 맞이하면서 "해방 공간에서 나는 해방의 기쁨 속에 어느 누구도 박해하지 않는 것을 원칙으로 하고 있었다"고 회고한다.[95] 그러나 박현채가 참여했던 해방의 공간은 가을이 되어 미군과 연합군의 전면적인 개입 속에서 다시 우익에

---

94 《박현채 전집 제1권》, 40~41면. 1950년 6월 25일 한국전쟁이 발발한 후, 북한 인민군이 도달하지 않은 남한 지역에서는 좌익에 대한 우익의 학살이 자행되고 있었다. 전라남도 광주 지역은 7월 23일경 '해방'되었다.

95 《박현채 전집 제1권》, 41면.

넘어가고, 그는 전남 화순의 고향에 머물게 된다. 9월 28일 인민
군의 전면 철수가 발표된 이후 그는 입산을 준비하며 어머니와
진로를 상의한다.[96]

어머니와 나는 앞으로의 문제를 협의했다. 어머니는 내가 광주로 몰래
가는 것을 위하려 여러 가지로 준비하고 나를 데리러 오신 것이었다. 그
러나 나는 나의 입장을 가지고 어머니의 제안을 거부, 입산해서 싸워야
하는 나의 입장을 밝혔다. 먼저 나는 나의 입장을 지켜야 했다. 나는 어
머니에게 그간에 내가 처해 있는 입장을 제시하고 지금도 그 입장을 지
키는 것이 올바른 삶을 영위하는 사람의 입장이라는 것을 밝혔다. 비록
죽음이 필연적이라 할지라도 그것은 올바른 사람으로서 견지해야 할
중요한 입장이라는 것이다. 그간의 나의 태도는 맹목적으로 주어진 것
이 아니라 역사를 보는 자기신념에 입각하는 것이며 역사적으로 자기
를 살면서 지켜져야 할 올바른 길이라고 말했다. 사람이 살면서 옳다고
생각하는 길을 스스로 살지 못할 때 삶의 의미는 없어지는 것이므로 이

---

96 그의 소학 및 중학 동창인 김희종은 당시 상황에 대해 다음과 같이 회고한다. "문: 빨치산
으로 입산하게 되는 건? 답: 1950년 9월에 여기에 인민군이 들어왔다가 나가면서 서로 뿔
뿔이 헤어져서… 못 가서. 조금 전에 얘기했듯이, 어머니만 만나서 어머니가 뭐라고 하냐면,
여기 있어도 죽고, 가서도 죽으니까, 그 때 50년 10월 무렵에는 빨갱이라고 하면 총 쏴서 죽
여 버리면 그걸로 끝나버리는 세상이었으니까요. 이렇게 시골 같은 데에서, 그랬으니까 여기
있어도 죽고 가도 죽으니까 차라리 너 하고 싶은 대로 해라 그래서 그럼 어머니 나 가겠습니
다 하고, 처음으로 내가 철이 들어서 한 말이, 철이 들어서 처음으로 어머니한테 무릎 꿇고
절을 하고 갔다고. 그 말을 들었어요." 김희종(소학교 동창) 인터뷰, 〈KBS 인물현대사 "민중
을 위한 경제학: 박현채"〉,《박현채 전집 제7권》(서울: 해밀, 2006), 526면.

것은 죽음으로써 지켜야 한다는 것이다. 어머니는 이런 나의 주장들을 납득하시고 동의하셨다.[97]

박현채는 결국 입산하고, 1950년 겨울 20세 미만의 소년을 중심으로 돌격중대가 구성되자 문화부 중대장에 임명된다. 그는 조직 내에서 활동을 인정받아 나이를 두 살 올려 조선노동당에 입당한다. 1934년생이었던 그는 1932년 3월 6일로 생년월일을 고쳐, 1951년 3월 21일 조선노동당원이 된다.[98] 이 시기는 1951년 1월 중공의 개입으로 전세가 역전되어 서울이 다시 인민군에게 '해방'되었던 때다. 빨치산으로 입산해 버텨온 박현채 등의 좌익들은 이 소식에 다시 '해방'을 준비하게 된다. 그리고 조직은 박현채의 미래에 대해서도 안배한다.

나는 심사를 받았고 해방 후의 업무를 김일성대학 경제학과에의 진학이라는 형태로 배정받는다. 나는 내가 고등학교 1학년 곧 중학교 4학년이라는 것을 강조했으나 그것은 문제가 되지 않는다는 것이다. 김일성

97 《박현채 전집 제1권》, 28~29면. 박현채의 어머니는 박현채의 형제자매들에게도 여러 번 "너희 형님은 나라에 바쳤다고 생각하고, 형님을 없는 걸로 하고 우리끼리 꾸려 나가자"라고 언급한 바 있고, 박현채의 아내 또한 박현채의 자녀들에게 "너희들은 아버지가 없다고 생각하고 살아라"는 말을 했다고 한다. 박승채(동생)인터뷰, 《박현채 전집 제7권》, 529면. 박순정 (딸) 인터뷰, 《박현채 전집 제7권》, 439면.
98 《박현채 전집 제1권》, 44면.

대학에 가면은 개별적으로 지도원이 배속되어 나를 지도함으로써 학력의 격차에서 오는 어려움은 당지도의 차원에서 극복되어 김일성대학의 과정은 충실하게 이수될 수 있도록 된다는 것이다. 이 시기의 우리의 모든 활동은 해방에 대비하는 것이었다.[99]

그러나 이어지는 전쟁의 상황은 큰 진전을 보이지 않았다. 결국 이후의 빨치산 경험은 10대 후반의 어린 나이였던 그에게 감당하기 어려운 폭력 및 죽음에 관한 깊은 체험이 된다. 그는 보급투쟁에 참여했다가 선이 떨어져 낙오하여, 투쟁인민들의 시신을 발견했던 상황을 다음과 같이 기억한다.

혼자 떨어질 것을 두려워 한 나는 밤에 보이는 길을 향해 나갔다. 그때 꼬랑 건너로 소가는 소리가 들렸으나 다급한 나는 그것을 확인할 여유가 없었다. 한참 뛰다보니 주변에 죽은 사람의 시체가 즐비했다. 시신은 다 썩었으나 의복은 그대로 안 썩어 사람의 형체가 완연한 투쟁인민들의 시신이었다. 길이 틀린 줄 알았지만 멈추거나 되돌릴 수는 없었다. 날이 새어 가면서 수백 명의 죽은 인민들의 모습은 더욱 확연히 확인되었다. 나는 그저 뛰다가 새벽녘이 되었을 때 화순 큰재꼬랑에 와 있었다. 나는 자기가 있는 곳을 확인하기 위해 높은 곳으로 올라갔다.[100]

———
99 《박현채 전집 제1권》, 56~57면.

그가 체험한 폭력과 죽음은 단일한 것이 아니었다. 박현채의 회고록에서 나타나는 직간접적 경험에는 전투과정에서 적의 폭력에 의해 희생된 동지의 죽음, 적의 학살에 의한 민중의 희생, 조직 내부 숙청으로 인한 죽음, 이념적 대립으로 인한 가족 간의 살해, 전술적 오류로 인해 자초한 희생도 있었다. 그 과정에서 그는 자신의 죽음에 대한 원칙을 세운다. 박현채의 빨치산 조직은 1951년 3월 1일 광주 진공을 조직하는데, 박현채는 다음과 같은 자기 방침을 확립한다.

광주에의 투쟁참여는 광주에서의 죽음의 가능성을 더 많이 가짐으로써 1) 광주에서의 죽음에 의한 시신 공개의 가능성, 2) 정치투쟁의 과정에서 나에게 관심을 갖고 있는 학교 동료들에 대한 나의 시신 공개에 따른 부정적 효과를 생각하게 됨으로써 죽음의 장소로서 광주의 배제라는 현실적 요구가 주요한 현실적 과제로 제기되고, 나의 투쟁 참여에 대한 원칙으로 제기되기에 이른다. 이것은 유격투쟁의 격화 속에서도 내가 갖는 투쟁 원칙으로서 견지된다. 나는 부모에게는 시신을 보여드리지 않음으로써 나의 삶에 대한 기대를 버리시지 말기를 바랬다.[101]

100 《박현채 전집 제1권》, 45면.
101 《박현채 전집 제1권》, 58면.

박현채의 이러한 원칙은 지휘부의 결정에 의해 지켜지지 못하게 되지만, 오히려 원칙을 지키지 않음으로 인해 박현채는 목숨을 부지하게 된다.

이 시기에 있어서 나의 명령 선택은 생사를 가늠하는 것이었다. 내가 원했던 부대는 꼬랑으로 내려가 거의 전멸했기 때문이다. 나는 부대배치 덕으로 광주돌격소조의 정치책임자로 살아남을 수 있었다.[102]

그는 삶과 죽음을 넘나드는 빨치산 활동 중에 '죽음'에 대한 관념적 이해를 극복했다고 스스로 회고한다. "부모를 쏴 죽인 인물", 적에 투항한 빨치산에 대한 총살 등의 에피소드는 그 정황을 잘 설명해 준다.

그 시기 그 동네에는 곡성군 삼기면당이 우리와 함께 있었는데 부위원장이 부모를 쏴 죽인 인물이라는 데서 주목을 끌고 있었다. 나도 그 사람이 아주 나쁜 사람이라고 생각하고 있었다. 나는 이를 확인하기 위하여 그 사람을 만나고 싶어졌다. 그 사람을 확인하기 위해 나는 연대결성에 안가고 그를 만나보았다. 그는 예상과는 달리 첫인상부터 아주 좋은 분이었다. 그 분이 양친을 부정할 수밖에 없었던 것은 처음부터 양

---

102 《박현채 전집 제1권》, 59면.

친에 대한 깊은 사랑 때문이었다. 나는 그분과의 대화를 통해 그분들의 진정을 이해하고 그분들이 그렇게 할 수밖에 없는 상황은 이해되어야 하며 그분들에 대한 나의 이해가 관념적이었다는 것을 이해할 수 있었다.[103]

우리 정치부의 구상은 그(적에게 투항한 빨치산)를 대중의 토론의 대상으로 하게 해도 최종적으로 그것을 그의 구명으로 결론짓게 함으로써 그를 살리게 하는 것으로 되어 있었으나 대원들의 자존심을 건드린 투항과 토론과정에서의 그의 대원들의 자존심을 건드린 목숨을 건지려는 나약한 태도는 대원들의 마음을 격분시켜 죽음을 강경히 주장하게 만들어 그를 총살케 했다. 구명은 아무도 주장하지 못하게 만들었다. 사령관 김용길 동지는 그의 처형 후 울면서 그가 죽은 것은 자기 죄 때문이 아니라 우리의 어려운 상황과 역량부족 때문이라고 말함으로써 우리를 눈물짓게 했다.[104]

이후 기다렸던 해방은 남부로 확장되지 못했고, 1951년 3월 16일 서울은 다시 국군에 의해 '수복'된다. 이후 빨치산에 대한 토벌은 점점 더 강렬해졌다. 박현채는 이 시기를 '과도기적 상황'이라고 부른다. 조직 내부는 점차 궤멸을 감지하게 되었다. 그러나

---

103 《박현채 전집 제1권》, 47면.
104 《박현채 전집 제1권》, 52-53면.

박현채 스스로는 이 과정에서 '해결'을 본다.

해가 떨어지면 많은 동지들이 서로 피해 산 구석에 앉아 눈물을 쏟으며 훌쩍이는 것이 일상화되었다. 나는 그런 것을 피하지는 않았지만 일반적 관행은 서로 그런 것을 번연히 알면서 서로 자리를 피해주는 것이 일상화되었다. 그런 시기의 나는 그런 것이 운명적인 죽음을 피하거나 슬퍼하는 것이라고 하면서도 공식적으로 이를 문제 제기 한 적은 없으나 개인적으로는 이를 지적해서 논의를 제기했었다. 나의 태도는 조국을 위한 의무가 우리에게 죽음으로 주어졌다 할지라도 이제 우리는 그것을 조국을 위한 의무로 받아들이고 그것 앞에 서슴없이 기쁜 마음으로 헌신해야 한다는 것이다. 오늘에 있어서 그와 같은 태도는 그들이 가족을 갖는다 해서 이해되어야 한다고 하지만 그렇게 해야 하는 것이 조국을 위해 싸우는 길이고 우리가 사는 길이라는 의미에 있어서는 변함이 없다. 그 시기 나는 많은 동료들의 고뇌 속에서 나 자신을 가누기가 어려웠다. 그리고 이런 것들은 많은 동료들의 죽음과 변신 속에서 해결되어 갔다.[105]

흥미로운 것은 빨치산 활동 중에 박현채가 죽음에 대한 관념적 이해를 극복하는 동시에 관료주의적 작풍에 문제의식을 느끼

---

105 《박현채 전집 제1권》, 53~54면.

게 되었다는 점이다. 사실 양자는 종종 모순적이다. 죽음에 대한 관념적 이해는 폭력에 대한 관념적 이해와 맞닿아 있는데, 박현채는 현실 사회주의의 건설 과정에서 출현한 적지 않은 폭력에 대해 일정한 불가피성을 이해하면서도 그것이 '관료주의'에 의한 것으로 되지 않도록 최소화시키는 고민을 이미 이 시기부터 했던 것으로 볼 수 있기 때문이다. 박현채에게 있어서 관료주의는 '개인적인 사유'화이자 모종의 '속화된 것'이었다. 박현채가 북조선 출신 정치위원과의 관계에서 관료주의의 문제를 제기하는 부분은 이러한 모순처럼 모호하게 서술된다.

> 정치위원 강학구 동지와의 관계는 나의 지나치게 원칙적인 미숙한 작풍에 원인하는 것이었다. 정치일꾼으로서의 나의 위치는 초기부터 부대에서 컸다. 그러나 정치위원과 나와의 관계는 그다지 원만한 것은 아니었다. 그것은 북한에서 합법적 상황에서 면당 부위원장을 지낸 정치위원의 관료적 작풍이 이것에 물들지 않고 이것을 극복하려고 처음부터 작정한 나의 작풍과 서로 어긋나 문제를 생기게 하고 있었기 때문이다.[106]

박현채는 '지나치게 원칙적인 미숙한 작풍'을 자기비판하면서도 원인 분석에서 '관료적 작풍'과 그것을 극복하려는 자신의 작

---

106 《박현채 전집 제1권》, 62~63면.

풍 사이의 모순을 제기한다. 이는 당시 사회주의적 건설이 합법적이던 북조선에서의 관료적 작풍을 비판하는 듯하지만, 박현채가 자신의 '미숙함'을 지적한 것은 이러한 비판이 '원칙'적이었기 때문이다. 이는 무엇을 의미하는 것일까? 박현채는 북조선에서의 관료적 작풍을 비판하려고 한 것이라기보다는 오히려 하나의 새로운 과제를 제시하는 것 같다. 바로 1945년 형식적 독립 이후 북에서 진행된 사회주의적 개조가 이미 남한과 격차를 형성한 상황에서 남한 변혁을 둘러싼 북과 남의 좌익 간 인식 차이와 상호 관계설정의 문제를 어떻게 해결할 것인가의 문제를 제기하고 있는 것이다. 박현채의 회고록은 이어서 다음과 같이 말한다.

우리 부대의 편제 속에서 중요한 위치를 차지하는 나는 새로운 작풍을 만들어야 한다고 생각했기 때문에 내 나름의 작풍에 의한 상호 관계를 만들려고 하고 있었다. 나는 자기 사업의 집행과정에서 개인적인 것을 갖지 않으면서 남에게도 그와 같은 직위와 관련된 관계를 갖지 않으려고 하고 있었다. 그런 쪽에서 나는 개인적인 사유를 조금도 갖지 않으려고 노력하고 있었다. (중략) 그런 쪽에서(자기 사업의 집행과 관련해서) 상급지휘관이라 할지라도 사적으로 주고받는 관계는 일체 갖지 않았다. 이런 것들은 합법시기에 속화된 사람들 속에서 살면서 관료적 작풍에 젖은 정치위원에게는 나의 태도가 무례한 것으로 비칠 수밖에 없었다는 것이다. 따라서 정치위원은 이런 것들에 기초한 불만을 떠벌리면서 나를 모든 쪽에서 비판하고 있었다. (중략) 이런 것들은 2대대 정치지도원으로서 복무 중 다시 해임되고 정치부 대기를 명령받았을 때의 정치위원이었던 나에 대한 그들의 태도에서 드러나는 것이었다.[107]

여기에서 우리는 박현채가 소년 빨치산 시기에 이미 '사적 소유'에 대한 강한 문제의식을 느끼고 있었음을 알 수 있다. 그는 자신의 작풍을 '관료'적 작풍에 대한 새로운 작풍으로 보았다. 이러한 빨치산 경험 중의 문제의식이 혁명 자체가 불가능해진 내전 이후 상황 속에서 지식인으로서 박현채의 독특한 실천양식을 형성했던 것으로 보인다.

박현채는 1951년 8월에 전투 중 복부 관통상을 입었으나 회복되어 지속적인 활동을 하다가, 1952년 8월 하산 도중 체포되었으며, 부모의 준비와 노력으로 석방되었다고 알려져 있다.[108] 이후 박현채는 1950년 9월에서 1952년 8월까지의 2년이라는 빨치산의 시간을 가슴에 품은 채 다시 고등학생으로 돌아가고, 또래들보다 2년 뒤에 1955년 서울대학 경제학과에 입학해 1960년 석사를 마친다. 이후엔 남한에서 핵심적인 비판적 정치경제학 연구자이자 평론가로 성장한다. 박현채의 회고록은 안타깝게도 질병

의 악화로 더 쓰이지 못하는데, 대략 1951년 겨울의 고단함을 묘사하면서 중단되어 있다.

1951년 겨울 우리는 적의 동기공세 속에서 노변에서 잠을 많이 잤다. 한번은 무등산 뒤 도로가를 이동하다가 우리는 길가 소나무 밑 황무지에서 숙영을 했다. 담요는 한 장씩 소지하고 있었을 때이므로 몇 사람이 한 조가 되어 한 장을 깔고 몇 장을 같이 덮고 잤다. 눈이 올 때이므로 밤에 자다 일어나 보니 모두가 눈에 잠겨 있고 서 있는 것은 나무 밑에 서 있는 보초뿐이었다. 이런 잠자리에서는 중간에 깨어 다시 잠이 드는 일이 지극히 고난에 찬 것이었다. 이 고통을 못 이기고 몇 사람이 투항했으나 그 고통은 지금의 나도 이해할 만하다.[109]

훗날 박현채의 일대기를 소설《태백산맥》의 중요 부분 제재로 삼아 재현한 바 있는 소설가 조정래는 그와 함께 지리산을 답사했던 기억을 다음과 같이 떠올린다.

그 현장에 가면 그 당시 겪었던 일들이 다시 되살아 올라오지 않겠습니까. 기억이… 그러면 말씀하시다가 눈물도 머금고, 목이 메기도 하고, 그리고 지리산 xxxx에 올라가셔서 통곡하듯 우시더라구요. 그렇지 않

---

109 《박현채 전집 제1권》, 64면.

겠습니까. 수많은 사람들이 거기서 죽어가는 것을 직접 목격했고, 세월

이 무심히 흘러가서 4, 50년이 지난 다음에 다시 찾아갔을 때의 감격,

서러움, 회한 이런 것들이 복받쳐 오르겠죠.[110]

---

110 《박현채 전집 제7권》, 375면.

3.
사상과제:
1980년대를 어떻게 역사화할 것인가?

박현채는 1940년대 말이라는 격변하는 정세에서 독특한 인간관계망을 통해 조숙한 소년으로 성장했고, 특히 좌익으로서 '내전'에의 적극적 참여는 이후 그의 사상적 실천의 원형적 모티브를 형성했다. 박현채는 특히 형식적 분단하에서 '해방'을 준비해온 '남한'의 좌익이 맞닥뜨린 문제, 즉 '남로당'의 주체성이라는 문제로 고심한 것으로 보인다. 결국 '박현채들'의 상당수는 월북했고, 소수는 남아서 빨치산으로 끝까지 싸우다 산에서 전사했다.

박현채는 '해방'을 겪었으나 내전이 외세의 개입으로 복잡화하여 정전/분단의 형식으로 끝나고, 결국 '남한'에서 '살아남은 자'로서의 '숙명'을 경험한다. 그의 회고록에서 가장 핵심적으로 드러나는 것은 바로 폭력과 죽음이다. 박현채는 한편으로 이 경험을 통해 '죽음'에 대한 관념성을 극복했다고 생각하면서, 동시에 이미 '해방'된 북조선과의 관계 속에서 '관료주의적 작풍'에 대한 문제의식을 갖게 된다. 이는 단순한 '좌익'을 넘어 '소유'에 대한 탈식민/탈현대적 문제의식이 된다.

대만의 진영진에게 '신식민적 조건'은 '대만'이라는 동일한 단위의 새로운 전환처럼 다소 외재적인 것이었고, 이는 '회귀'로서의 '주체성' 복원이라는 지속적인 과제를 인식하는 것으로 이어진다. 상대적으로 남한에게 조선의 분단은 일본의 패망 이후 형식적 분단이 '내전'을 거쳐 공고화된 것이었고, 남한에서 박현채와 같이 '내전'에 적극적으로 참여한 사람에게 이는 본래 가졌던 '주체성'의 박탈이라는 의미를 가진다.

이러한 맥락에서 박현채는 사실상 '남로당'의 주체성을 계승한다고 보아야 하는데, 박현채가 남한에 '살아남음'은 분단이라는 조건 아래서 '해방'되지 않은 남한의 민중이 갖는 역사적 과제의 실현에 함께 한다는 의미가 있다. 그리고 그런 의미에서 박현채에게 남한의 민중은 역사성과 현실성의 기초가 된다. 게다가 지속되는 식민적 역사와 현실은 지식인으로서 그의 연구대상이 되어 냉전적인 '좌/우' 인식을 넘어 '신식민성'을 파악하고 비판적 인식을 심화하게 된다.

아울러 대중적 차원에서 내전이 낳은 극단적 폭력은 '신식민 체제'에서 다른 형태로 지속되었는데, 내전은 남한에서 매판적인 지주 및 자본가와 신식민 엘리트가 결합해 강한 반공주의적 동질성을 갖는 지배 계급을 형성하고, 마찬가지로 더욱 확대된 동질적인 민중을 형성해, 양자 간의 모순을 더욱 격화시키기도 했다. 한국전쟁 이후 신식민 체제로서 남한 사회의 지속성과 역동성은 이와 같은 맥락으로 해석할 수 있다.

앞서 소개한 바와 같이 박현채가 지식/사상의 식민성과 탈역사성 문제를 인식하고 논쟁을 벌이며, 동시에 문학에 주목했던 시기는 1980년대다. 사실상 내전을 거쳐 형성된 신식민/분단 체제는 박현채의 사상 실천의 배경이면서 동시에 제약조건이었다고 볼 수 있다. 특히 1980년대 사상해방의 공간에서 박현채의 사상 실천이 처했던 곤경은, 그가 긴 역사적 안목에서 계승성을 견지했음에도 불구하고, 오히려 그 때문에 신식민적 체제가 형성한 새로운 지식 주체들과의 긴장 관계에 놓인 상황에서 비롯되었다고 볼 수 있다.[111] 따라서 사상적 단절을 문제화하기 위해 먼저 1980년대 박현채의 곤경을 둘러싼 긴장과 모순의 구체적 양상을 확인할 필요가 있다. 아울러 이와 같은 1980년대 사상 운동 대한 재역사화를 통해, 진영진이 제시한 이른바 '역사적 정

---

111 박현채와 함께 민족경제론 진영으로 활동했던 정윤형(1937~1999)은 다음과 같이 회고한다. "그는 객관적 조건이나 변혁주체의 능력 등을 냉철하게 평가하지 못한 채 모험주의나 극좌적 편향으로 치닫는 것이 운동에 얼마나 나쁜 영향을 끼치는가를 청소년기의 조직활동의 경험을 통해서 배웠다고 회고한 바 있다." 〈민족경제론의 역사적 전개〉(정윤형), 정윤형·전철환·김금수 외, 《민족경제론과 한국경제》(서울: 창작과비평사, 1995), 3면.

합성'의 관점을 바탕으로 박현채가 어떻게 '신식민성'을 인식하고 사상적 실천을 진행했는지 고찰할 수 있다.

3장

씻김

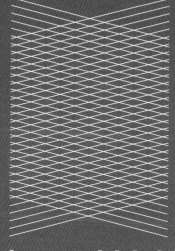

1980년대와 포스트 냉전적 전환의 역설 :

'사회성격 논쟁'

2장 '모심'에서 대만과 남한의 당대 역사중간물 진영진과 박현채의 사상적 특징을 초보적으로 소개하며 진영진의 문학적 실천이 남한에 주는 의미를 검토했다. 이번 장 '씻김'은 1980년대 진영진이 가졌던 '사상의 빈곤'이라는 문제의식을 참조적 시야로 두고, 1980년대 남한 지식사상계에서 대규모로 격렬하게 진행된 '사회구성체/사회성격 논쟁'을 실마리 삼아, 박현채의 사상적 실천이 마주했던 곤혹을 살펴본다. 특히 냉전이 동요하는 국면과 포스트 냉전의 도래를 마주한 1980년대 남한 지식사상계의 대응방식이 핵심 검토 대상이다. 조어대 보위 운동, 1972년 일본과의 단교, 1979년 미국과의 단교 등에서 알 수 있듯이 냉전 체제의 동요에 상대적으로 직접 노출되어 있던 1970년대 대만의 경우 현대시/향토문학 논쟁 등과 같이 역사적 주체성과 관련한 담론 공간 형성이 두드러진 데 비해, 남한에서는 1960년대에 전통을 부정하고 역사로부터 단절된 사상적 추세가 1980년대에 더욱 급진적 방식으로 심화하고 있었다. 이는 진영진과 박현채가 서로 다른 문제의식을 형성하게 된 배경이기도 하다. 이번 장에서는 이러한 검토를 통해 박현채에 대한 무수한 왜곡과 오해를 넘어 1980년대 박현채가 진정으로 제기하려 한 문제로서 '사상의 단절'을 새롭게 드러내고, 남한 당대 사상사에서 성찰해야 할 핵심적 지점을 더욱 명확하게 보여주고자 한다.

1.
남한 사회성격 논쟁을
성찰해야 하는 이유

한반도는 일본의 패망으로 1945년 '해방'되었다. 이어서 미국과 소련의 군사 관리를 받게 되었고, 탈식민의 주체와 방법을 둘러싼 내부모순이 격화해 내전이 발생했다. 그러나 냉전 체제의 모순을 반영한 외부세력의 개입으로 인해 한반도의 형식적 분단은 실질적 분단으로 전환되었다. 물론 이 연구에서는 1948년 남과 북의 단독정부 수립을 형식적 분단이라 부르지만, 그 또한 1948년 발생한 제주 4·3 사건이 증명하는 바와 같이 지배계급이 아래로부터의 주체적 탈식민주의 운동을 억압했기 때문에 가능했던 것임은 분명하다. 그러나 그러한 폭력적 과정을 거쳐 성립된 남과 북의 정권은 다시 한번 1950년부터 1953년에 이르는 내전을 거쳐, 남과 북에 서로 이질적이면서도 내부는 동질적 이데올로기로 구성된 국가 및 사회 체제를 형성한다. 이는 '분단 체제'[112] 형성의 기초가 되고, 역사는 실질적 분단의 시기로 접어든다. 이 시기엔 분단 체제가 작동하며 일정하게 적대적 공생을 특징으로 하는 구조적 자율성을 확보한다. 그러나 역사적으로 계승되어온 경제, 문화, 지리, 감성적인 측면은 본래 남과 북으로 '분단'된 적이 없던 것이기에, 강제된 분단은 강제된 식민과 마찬가지로 위로부터 강압적으로만 주어질 뿐 민중에 의해 직접 흡수되지는 않으며, 오히려 반발과 저항의 대상이 되어 왔다. 기복은 있으나 꾸준히 민족주의적 통일의 요구가 존재해 왔고 지금도 존재한다.

남한 단독정부의 초대 대통령이었던 이승만 정권은 아래로부터의 정당성 부재라는 정권의 한계를 부정선거로 극복하려 했고, 이에 대한 저항은 1960년 4·19혁명이라는 '미완의 혁명'으로 분출된 바 있다. 비록 1961년 '5·16군사쿠데타'로 '미완'에 그쳤지만, 1960년의 희생과 저항은 탈식민적 민족주의 요구가 건재함을 천명한 사건으로 보기에 충분할 만큼 역사적 의미가 있다.

그러나 박정희를 중심으로 한 군사 쿠데타 세력은 장장 19년을 통치하면서 20세기 후반 한반도 남측의 역사에 '군사독재'의 그늘을 드리웠다. 그러나 이 시기는 '19년의 군사독재'로 간단히

---

112 白永瑞, 陳光興編,《白樂晴 : 分斷體制 民族文學》(台北: 聯經, 2010) ; Paik, Nak-chung, Division System in Crisis(Berkeley: Global, Area and International Archive, University Of California Press, 2011); 백낙청,《흔들리는 분단체제》(서울: 창비, 1998).

개괄할 수 없는 중요한 변화를 포함하고 있다. 우선 '발전주의'적 현대화 노선에 따른 경제적 종속 심화가 물질생활의 구조적 변화를 가져왔고, 다수 민중이 성장에서 소외되었다.[113] 다른 한편으로는 미국 기원의 신식민적 학문제도와 지식축적의 체제화 및 자본주의화의 확대로 인한 대중 소비문화의 형성 등을 들 수 있다. 이는 '신식민적' 문화 건설의 근간이었다. 이러한 여러 방면이 구체적으로 종속성을 표현하고, 이러한 종속적인 국가 및 사회 구성은 탈역사성과 정당성 결여라는 특징을 가지고 있다. 결국, 이러한 한계와 모순은 냉전 체제가 동요하는 가운데 권역적이고 국제적인 정세 변화와 맞물렸고, 권력 상층에서는 1979년 박정희 피살을, 민간에서는 주체적인 저항 역량이 분출되는 1979년 부마항쟁[114]과 1980년 5·18광주민중항쟁을 배태한다.

1960년 '4·19혁명'이라는 하나의 미완의 '혁명'이 1960년대를 열었다면, 1980년대의 역사는 1980년의 '5·18광주항쟁'이라는 하나의 '비극'으로 열렸다. 1960년의 '혁명'은 친미적이고 신식민

---

113 이를 극명하게 표출한 사건이 공장노동의 가혹한 착취 문제를 제기했던 1970년 11월 13일 전태일의 분신이었다. 1970년대를 연 상징적 사건인 전태일의 분신은 1970년대 대학생 및 지식인의 각성을 촉발해 사회참여를 끌어냈다.

114 부마항쟁은 박정희 '유신 체제'에 반대해 1979년 10월 부산과 마산 지역에서 발생한 대중적 항쟁이다. 1970년대 전지구적 경제위기와 남한의 외채위기가 이 항쟁의 경제적 배경이라 할 수 있다. 박정희 정권은 계엄령으로 대처했고, 10월 26일 박정희의 암살로 항쟁은 수그러들었지만, 근본 문제가 해결되지 않은 상황에서 잠재된 모순은 1980년 5월의 광주항쟁을 배태했다.

적인 정권의 붕괴에서 보듯 희생을 통한 민족적 요구의 표출이 부분적 성과를 획득했다는 의미가 있지만, 동시에 1961년의 5·16 군사쿠데타가 증명한 것처럼 신식민/분단 체제하에서 언제든지 역전될 취약한 것이었다. 한편, 1980년의 '비극'은 1960년과 같은 정권의 전복을 기대할 수 없을 만큼 정세 인식과 저항조직의 차원에서 주체적 역량과 권력 사이의 격차가 현격해졌음을 확인한 사건이었다. 1980년은 그런 의미에서 민중적 민족주의 세력에게 '비극'을 계기로 주어진 '각성'이다.

1980년대 남한 사상이론 운동의 영향을 깊게 받았던 진영진은 1994년 《대만정치경제총간》의 '출판 췌언賢言'을 쓴 바 있다. 글에서 그는 1980년대 남한의 경험을 참조해 '사회성격론'의 필요성을 제기하고 있다.

일정한 사회발전 단계에서 생활하고 있는 사회과학 작업자들의 책임 가운데 하나는 마땅히 그 사회가 구성되고 발전해온 일반적 원리와 그 사회의 독특한 역사, 외재적인(국제적인) 환경이 규정한 조건을 정확히 파악함으로써 그 사회 전체의 성격과 형태를 해명하는 것일 테다. 자신이 처한 사회에 대한 사회과학자의 이러한 자기 인식 또는 재인식의 영위는 다음과 같다. 즉, 당면한 단계의 사회 생산력 발전의 독특한 성격 또는 수준 파악을 통해 당면 사회에 상응하는 생산관계의 독특한 성격을 탐토함으로써, 일정한 생산관계 속의 토대와 상부구조의 성격, 내용,

특질 및 상호 관계로부터 우리 사회의 전체적인 성격, 형태, 발전단계를 과학적이고 전면적으로 이해한다. 또한, 우리 사회의 일정한 역사 발전 단계에 존재하는 각종 모순의 핵심과 성격을 명확히 파악하고, 더 나아가 이 모순들을 극복하고 지양하며, 우리 사회가 진일보한 발전을 획득할 수 있는 이론과 실천의 방향 및 역량을 찾아내는 것이다.

이로 인해 현대 각 나라와 민족의 사회과학자들과 혁명 및 변혁 운동의 이론가들은 모두 일찍이 긴 시간 동안 비교적 광범위하게, 공동 토론과 쟁론의 방식으로 상술한 제 문제를 둘러싼 자기 인식의 이론과 학술 탐색을 진행했거나 진행하고 있다. 1930년대 중국 북벌 혁명이 좌절된 후 발생한 '중국사회사논전', 그리고 1920년대 말과 1960년대 초에 연이어 두 차례 일본 학계와 사회운동계가 진행한 바 있는 '일본자본주의(성격) 논쟁', 1980년 5월 광주 참사 이후 얼마 되지 않아 한국 민주화 투쟁운동권이 전개하고, 한국 사회과학계로 확대되어 지금까지 논쟁의 깊이와 폭이 부단히 심화하고 있으며, 이론적 수확이 풍성한 '한국사회구성체 논쟁' 등은 모두 그 저명한 사례다.[115]

중국의 '중국사회사논전' 및 일본의 '자본주의(성격) 논쟁'에 이어 남한의 '사회구성체 논쟁'을 역사적으로 열거하고 있지만, 진영진이 대만 사회성격론의 필요성을 제기하는 직접적 배경에

---

115   人間出版社編輯部,〈出版贅言〉《日本帝國主義下的台灣》〔人間台灣政治經濟叢刊系列①〕
     (台北: 人間出版社, 1994).

는 1980년대 남한 격변에서의 활발한 사상과 이론 작업에서 받은 충격이 자리 잡고 있다.[116] 그리고 진영진이 언급하듯 남한 사회구성체 논쟁의 심화는 1980년 '광주 참사'에서 촉발된 민주화운동의 요구에 대한 사상계의 응답이었다. 그러나 '광주 참사'가 갖는 역사성이 사상적으로 규명되지 못한 가운데, '광주 참사'는 여러 우여곡절을 거쳐 '5·18광주민주화운동'이라는 이름을 얻으며 국가에 의해 지정된 기념일이 되었다. 이는 '광주사태'라는 부정적 폄훼에 대한 반발을 거쳐 '민주화'와 '운동'이 결합하는 방식으로 '정명'된 것이다. '참사'가 '민주화 운동'으로 전환된 것은 '복권'을 둘러싼 복잡한 힘겨루기 과정에서 역사성이 어떻게 희생되었는지 암시한다. 그러면 사상적 측면에서는 어떤 유사한 '역사'를 희생시키는 '복권'이 진행되었을까?

　1985년 10월 《창작과비평》에 수록된 박현채의 논문 〈현대 한국사회의 성격과 발전단계에 관한 연구 I〉과 이대근의 논문 〈한국자본주의의 성격에 관하여〉는 짝을 이루어 당시 논쟁의 모호한 지점을 구체화하면서 직접적으로 1980년대 남한 사회구성체 논쟁을 촉발했고,[117] 이후 복잡한 과정을 거쳐 대략 1990년대 초반에 사실상 종료된다. 그러나 본래의 기획 의도 또는 기대와 달

---

116 《대만정치경제총간》 출판 작업에 앞서 잡지 《인간》을 발행하던 시기에 진영진은 이미 남한에 직접 방문해 다양한 운동 상황을 접하고 인터뷰를 진행하여 《인간》에 싣기도 했다. 《人間》, 1989년 6~7월호.

리 논쟁의 과정은 이른바 계급모순 중심론과 민족모순 중심론이라는 이원적 대립 구도를 형성했고, 이는 21세기 남한의 진보좌익 진영 내부에도 여전히 강하게 각인되어 있다.

1990년대 들어서도 이론의 분화와 발전이 없었던 것은 아니지만, 사실상 지식사상계의 조류는 '포스트 냉전'의 충격 속에서 현실의 실천 흐름과 더 이상 상호작용을 만들어내지 못한 채 현실과 유리되는 방향으로 흘러갔다. 따라서 1980년대 중반 이후 남한에서 전개된 '사회구성체 논쟁'의 의의는 20세기 중반 이후 현실 운동과 밀접한 관계 속에서 역사 복원의 계기를 만들었던 처음이자 마지막 논쟁이었다는 데 있다. 그러나 이 논쟁은 역사의 무게를 견디지 못하고 '포스트 냉전'의 거대한 조류에 중심을 잃고 휩쓸리고 말았다는 점에서 더욱 비판적이고 성찰적으로 접

---

117 《창작과비평》은 1980년 7월 폐간된 이후, 1985년 10월 30일 부정기간행물 형태로 다시 활동하게 되었고, 두 논문도 '한국자본주의 논쟁'이라는 집중기획으로 실렸는데, 이로 인해 12월 9일 《창작과비평》의 출판사 등록이 취소된다. '한국자본주의 논쟁' 기획에 대해 박현채 본인은 다음과 같이 회고한다. "그 글은 종속이론에 대한 의도적 비판을 목적으로 하였습니다. 그간 우리나라에서는 많은 제약 때문에 정치경제학적 연구가 활발히 이루어지지 못했고 그 같은 공백기를 틈타 종속이론이 상당한 범위에서 일반화되었습니다. 그 초기상태에서 종속이론의 과도기적 긍정성이 발견되면서부터, 이것에서 한걸음 더 나아가 종속이론을 중시하는 풍조가 나타나고 종국에는 종속이론이 전체 문제를 인식하는 기틀인 양하는 풍조조차 생겼습니다. (중략) 그 글은 단순히 나의 일방적 이론전개가 아니라 이대근 씨와의 예정된 논쟁을 위해 만들어진 것이었죠. 물론 이대근씨의 종속이론적 입장이 사전에 나한테 어떻게 쓰여지겠다고 알려졌던 것은 아니었습니다. 또 내가 어떻게 쓰겠다고 미리 통보했던 것도 아니었죠. 그러나 적어도 그쪽이 종속이론을 옹호하는 입장에 서고 내가 종속이론을 비판하는 입장에 선다는 것은 정해져 있었죠", 박현채, 정민 대담, 〈민족경제론—민족민주운동의 경제적 기초를 해명한다〉, 《현단계 제1집》, 1987, 412면.

근해야 한다.

2.
광주 5·18과
'민중론'의 역설

1장에서 소개한 바와 같이, 이번 장은 '광주기원론'과 같은 단절적 역사 인식을 극복하기 위해 '광주 5·18참사'를 식민, 신식민, 냉전, 분단이라는 20세기 전체의 흐름에 놓고, 1980년대 사상적 조류 속에서 박현채라는 역사적 중간물의 사상 실천을 재조명하여 1980년대 사상 상황의 모순과 징후 드러내기를 시도한다. 동시에 박현채 사상의 의의와 모순을 파악하기 위해 방법적으로 진영진을 참조 시야로 삼는다. 그런데 이 논의로 진입하기 위해서는 1980년 '광주 5·18참사'의 역사적 의의, 이론과 현실에서 '민중'의 대두가 갖는 모순적 함의 등과 같은 개략적인 배경 설명이 필요하다.

1980년 '광주 참사'와 사상운동의 주체성 문제

광주항쟁의 충격은 사회 비판세력의 정당성의 상징이었던 추상적이고 소박한 민중론의 한계를 벗어나, 구체적인 자본주의 발전에 착목하여 보다 과학적인 분석에 입각해 운동 주체를 정립하는 변혁론의 필요성을 절감케 했다. 여기서 이른바 '1980년대'라고 불리는 사회운동의 시공간이 열리기 시작한다. 한국전쟁 이후 소멸한 맑스주의가 부활했고, 한국 사회의 형태를 분석하는 치열한 사회구성체 논쟁이 전개되었으며, 그 분석 결과에 기초해서 선차적인 변혁 과제를 어떻게 설정하느냐에 따라 북한의 주체사상을 선례로 삼는 NL(민족해방)과 러시아의 레닌주의를 모델로 하는 PD(민중민주주의)라는 두 거대 정파가 만들어졌다. 사실상 북한 중심의 통일론에 방점을 둔 NL은 기존의 민중론을 민족론으로 이해했고(민족의 핵심으로서 민중), 남한의 독자적 변혁론을 내세운 PD는 그것을 계급론과 결합시켜 노동계급을 중심에 두는 광범위한 계급동맹론으로 변형시켰다(민중의 핵심으로서 노동계급).[118]

이 서술은 기본적으로 훗날 형성된 엔엘과 피디라는 구도를 정상적 논쟁 과정을 거쳐 형성된 것으로 본다는 점에서 전형적인 사후소급적 설정을 취하는데, 이 때문에 그 과정에 존재하는

---

118 김정한, 〈5·18 광주항쟁 이후 사회운동의 이데올로기 변화〉, 《민주주의와 인권》10(2), 2010.8, 175~176면.

단절과 왜곡의 측면을 보지 못하고 있다. 그럼에도 불구하고 이러한 전형적 서술은 사회구성체 논쟁의 의의가 훗날 학술연구의 장에서 광주 5·18과의 관계하에 어떻게 다시 인식되고 기억되는지를 잘 보여주는 사례라고 할 수 있다. 다시 말해 1980년 5월 광주에서의 희생은 지식사상계에 하나의 '충격'이었고, 동시에 각성의 계기가 되었다. 이로부터 1980년대 대규모의 사상 및 이론 논쟁의 구도가 형성되고, 제한적이나마 현실의 개방된 사회운동의 공간과 맞물리면서 더욱 급진화하는 추세를 형성하게 되었다.

그러나 실제 상황은 훨씬 복잡했던 것 같다. 1장에서 언급했던 것처럼, 1980년대 이후 남한 학술운동의 주요 조직자였던 사회학자 김진균은 당시 사회과학의 비주체성을 비판하면서 사회과학 혁신의 계기를 '문학'과 '경제'에서 찾고자 했다. 물론 주류 문학과 주류 경제학은 여전히 식민적 종속성과 냉전적 한계를 극복하지 못하고 있었지만, 적어도 1960년대 이래 지속해서 비판사상의 경제적 기초로 제기되었던 '민족(자립)경제론', 그리고 '분단' 문제를 적극적으로 사유하며 1970년대 제기된 '민족문학론'의 경우 사회과학자들에게 중요한 성찰 지점을 제공해준 것이다.

특히 1980년대 사상적 성찰에서 사회과학계가 1960~70년대부터 이미 '제3세계'라는 우회로를 거쳤음은 1980년대적 전환을 해명하는 데 있어 특기할 만하다. 왜냐하면 '제3세계'가 한편으로는 기존의 '근대화론'에 대한 비판적 이론의 근거가 되었지만, 동시에 '종속이론' 또는 '세계체계론' 등의 제3세계 이론이 갖는 한계가 또 다른 전환의 계기가 되기도 했기 때문이다. 김진균은 1980년대의 전환에서 제3세계가 하나의 '우회로'가 되었음을 다음과 같이 인지하고 있었다.

이 제3세계론적 시각은, 60~70년대를 거쳐 80년대에 전면화된 한국 사회의 부정적 측면을 분석하기 위한 지적 도구로서 넓은 공감대를 확보하기에 이르렀다. 그런데 제3세계론적 시각의 수용과정에서는 그것과 한국 사회현실과의 괴리, 한국 사회변동의 역사적 과정(특히 해방과 분단의 성격), 한국 사회의 자본주의화의 본질과 그것의 결과적 영향(특히 계급적 관계의 변화)에 대한 보다 투철한 인식이 뒷받침되지 못하였다. 그렇기 때문에 한국 사회의 여러 문제에 대한 보다 근원적인 파악이 자리 잡아 가고 있는 지금, 우리는 한국 사회에 대한 제3세계론적 인식이 80년대 전반에 우리 모두가 감수해야 했던 지적 '우회'의 한 모습이었다고 규정하게 된다. 지금 우리가 그것을 우회였다고 말하게 되는 것은, 80년대 전반에 비해 한국 사회의 문제에 대한 우리 스스로의 인식이 보다 심화되었기 때문이며, 이제는 보다 직접적이 언어로 우리 문제를 얘기할 수 있게 되었기 때문이다.[119]

---

119 김진균 외, 〈책머리에〉, 《제3세계와 한국의 사회학: 현대한국사회론》(돌베개, 1986), 7~8면.

김진균의 이와 같은 개괄은 1980년대 중후반 남한 사회과학의 문제의식이 1980년대 전반기 '제3세계론(종속이론 포함)'을 '우회로'로 삼을 수밖에 없었던 초기 상태를 극복하고, 더욱 '주체'적인 사회과학 지식의 생산을 지향했다는 점을 보여준다. 그런데도 이어지는 실제적 전개는 뒤에서 분석할 것처럼 오히려 모순으로 가득 찬 것이었다.

1980년 '광주 참사'를 계기로 남한에서 '식민'과 '분단'이라는 역사적 범주가 사회과학에 의해 포착되면서 1980년대는 가히 '사회과학의 시대'라 일컬어질 만큼 다양한 이론이 전개되고, 관련한 논쟁도 풍부했다. 민족문학에서 주목했던 '분단' 모순이 백낙청을 중심으로 제기되었지만, 당시에는 유효하게 논쟁에 개입하지 못하고,[120] 오히려 1990년대 들어 백낙청의 이론화를 통해 '분단 체제론'으로 본격적인 전개를 보인 반면, 1980년대 당시 '민족경제론'에서 제기했던 '식민성'과 '자본주의'의 문제는 논쟁 촉발자인 박현채의 예상을 일정하게 넘어 광범위한 반향을 일으켰다. 그 논쟁의 범위는 단순히 이론지식계에 멈추지 않고 사회운동과 상호작용하며 자가발전 및 확대재생산되었다. 이 과정은 박현채에 의해 사후에 '이론주의'라는 비판을 받았음에도 불구하고,[121] 박현채를 배제 및 고립시키는 방식으로 전개되었으며,

---

120 김진균, 조희연, "분단과 사회상황의 상관성에 관하여: 분단의 사회정치적 범주화를 위한 시론", 변형윤 외, 《분단시대와 한국사회》(서울: 까치, 1985).

구미 기원의 '새로운' 이론으로 무장한 2~30대 청년 연구자들이 대거 등장해 '박현채들'이 개입할 수 없는 복잡한 논쟁 형국을 만들었다. [122]

그런데 1990년 전후 전개된 '포스트 냉전'은 당시 혁명론에 미련을 가진 남한 지식사상계에 예상 밖의 사건이었다. '포스트 냉전'의 구체적 표현 가운데 하나였던 동유럽 사회주의의 동요와 붕괴는 남한 사상계에 충격을 가져다주었고, 좌익 지식인 대다수가 '사회주의'를 버리고 전향의 길에 오르게 된다. 순수 '마르크스주의 이론'으로 '침잠'하는 경우, 포스트-주의로 '탈주'하는 경우, 제도/형식적 민주주의(이른바 '의회주의')로 '투항'하는 경우 등 다양한 전향의 흐름이 출현했다. 그러나 엄밀히 말해 이러한 전향을 촉발한 '포스트 냉전'은 궁극적으로 '외부'적인 것이었고, 이러한 충격에서 비롯된 '전향'은 비주체적인 것이었다. 다소 냉혹한 비판일 수도 있지만, 정확히 말하자면 남한에서 '포스트 냉전' 국면은 남한의 주체적인 노력으로 얻어진 것이 아니라 '외부'에서 주어진 것이었다. 외적인 것이 이와 같은 대규모 전향을 초

---

121 박현채는 1989년 1월 14일 좌담에서 "이론의 관념화, 그리고 이와 같은 높은 차원의 이론의 제기에 의한 분파적 현상은 민주화라는 현실적 상황에 이기적으로 동조하면서 자기 위안을 얻고자 하는 일부 지식인류의 수단이라고 저는 생각합니다"라고 말하고 있다. 박현채, 법성, 김창호, 〈좌담: 사회적 실천에서 사상의 문제〉, 《사상운동》 창간호(한마당, 1989), 37면.

122 흥미로운 것은 논쟁의 촉발자였던 박현채와 관찰자였던 조희연에 의해 훗날 이 논쟁이 체계적으로 정리되었다는 것이다. 《한국사회구성체 논쟁 I-IV》(서울: 죽산, 1989~1992).

래했다는 사실은 역으로 그 전향 주체들의 역사적 부박함을 증명한다고 볼 수도 있다.

역사적 부박함의 원인은 역사적 단절이다. 역사로부터 단절된 지식은 '유행'처럼 짧은 순환을 마감하면 무기력감을 남기며 곧 역사 속으로 사라질 뿐이다. '광주'가 1980년대의 지식인에게 요구한 책임성에 응답하고자 수많은 지적 분투가 있었지만, 이 노력이 오히려 유·무의식적으로 '광주'를 1980년이라는 시간 안에 가두고 '광주'의 진정한 역사적 요구를 배반한 것은 아닐까? 만약 그렇다면 '광주'를 하나의 기원이나 목적이 아닌 그 나름의 역사를 갖는 사건으로 다시 위치 지울 필요가 있다.

'주체'로서의 '민중'의
부상과 탈역사화

1980년 5·18이 촉발한 지식사상계의 논쟁은 다양한 '민중론'의 경합을 낳았다. 1980년대 각종 '민중' 담론은 변화된 주·객관적 조건 인식을 계기로 변혁적 주체 형성 문제를 제기한 것이었다. 이 때문에 우선 객관적 측면에서는 분단 이후 심화한 '자본주의적 발전'이 분석되어야 했고, 주체적 측면에서는 1980년 '광주 참사'를 경험하면서 확인한 주체적 역량의 박약함이 문제화되어야 했다. 이 과제와 관련해 지식사상계는 자본주의에 대한 분석과 주체 형성의 문제를 동시에 사고하게 되었고, 박현채의 사상과제가 자연스럽게 광범위하고 공개적으로 주목받게 되었다. 왜냐하면, 1960~70년대 남한에서 비판적 지식과 사상을 전파했던 지식인 가운데 식민 이전과 이후의 비판적 사상체계를 직접 계승하면서 신식민적 조건에 대해 '과학'적 분석을 전개했던 사회과학자는 박현채가 거의 유일했기 때문이다.

흥미로운 점은 '민족경제론'이 '신식민성' 또는 '반식민성'으로 남한의 역사적 사회성격을 규명하고, 나아가 '사회구성체' 개념으로서 '자본주의', 구체적으로 '국가독점자본주의'라는 자본주의 단계 설정을 제기했다는 것이다. 이때 '사회학계' 일각에서는 후자에 주목해 '자본주의' 규정에 걸맞은 계급계층적 변화, 즉 자본-임노동 관계의 정착을 '실증'적으로 제시하고 이른바 종속이론의 한 판본으로서의 '주변부 자본주의론'이 주목한 '비공식 부문' 비대화를 반박하고자 했다.[123] 한편, '경제학계' 일각에서는 박현채의 '봉건파적 요소'를 극복하면서 박현채를 '자본주의 비판'의 '마르크스주의자'로 비판적 계승하고자 하는 시도들이 나타나기도 했다.[124] 이와 같은 사회과학계의 시도들은 '민중민주

---

123 서관모,《현대 한국사회의 계급구성과 계급분화》(서울: 한울, 1984).

124 이병천, 윤소영, 〈전후 한국 경제학연구의 동향과 과제: 정치경제학의 관점에서〉,《80년대 한국인문사회과학의 현단계와 전망》(역사비평사, 1988). 윤소영은 정윤형 홍익대 교수의 질문에 대한 답변에서 다음과 같이 말한다. "박현채 선생이 민족경제론과 국가독점자본주의론을 결합시키면서도 이전의 '봉건파적' 잔재를 완전히 불식시키지 못한 게 아니었던가라

파'(이른바 '피디') 분별 정립의 중요한 이론적 자원으로 귀결되었다. 이 과정에서 박현채가 '신식민성' 또는 '반식민성'으로 표현했던 '민족성'(이른바 '민족적 생활양식')이라는 역사/지리적 다원주의 접근 또한 자연스럽게 소실되었다. 물론 '민족경제론'의 이러한 운명 또한 박현채가 갖는 '역사적 중간물'로서의 곤경을 잘 표현해준다.

이 같은 사회과학 일각에서의 노력은 사실상 남한 사회의 '자본주의'적 성격을 증명하는 데 집중하고, 동시에 계급중심적 주체 범주로서 '민중'을 제출한 것이었다. 여기에서 '신식민' 또는 '반식민'은 사실상 외재적 변수, 또는 심지어 종속 변수로 전락하여, 본래 '반봉건'으로 분석된 내재적이고 주체적인 개혁의 구체적 대상은 돌연 실종된다. 전체 이론은 '자본주의 비판 이론'으로 환원되고, 동시에 주체 범주로서 여전히 '민중'을 원용하지만, 이는 이미 '계급' 중심적으로 추상화된 민중이 된다. 상대적으로 자본주의 증명의 노력과 달리 '민족 모순'을 강조하는 흐름을 '민족해방파'(이른바 '엔엘')라고 부르는데, 그 이론과 시각이 기본적으로 '북조선'이라는 역사적 내부이자 현실적 외부에 근거한다는 점에서, 적어도 이론사상적 층위에서는 '자본주의 증명'의 흐름(이른바 '민중민주')과 대칭적 관계를 형성할 수 없었다. 결국 '피

고 이야기했던 것입니다", 같은 글, 74면.

디'에 논의 초점을 맞춰 보자면, 피디와 엔엘의 구도는 기본적으로 피디가 이론적으로 대칭되지 않는 사상적 조류를 이론의 장으로 끌어와 가상적인 대칭 관계를 형성했던 것이라 볼 수 있다. 그 가운데 '민족해방' 노선의 사상은 이론주의적 타자화의 대상이 되었을 뿐이었다.[125]

사실상 1980년대 중후반 남한에서 다시 주목받은 광복 이후 북조선에서 전개된 '민족해방' 사상의 의의는 그것이 역사적 내부로서의 (북)조선에 접근하는 우회로였다는 데 있다. 이는 남한 현실과 직접 접점을 가질 수 없었기 때문에 재발견/재해석의 대상으로서 중요한 사상 자원이었다. 그러나 엄연히 존재해 온 '반공주의' 체제는 이 논의의 공개적 전개를 제약했다. 박현채의 어법에 따르자면, 당시의 엔엘/피디 논쟁 구도는 '차원'이 다른 문제를 평면적으로 논의하는 오류를 범한 것이었다. 결국, 1980년 '광주 참사'를 계기로 사회운동의 요구에 부응하고자 했던 '사회구성체 논쟁'은 주요하게 '자본주의'라는 현실의 인정 여부, 인식 방법 등을 둘러싸고 진행되었고, 자연스럽게 그 주도권은 '자본주의 증명파'들이 갖게 되었다. 그러나 이러한 조류는 자본주의, 계급 등과 관련한 '이론적 증명'에서 '실천'과 '주체'를 역사와의

---

125 '민족해방'과 '민중민주'의 비대칭성은 1990년대 이후 학계의 발전에도 반영된다. 사실상 1990년대 이후 '민족해방' 사상의 영향력은 학술 체제 내에서 거의 사라졌으며, 반대로 학술담론장에서 다기한 '포스트주의'의 영향을 받은 '민중민주'의 진화와 분화가 두드러진다.

매개 없이 연역하려 했다는 점에서 '이론주의적 편향'을 드러냈다. 즉, '이론주의'적 논쟁은 '이론'에 근거해 가상 논점을 제조하며 논쟁을 확대재생산했는데, 실제로는 대중 및 현실과의 유리를 심화했다는 점이 중요한 특징이다.

이러한 사회과학 일각의 담론은 기본적으로 '역사적인 것'과 '민족적인 것'을 배제하는 사상 흐름이었다. 결국, 1980년대 후반을 거치며 '민족'을 배제하는 이론적 접근은 현실 및 운동과 유리되는 결과를 낳았다. 그러나 이 현상에도 불구하고 이 지적인 흐름은 '관념성'과 '급진성'이 특징인 학생운동세력과 신세대 이론가들을 기반으로 학술계 내부에서 더욱 격렬한 논쟁과 분화를 형성하며 일정하게 '과잉 대표성'을 획득했다. 이런 과정을 거쳐 '민족'이 부재한 '민중민주'는 오히려 진정한 '민중'으로부터 멀어졌고, 실제로는 '계급'이라는 이론/보편 범주를 중심으로 역사적 평면화를 완성한다. 이에 따라 역사적 특정 조건이 소멸하고 이른바 '포스트 냉전'에 접어들면서, 80년대 '민중론'의 대두로 잠복해 있던 '시민' 개념이 주체론의 일각을 다시 차지하게 된다.[126]

본래 '민중'은 80년대 이전에도 줄곧 '민족', '민주' 등의 개념

---

126 시민 개념이 복원된 배경으로 두 가지를 들 수 있다. 첫째, 현실 사회주의의 붕괴에 따라 유럽의 사회민주주의 이론이 다시 도입된 것이다. 둘째, 남한 사회를 인식하는 데 있어서 비판적 지식사상계가 '한국'의 경제성장과 민주화 및 국가정상화(이른바 유엔 가입)를 하나의 '새로운' 조건으로 강조하기 시작했던 것이다.

과 유기적으로 결합해 쓰였지만, 그 범주들 사이의 관계는 명확히 제시되기보다는 실천과 결합해 표현되었다. 그러나 1980년대 '민족'이 외재화되거나 부정된 이후, '민중'은 비록 주체로 간주되긴 하지만, 그 함의는 자본주의적 계급 인식이라는 차원에서 추상화된다. 이와 같은 민중 개념은 기본적으로 사회학 및 경제학적 이론에서 연역되는 민중이라는 의미에서 '역사적 개방성'(실천의 장역)에 참여하지 못하는 추상적 '민중'이 된다. 다시 말해, 사회학과 경제학 등의 사회과학은 마르크스주의라는 하나의 이론적 지향을 했음에도 불구하고, 역사적 '단절'을 전제하며 이론의 주체성을 기대할 수 없었고, 동시에 실천성도 자연히 박약했다. 결국, 역사로서의 '민족'이 없는 '민중'은 '이론'으로만 존재했을 뿐 실천과 결합할 수 없었고, 따라서 진정한 '민주'의 주체가 될 수 없었다.

3.

민중론의 재역사화와
박현채의 민중론

1980년 광주 5·18참사를 계기로 새롭게 대두된 주체 범주로서의 '민중'은 상술한 바와 같은 탈역사화의 흐름을 거쳤다. 하지만 재역사화 또는 역사의 정합성이라는 시각에서 볼 때, 일정하게 전통을 형성해 온 '민중' 개념은 남한 사회 개별 특수성 해명의 실마리를 제공할 수 있다. 나아가 권역적 상호참조라는 방법으로 민중 개념의 실천적 함의를 재발견할 수도 있을 것이다. 우선《한국민중론의 현단계》에 중요한 참고사항이 있다.

1980년대에 들어오면서 우리 사회의 학계나 민족민주운동권은 모두 소위 사회구성체 논쟁에 몰입하게 되었다. 그러면서 1970년대 사회운동의 수준은 인권적 차원의 부르주아적 낭만성의 단계로 비판되었고, 앞으로의 사회운동은 단순한 반정부투쟁적 한계를 벗어나 과학성과 역사성에 기초한 변혁운동으로 나아가야 한다는 강론이 전면에 드러나게 되었다. 이런 과정에서 1970년대 재야인사들의 활동은 재평가되면서 운동권의 세대 간 갈등도 표면화되게 되었다. 이것은 비단 세대 간의 갈등에만 그치는 것이 아니라 변혁운동의 전망을 둘러싼 노선상의 갈등, 소위 사투의 수준으로까지 나아갔다.[127]

이러한 언급이 제기된 1989년은 사회구성체 논쟁 또는 사회성격 논쟁이 여러 복잡한 과정을 거쳐 이미 병목 지점에 다다른 시기였다. 앞서 언급한 바와 같이, 박현채도 이즈음 본격적으로 논쟁의 이론주의, 즉 실천과의 유리를 적극적으로 비판한다. 대략 1980년대 후반 논쟁 과정에서 주변화한 앞 세대 학자들은 이미 계급 또는 민족이라는 고전적 이원 대립 구도에서 민중이 '추상화'되었다는 문제의식으로 역사적 정합성에 기반을 둔 민중론을 다시 제기하고자 한다.

전술한 바와 같이, 남한의 1970년대는 1970년 11월 13일 전태일의 분신이라는 사건으로 열렸다. 이 사건은 사회적으로 커다란 충격이었고, 박정희 군사 독재 정권이라는 제약에도 지식인과 학생이 노동 문제에 관심을 두는 계기가 되었다. 그러나 1970년대 사회운동과 노동운동의 흐름은 1980년 광주 참사를 거치며

---

127 김성재, 〈책을 펴내면서〉, 한신대학 제3세계문화연구소 엮음, 《한국민중론의 현단계》(돌베개, 1989), 3면.

시대적 한계를 지닌 것으로 평가되었다. 이와 같은 평가를 둘러싸고 논쟁은 양적으로 크게 확대되었으나, 주체성의 부재로 인한 한계가 뒤늦게 선배 세대 지식인들에 의해 다음과 같이 지적된다.

세대 간·노선 간의 갈등이 현재화되면서 1970년대의 '민중' 대신에 민족모순과 계급모순의 관계에 대한 조명이 1980년대 진보적 한계의 중심 주제가 되었다. 또한 이론과 실천의 결합이라는 과제를 위해 기존 학과와의 일정한 단절은 불가피하게 되었다. 이 과정에서 1980년대 진보적 학계를 소장학자들이 주도하게 되면서, 학술운동으로 사회변혁운동에 참여할 것을 선언하는 학술운동연합의 차원으로까지 비약하게 되었다.

진보적 학술운동의 이러한 일련의 과정을 천착해 볼 때, 무엇보다도 **주체적인 논의구조** 속에서 이루어져야 했을 최근의 사회구성체 논쟁이 **우리 학계 자체의 역사성**을 갖는다기보다 일본식 논의의 직접적 반영으로써 활성화되었다는 면을 뼈아프게 지적하지 않을 수 없다. 바로 이 점이 **학문의 보편성이라는 이름하에 전통적이고 자주적인 학맥이 부정당하는 제3세계 국가들의 학문적 불구성의 비참한 현실**이 우리 사회에도 그대로 드러나고 있다는 것을 보여주는 구체적인 일면이다.

우리나라 진보적 학계가 갖는 이와 같은 **학맥의 단절상**을 직시해 보면서, 그렇다면 사회변혁을 전망하는 진보적 학풍의 맹아를 어디에서 찾을 수 있겠는가를 자문해보았다. 식민지적·신식민지적 조건하에서 민족과 계급의 문제를 자주적으로 규명해보려는 노력 속에서 부상된 '민중론'을 학문적으로 체계화하려는 작업이 이루어지지 않고서는 **오늘날 사회구성체 논의는 우리 사회 안에서 역사성을 갖지 못하는 것이 아니겠는가?** '민중'으로 가시화된 인간해방의 궁극적 목표 속에서 민족과 계급의 문제를 다각적으로 규명하는 것이 진보적 학술운동의 도덕적 기반이지 않겠는가? 따라서 1980년대 사회구성체 논쟁이 1970년대 민중론의 연장선상에서 이루어져야 한다는 결론에 도달하게 되었다.[128]

이 문제 제기는 '주체성'을 상실하고 '역사성'을 갖지 못한 우리 학문과 지식 상황에서 오히려 역사성을 갖는 주체 범주로서의 '민중'을 논하고 역사적 정합성을 구축해 극복하려 한 것인데, 주요 극복 대상은 구체적으로 민족과 계급이라는 정태적이고 탈실천적인 논쟁 구도였다.

남한 민중사학의 기초를 놓았다고 평가받는 정창렬(1937~2013)

---

128 같은 책, 3~4면. 이는 1989년 8월 한신대학 제3세계문화연구소장으로 있던 김성재의 언급이다. 이 책의 기본 바탕은 1988년 11월 7일에 개최된 심포지엄 '한국 민중론의 학문적 정립을 위한 대토론회'다. 역사학의 정창렬(1937~2013), 경제학의 박현채(1934~1995), 사회학의 김진균(1937~2004), 철학의 이준모(1935~), 신학의 김창락(1936~), 교육학의 김성재(1948~)의 발표문을 수정 보완해 단행본으로 엮은 것이다. 이 책은 문제의식의 차원에서 역사상의 재구성, 즉 역사적 정합성 추구를 제시하고 있지만, 역사학, 경제학, 사회학, 철학 등 현대 지식체계의 분류를 따라 구성한 점은 신식민적 학술 체제의 현실적 한계를 반영한다.

의 글에서 그가 박현채와 공유하는 기본 역사 인식을 볼 수 있는데, 핵심적으로 민족과 민중의 역사적 상관성을 명확히 밝히고 있다. 정창렬은 "한국 역사상의 재구성이, 1970년대와 1980년대의 한국 현실에 의해서 평지돌출로 갑자기 제기된 것은 아니었다. (중략) 주체적 민족의식 확립의 역사 속에서의 현실적 필요라는 요구에서 이루어진 민중적 관점의 첫 사례로서, 우리는 1894년 11월 12일의 정부군, 지방군 그리고 민에 대한 동학 농민군의 다음과 같은 호소를 들 수 있다"면서 당시 동학농민군의 호소문을 다음과 같이 인용하고 있다.

금년 10월에 개화 간당이 외국과 체결하여 승야乘夜 입경하여 군부郡父를 핍박하고 국권을 천자하며 더욱이 방백 수령이 다 개화당 소속으로 인민을 어루만지지 않고 살륙을 하며 백성을 도탄에 빠트림에 이제 우리 동학도가 의병을 들어 왜적을 소멸하고 개화를 제어하며 조정을 깨끗이 하고 사직을 안전케 할 새, 매양 의병 이르는 곳에 병정과 군교軍校가 의리를 생각지 않고 나와 접전함에 (중략) 기실은 조선끼리 상전하자 하는 바가 아닌데 이와 같이 골육상전하니 어찌 애달프지 않으리오. (중략) 조선 사람끼리야 도는 다르나 척왜와 척화는 그 의가 마찬가지라 두어 자 글로 의혹을 풀어 알게 하노니 각기 돌려 보고 충군우국의 마음이 있거든 곧 의리로 돌아오면 상의하여 같이 척왜 척화하여 조선으로 왜국이 되지 않게 하고 동심 합력하여 대사를 이루게 하올 새라(후

략).[129]

이어서 정창렬은 "이와 같이 한국 현실에 대한 파악에서 민중적 관점이 처음으로 성립됨에서, 그 주요한 계기는 '민족적 과제 해결의 담당주체로서의 민중'이라는 인식이었다"고 판단하면서 민중론의 역사적 연원을 19세기 말 동학농민운동에서 찾는다.[130] 주지하다시피, 동학농민운동은 조선의 지배권을 둘러싸고 청일전쟁이 전개되며 조선 내부의 모순적 상황이 외세 개입을 매개로 저항으로 표현된 사건이었다. 이 시기에 '민족'과 '민중'은 밀접한 관계를 형성하며, '관계론'적인 민족 개념과 이를 전제로 한 주체 범주로서 '민중' 개념의 초보적 형성이 관찰된다는 것이다.

그러나 이들 후진지역에서는 자본주의적 관계의 발전이 미숙하거나, 또는 자본주의적 관계가 아직 발생하지 않았기 때문에, 인간집단으로서의 민중의 형성에서 계급적 요인의 작용은 민족적 요인의 작용보다 훨씬 미약하였다. 따라서 근대세계=세계자본주의 체제 속에서 발전이 뒤떨어진 지역에서 민중이 형성됨에는, 민족적 요인이 매우 중요한 역할을 하게 되었다. 바꾸어 말하면 발전이 뒤떨어진 지역에서의 민중의 형

---

129 告示·京軍與營兵而教示民,《東學亂記錄》下, 379면. 같은 책, 13면에서 재인용.

130 정창렬, 〈한국에서 민중사학의 성립·전개과정〉,《한국민중론의 현단계》(돌베개, 1989), 13~14면.

성은, 민족주의·민족운동의 전개와 매우 유기적인 관계를 맺게 되었다는 것이다.[131]

정창렬은 일제강점기 사학계에 실증사학과 유물사관이 존재했으나, 전자는 민족 관점이 부재했고, 후자는 소수이면서 동시에 민족 자각이 미약해 공히 현대주의적 역사의식을 근거로 삼으며 주체적 역사학을 형성하지 못했다고 본다. 게다가 해방 이후 사학계는 분단과 내전을 거치며 식민지주의적 사학이 지속되었으나 내용에 차이가 있었다. 냉전 질서 속에서 주류를 점했던 사학은 바로 '근대화론'에 입각한 실증주의 사학이었다. 그러나 4·19를 계기로 민족의식을 재각성하면서, '정체론'으로 집약되는 식민주의 사관의 극복이 시도되었다. 이러한 발전 과정에서 일제강점기 신채호, 백남운白南雲[132]의 역사 및 경제에 대한 사상적 작업이 다시 조명된 것이다.

신채호의, 역사 발전 주체로서의 민중인식, 민중형성의 계기로서의 민족모순과 계급모순의 인식, 민족모순의 주요모순으로서의 인식, 그리고

---

131 같은 책, 14~15면.

132 백남운(1894~1979): 북조선 정치가로서 국내파이며 교육부 장관, 최고인민회의 의장 및 조국통일민주주의전선 위원장을 역임했다. 동시에 한반도 경제사를 연구한 학자였으며, 광복 이후 남조선 신민당과 민족주의민주전선에 참여했고, 1948년 4월 남북협상 참가 차 월북했다.

민족혁명노선의 사회과학적·현실적 정초 등은 획기적 의의를 갖는 것이다.[133]

민족인식에서 백남운이 차지하는 위치는, 사회구성의 내면적·내재적 발전에 의하여 한국 민중의 생활과정이 변화·변동되고, 따라서 계급관계가 변화·변동되며, 그 변화·변동에 터전하는 계급투쟁의 동력에, 한국 민족해방의 길이 유기적으로 결착되었다는 점이었다.[134]

같은 인간 집단이, 사회적·현실적 생활과정에서 보면 민중이고, 민족적 입장·민족 모순에서 보면 민족이 되는 것이 아닌가 생각된다. 곧 민중이 민족이고, 민족이 민중이었다고 보인다. 따라서 백남운의 민중개념은 신채호의 그것과 거의 일치한다고 생각된다.[135]

여기에서 특히 정창렬이 파악한 백남운의 민족 및 민중 개념의 함의는 박현채의 인식과 거의 일치함을 알 수 있다. 그러나 이러한 재조명에 입각한 사학계의 노력이 있었음에도 불구하고, 전후 남한의 조선후기사 연구 및 개항기 연구는 '부르주아 계급 또는 근대시민계급의 성립과 성장' 측면을 강조하는 목적론적 역사 서술의 양상을 띠고, 결국 '민중'은 '주체'로 인식되지 않았다. 이러한 전후 사학의 동향을 '자본주의 맹아론'이라 개괄할

---

133 같은 책, 20면.

134 같은 책, 26면.

135 같은 책, 27면.

수 있다. 1970년대 후반이 되어 사학계는 이의 반성에서 출발해 '민중사학론'을 제기했고, 1980년대가 되면 사학계와 사상계에서 민중사학 논의가 전개된다. 사회구성체론은 이 과정에서 단순히 '민족=민중'이 아니라, 신식민 조건하의 민중 생활조건을 재생산하는 물질적 기초에 대한 이론적 분석에 기반해 '계급' 범주를 포함하는 '민족=민중' 입론을 복잡하게 제기하게 된다.

그러면 박현채는 어떻게 민중을 인식했고, 또는 어떻게 1980년대를 마주했을까? 1987년 《실천문학》에 실린 박현채와 소설가 송기숙의 대담은 1980년대에 박현채가 민중론에 관해 가졌던 태도를 비교적 명확하게 보여준다.

흔히 민중의 시대가 왔다고 말하는데, 민중의 문제보다는 민족의 문제를 먼저 생각해보자 이겁니다. 우리의 논리전개를 주어진 현재의 상황에서 우리는 민족주의적인 자기요구를 갖고 있다고 보고, 그와 같은 요구 위에서 오늘 민족적인 것이 왜 민중적인 것이 되는가부터 따져보자 이겁니다. 그렇게 따져가야지, 민중문제를 먼저 제기하고 그 위에서 민중의 양적 성장이나 그들의 사회적인 비중이랄지 그들의 요구랄지 하는 것을 먼저 논의하는 것은 곤란할 것 같습니다. 적어도 한국민족주의 운동의 역사 속에서 민중이 담당하고 있는 역할, 그들이 걸머지고 있는 과제 등의 측면에서 문제를 풀어보는 것이 옳지 않을까요?[136]

이 단락에서 우리는 박현채가 '민족주의적 자기 요구'를 하나의 전제로 삼으면서 '민족적인 것=민중적인 것'을 하나의 역사과정의 산물로 인식하고 있음을 알 수 있다. 동시에 박현채는 '민중' 문제를 먼저 꺼내 문제를 제기하는 방식이 '곤란'하다고 경계한다. 그는 '민족'이라는 역사적 범주가 없이 제기되는 '민중' 문제는 마치 '민족' 없는 '계급' 문제를 제기하는 것과 마찬가지로 모종의 '과도한 현실주의'(즉 이론주의)적 편향을 낳는다고 보았다. 그래서 박현채는 '주체'로서의 민중을 '민족주의'적 관점에서 제기하게 된다. 특히 박현채는 '민족해방'이라는 과제가 실현되거나 완성된 바 없고, 여전히 유효한 과제임을 확인한다.

8·15 이후가 엄밀히 말하자면 해방 후가 아니라 '전후'일 수밖에 없다. 다시 말해 민족해방에의 요구가 8·15로 충족되지 않았다, 그리고 진정한 민족해방을 가져오지 못했다는 인식 위에 설 때, 오늘 우리는 통일 자주민족국가의 수립이라는 민족주의적 과제를 안고 있지요. 또 이러한 과제는 우리의 민족을 구성하고 있는 각 계층 중에서 그 요구를 걸머지고 수행할 수 있는 계층, 또는 계급이 어디에 있느냐 하는 것이 중요한 문제로 됩니다.[137]

---

136 박현채, 송기숙 대담, 〈80년대의 민족사적 의의〉, 《실천문학》(8호), 1987, 21~22면.

137 같은 글, 22면.

사실상 '8·15해방' 또는 '8·15광복'이라는 명칭은 여전히 통용되고 있다. 그러나 박현채가 제기하는 바와 같이 이러한 명칭 자체가 역사적 망각의 효과를 낳는 것이어서 정명의 대상이 된다. 박현채는 일찍부터 이 문제를 인식하고 있었던 것으로 보인다. 박현채는 1945년의 8·15 이후부터 1980년대까지 민족해방의 과제가 줄곧 유효했다고 본다. 이러한 역사 인식에 힘입어 그는 식민과 신식민을 연속적인 역사로 파악할 수 있었을 것이다.

그렇기 때문에 오늘 전환기적 의미가 내포하는 민중의 대두라고 하는 것은 그것이 민족 주체로서의 민중의 대두라는 점에서 문제의 핵심이 되는 것입니다. 즉 오늘의 상황에서 건전한 민족 부르주아 세력이 존재한다면 그들의 경제적 기반과 더불어 민족해방을 위한 가장 소망스러운 주체적 담당자가 될 수 있는 것인데, 오늘 우리의 상황은 그러한 민족 부르주아지가 존재하지 않고 존재하는 부르주아는 거의가 매판 그 자체라는 사실의 인식 위에서 바로 민족 주체로서의 민중의 중요성이 제기되는 것이 아닌가 합니다. 그래서 우리가 이 시점에서 생각해야 할 것은 1980년대라고 하는 전환기의 상황에서 민족의 자주성을 회복하려고 하는 민족주의적 과제가 정면으로 민중이라고 하는 주체세력을 통해서 제기되었고 바로 그러한 것들이 바로 반외세의 통일문제이고, 그 문제를 생각함에 있어서 관념적인 자기요구가 아니라 노동자·농민·도시빈민들의 실제 생활상의 요구에 의해서 민족의 자주·자립이나 외

세의 지배로부터의 분단 극복 등이 제기되고 있는 것이 아니냐 하는 점일 것입니다.[138]

이와 같은 맥락에서 '민중'은 하나의 역사적인 현실 주체가 된다고 볼 수 있다. 왜냐하면, 민중은 역사적인 민족주의의 과제를 부여받으며 동시에 그와 같은 역사성이 초래한 현실 모순의 담지자가 되어 현실에서 실제 생활로부터의 요구를 갖는 주체이기 때문이다.

앞서 언급한 책, 《한국민중론의 현단계》에는 박현채의 〈민족경제론적 관점에서 본 민중론〉이라는 글도 실려 있는데 비교적 체계적으로 민중론을 제기한다.[139]

민족경제론은 식민지종속형에서 비롯된 한국 자본주의의 지난날의 식민지적 상황과 오늘에 있어서 신식민지적 상황을 한국 민족주의의 역사적 과제의 실현이라는 사회적 실천상의 요구 위에서 설명하고 그것에 답하기 위한 노력에서 제기되었다.[140]

---

138 같은 글, 22~23면.

139 이 글의 목차는 1. 민족경제론적 관점과 민중론, 2. 개념으로서의 민중, 3. 역사 속에서의 민중, 4. 오늘날의 민중, 5. 맺음말로 구성되어 있다.

140 같은 책, 41면.

이 단락에서 확인된 것처럼 중심어로 제시된 것은 '민족주의'
다. 박현채는 '민족주의'라는 관점에서 이론과 실천 및 사상의
문제를 제기해 왔는데, 그의 '민중론' 또한 마찬가지의 맥락에서
제기되었음을 알 수 있다. 두 번째로 확인되는 것은 '지난날의 식
민지적 상황'과 '오늘에 있어서 신식민지적 상황'을 한 쌍의 설명
대상으로 설정하고 있다는 점이다. 그는 먼저 '식민'의 연속성을
강조하면서 동시에 '신식민'적 상황의 차이를 인지하고, 이를 "사
회적 실천상의 요구 위에서" 통합적으로 설명하고자 했다. 그리
고 이 설명의 이론적 범주로서 '자본주의'를 설정하고, 이를 구체
적으로 '식민지 종속형'의 자본주의라고 규정한다.

이어서 그는 '민중'의 민족경제론 내에서의 위상을 설명한다.

민족경제론의 주요 구성부분의 하나로서 민중론은 민중을 민족경제론
의 주체로 본다. 왜냐하면 민중이 기본적으로 역사의 주체, 진보의 주
체, 역사에서 인간해방의 대상이기 때문이다. 민중은 인간의 원초적 존
재 양식이었으며 이것이 계급사회로 이행함에 따라 계급적으로 소외·
억압당하고 있는 직접적 생산자이기 때문이다. 오늘 이런 것들은 구체
적인 민족문제를 생각할 때에도 동일하다. 오늘 우리의 상황에서 민중
은 민족의 자주독립, 통일, 민주주의의 주체로서의 민중이다. 따라서
민중은 민족경제론적 입장에서 볼 때 한 사회의 주요모순에 대응하는
개념이고, 이들은 민족경제에 자기 재생산의 기반을 갖는 데에서 민족

적일 수밖에 없고 그런 의미에서 민중적인 것은 민족적일 수밖에 없다고 말해진다.[141]

이처럼 민중의 함의는 역사의 주체, 진보의 주체, 인간해방의 대상 등 여러 차원을 포괄한다. 그러나 계급사회에서 민중은 억압받고 소외당하는 직접 생산자이며, 조선/남한의 구체적 민족 모순 속에서 민중은 자주독립, 통일, 민주주의의 주체가 된다. '통일'의 주체로 제시됨은 '분단'(그리고 '신식민') 극복의 주체로서의 제시다. 부연하자면, 박현채가 제기하는 민중은 역사성의 조명하에서 남한 사회의 특수성과 구체성을 반영하는, 즉 '주요모순'에 대응하는 주체 개념으로서 '민중'이다. 그리고 민족모순의 역사성으로 인해 직접생산자로서의 민중이 추구하는 목표는 식민-신식민에 의해 파괴되고, 왜곡된 생활양식의 복원 또는 재건이 된다. 이 때문에 민중적인 것은 민족적일 수밖에 없고, 신식민의 조건하에서 민중적 민족주의가 전체 민족주의를 대표할 수밖에 없다는 논리다. 그렇지만 조선과 남한의 역사 속에서 민중적 민족주의는 부단히 좌절하게 된다.

---

141 같은 책, 42~43면. 이러한 맥락에서 '계급'은 기본모순에 대응하는 것으로 해석되는데, 박현채에게 (신)식민시에서 주요모순은 늘 민족모순이며, 계급모순은 주요모순을 해명하기 위한 '이론' 범주 또는 형식논리로만 존재한다.

우리 사회에 있어서 국가권력의 전개는 기본적 성격에서 자본가적인 것이지만 일제 식민통치하 전근대적 유제와 총독부정치의 잔재는 미국적 민주주의의 도입에도 불구하고 전제적인 경찰국가적 요소를 잔존시키는 것이었다. 그리고 자파 정치세력의 확충과 민족민중적 세력에의 대응으로서 주어진 이데올로기적인 분단 논리로서의 반공이데올로기는 1920년대 중반에 이미 민족해방을 위한 민족주의 운동에서 탈락한 우파 민족주의자로서의 매판적 거대자본, 전근대적 상인자본, 구 지주세력을 축으로 식민지하 매판적 지식인, 식민지 관료를 자기기반으로 하는 것이었다. **이런 것들(반공주의적 상황)은 6·25에서 강화되고 1960년의 4·19와 같은 민족적인 지향이 없었던 것은 아니나 5·16에 의해 재편되면서 고도의 대중조작적 기능까지를 동반하는 것이었다.** 1962년 이래의 한국자본주의에서 국가독점자본주의에로의 전이는 이 것을 더욱 강화하면서 그 사이 1980년의 '서울의 봄',[142] 1987년 6·29선 언에서 오늘의 민주화논리에 이르게 하고 있으나 본질에 있어서 큰 변화는 없다.[143]

이 단락에서 박현채는 재차 남한에서 식민과 신식민의 정치경제적 연속성을 강조하고, 이를 전제하며 신식민적 상황에서 '이

---

142 서울의 봄은 1979년 10월 26일 박정희 대통령 암살 이후부터 1980년 5월 17일까지 남한 사회에서 민주화 운동이 활발했던 시기를 말한다.

143 같은 책, 55면.

데올로기적 분단 논리로서의 반공이데올로기'가 '고도의 대중조작적 기능'을 동반하는 것으로 본다. 게다가 이와 같은 상황은 국가의 기능이 전면화하는 국가독점자본주의 시기에 더욱 강화되었고, 1980년대까지 지속되었다. 이는 분단의 '내면화'라 할 수 있는데, 내전을 거쳐 공고화된 분단은 반공주의 이데올로기의 전면화에 힘입어 이 같은 역사를 겪지 않은 세대를 포함해 남한 사회 전체 구성원의 의식과 정서에 침투했음을 의미한다. 게다가 그는 이러한 상황이 '민주화' 운동이 활발해진 시기에도 본질적으로 지속하고 있다고 본다. 그는 '민주화'가 가지는 이론적 담론 또는 제도적 상층에 제한되는 한계를 인지하고 있었다.

그러나 그는 동시에 '민중론'의 한계를 명확히 지적한다. 즉, 이러한 '민주화'의 과대평가를 경계하고 비판하기 위해 제시된 그의 '민중론' 또한 '논리적인 것'일 뿐임을 명확히 인지하고 있다. 실천과의 융합을 불확정적으로 열린 과제로 제시하며 '민중'에 대한 낭만주의적 접근을 경계하는 것이다.

한국자본주의의 구체성, 국가권력의 편파성, 그리고 그것 위에 기초하는 모순관계는 한국 사회에서 민중을 일부 매판적인 거대독점자본과 일부 정권참여자를 제외한 전 민족적 구성으로 되게 한다. 그러나 이것은 논리적인 것일 뿐이며 반드시 현실적인 것은 아니다. 그것은 민중의 민중의식에 의한 자기각성 그리고 사회적 실천에 의해서만 사회적 실체

로 될 것이다. 민중적인 것은 민족적인 것일 수밖에 없다. 그리고 이것
은 오늘의 상황에서 그렇게 될 수밖에 없다.[144]

즉, 신식민성의 구체적 발현으로서의 국가독점자본주의는 정
치경제적 차원에서 광범한 민중을 낳고 있으나, 현실에서는 역사
적으로 지속해 온 반공이데올로기가 '민주화' 담론에도 불구하
고 강력하게 작용하면서 분단이 사회 전체 성원에게 내재화되었
기 때문에, 결국 논리적 인식과 현실적 실천의 결합은 그저 가능
성의 차원일 뿐이라는 것이다. 이러한 판단으로 볼 때, 박현채는
늘 논리와 현실 사이의 거리에 주의했고, 동시에 실천이라는 매
개를 통해 양자 사이의 거리를 극복하려 했음을 알 수 있다. 그
렇지만 '실천' 가능성의 정치적 조건(특히 '당'의 문제)에 관해서는
명확한 답안을 제시하지 못했다.

144　같은 책, 58면.

4.
진영진의 남한 콤플렉스와
사회성격론

　전지구적 포스트 냉전 전환 과정에서 1980년대 남한 또한 개
방적이고 불확정적인 사상 공간을 경험했다. 특히 1980년대 '광
주 참사'를 기점으로 '민중'이라는 주체적 담론이 지식사상계 전
반을 압도하기도 했다. 이 시기 당대의 역사적 중간물로서 박현
채는 사회구성체 논쟁을 제기함으로써 이러한 전환에 비판적으
로 개입했다. 그의 사상 실천은 하나의 역설을 문제화하고 있는
것 같다. 즉, 냉전 체제의 동요하에 1980년대 사상의 개방적 공
간이 열렸지만, 지식사상 주체는 포스트 냉전에 부합하는 자기
전환을 이루어내지 못했고, 한편으로는 민중으로부터 다른 한
편으로는 실천으로부터 유리됐다.

　대만의 진영진은 대만에서 전개된 포스트 냉전적 전환의 맥락
에서 같은 신식민 조건에 처해 있던 남한의 사상 상황을 주목했

다. 아래에서는 문학에서 정치경제학으로 전환했던 진영진의 사상궤적으로부터 남한에 대한 참조적 시각을 얻고자 할 것이다.

제3세계 인식하의 남한 콤플렉스

2장에서 살펴본 바와 같이, 진영진은 일찍이 '전통문화' 재인식의 필요성을 초기 작품에서 제시했다. 1980년대 초반에 이르면 그는 '냉전-신식민' 상황의 지속하에서 '사상의 빈곤'이 심화하는 문제를 절박하게 인식하고, 남한, 필리핀, 태국 등과 같이 동일하게 '신식민'하 '제3세계'의 조건에 처해 있는 국가들을 참조점으로 삼아 사상의 빈곤을 해결하고자 한다. 1982년 린다 제이빈(Linda Jaivin, 1955~)과의 인터뷰에서 진영진은 다음과 같이 전통, 제3세계, 인민, 사상에 관한 사유들을 제시한다.

제3세계의 지식인은 자신의 **전통문화**를 비판적으로 평가하고, 전통문화의 재인식을 진행할 책임을 부여받고 있다. (중략) 제3세계 지식인은 마땅히 인민 속으로 들어가 그들의 일원이 되어야 한다. (중략) 우리는 진정으로 **남한, 필리핀, 태국**의 작품을 소개해야 한다. 우리는 그들과 함께 서로의 문학작품을 통해 이 상황을 **상호 학습**할 수 있다. (중략) 이곳에는 적지 않은 작가들이 있고, 아마 모두들 좋은 작가이며 좋은 사람들이겠지만, 그들이 반드시 명민한 **사상가**인 것은 아니다.[145]

아울러, 이 시기에 진영진은 여전히 역사적인 '중국성'을 견지하면서도, 중국 대륙의 현실적 전개에서 대만 사회 모순의 해결 방안을 찾았던 과거 자신의 시도를 '황당'한 것이라고 반성한다. [146]

당시 나는 중국 대륙의 발전 속에서 여러 문제의 답을 찾고자 했다. 지금 나는 그것이 황당한 것임을 안다.[147]

진영진이 제3세계 지식인이 '인민' 속으로 들어가 그들의 일원이 되어야 한다고 했을 때, '대만'의 주체적 관점에서 보면, 이 '인민'은 현실적인 '당'이 부재한 인민이다. 신식민 및 분단 조건에서 '당'은 혁명당과 자유주의 정당을 막론하고 유효하게 '인민'에 의한 당으로 존재하기 어려운데, 이런 맥락에서 보면 진영진이 말하는 '인민'은 사실상 박현채가 말하는 '민중'에 해당한다. 결국, '중국' 사회주의나 '북조선' 사회주의는 역사적 참조점이 될 수는 있지만, 주체 형성을 고려하는 현실모순 또는 주요모순

---

145 陳映真,〈論強權, 人民和輕重(1982)〉,《思想的貧困: 陳映真作品集6》(台北: 人間出版社, 1988), 5~8면.

146 박현채는 '차원'이 다른 인식을 여러 번 강조한 바 있다. 그래서 '신식민성' 인식은 이와 같이 분단에 대한 평면적인 인식을 차원이 다른 비대칭적 인식으로 수정하는 것을 포함한다.

147 같은 글, 8면.

의 맥락에서 보면 대만과 남한에 직접적인 참조점이 되기 어려
웠다. 이것이 진영진에게는 '신식민' 인식의 배경이 되었다고 볼
수 있다.

이러한 맥락에서 진영진은 자신의 독특한 '문학사상'을 갖게
되었다. 포스트 혁명 시기 신식민적 조건에서 인간의 모습 자체
가 '사회주의 중국'에서처럼 '적극적'이고, '희망찬' 것으로 표출
될 수 없었기 때문이다. 오히려 문학으로 실패, 좌절 그리고 타
협을 그려내 "현대인의 운명을 지배하는 '힘'"을 인식할 수 있다
고 보았다.

> 만약 누군가 '적극'적이고, '희망찬' 투쟁을 써낸다면, 그것은 대만에서
> 속임수가 된다. (중략) 몸부림치는 사람이 실패하고, 좌절하고, 타협하
> 는 것이야말로 비로소 현대인의 운명을 지배하는 힘이 아주 거대하다
> 는 것을 설명하는 것이다.[148]

신식민/분단 조건하에서 진영진은 오히려 '현대인의 운명을
좌우하는 힘'을 문학의 대상으로 삼고자 했다. '힘'에 관한 인식
이 명확해야 그에 대한 대응과 행동도 낭만주의나 패배주의로
빠지지 않으며, 적절한 개입지점과 전략을 제시할 수 있기 때문

---

148 陳映真, 〈陳映真的自白-文學思想及政治觀〉, 《思想的貧困: 陳映真作品集6》(台北: 人間出
版社, 1988), 36면.

이다. 이는 박현채에게서 자주 출현하는 '힘의 균형', 즉 '정세' 인식의 강조와 맞닿아 있다. 이러한 역사 인식과 정세 인식에 대한 강조는 진영진이 '개념선행'의 작가라는 자기규정을 갖게 했는데, 이는 바로 '사상'적 바탕을 가진 실천적 지식인으로서의 소설가 진영진의 면모를 보여주는 것이다.

글을 쓴다는 건 내게 자기비판의 과정이다. 이는 반드시 '개념선행'이어야 한다. 사실 나의 문제는 '개념선행', '기술적인 규범 위반'이 아니라 더 기본적인 것, 즉 나의 재능이다. 나의 재주가 부족하고, 공부에 아직 통달하지 않은 것이 문제의 원인이다.[149]

그러나 진영진은 자신의 '환멸과 반성' 과정을 이야기하지 않는다. 그가 그것이 자기만족적인 '전진'으로 포장되길 바라지 않기 때문이다.

나는 그저 약간의 진보적 기대를 가진 소자산계급 지식인에 불과하다. 지식과 사상적 수준 그리고 생활 실천의 차원에서 좌익 지식인이라 불리기엔 부족하다. 그러나 비교적 피상적인 수준에서 환멸과 반성의 과정을 경험하지 않을 수는 없었다.

---

149 같은 글, 41면.

이 환멸과 반성을 상세히 묘사하는 것은 나의 정치적 처지에 도움이 될 것이다. 그러나 바로 그런 이유로 나는 특별히 그것을 말하고자 하지 않는다. 그것은 고통스러운 것이며, 자신에 대한 엄정한 비판이다. 자신의 환멸을 부풀리고 자신을 환멸로 이끈 사물을 통렬히 문책하며, 이를 전진하는 것인 양 득의양양하는 것은 도덕적인 약골의 표현일 뿐이다.[150]

이는 '비판' 자체가 '자기만족'적인 것으로 그쳐서는 안 된다는 진영진의 책임감이다. 또한, 앞서 박현채가 '논리적인 것'과 '현실적인 것'을 구분했던 '겸허함'과 유사한 책임의식의 표현이라고 볼 수 있다. 국민당 체제에 대한 '비판'과 '부정'의 차원을 넘어서는, '사상 빈곤'에 대한 진영진의 인식은 1980년대 중반 대만의 국민당에 대항했던 '당외운동'의 한계와 관련해서도 언급된다.

문화와 사고에 있어서 대만 당외운동의 진지하고 총체적인 검토, 반성 및 비판은 중대한 과제다. 만일 자유화가 면밀한 분석과 사유를 거친 후에 나온 국민당의 노선이라면, 당외운동은 마땅히 냉정하게 생각해 볼 일이다. 늘 그래왔듯이 공부는 하지 않고 입만 열면 욕하는 식이라면, 당외운동은 얼마 못 가 어리석은 신하로 전락할 것이다.[151]

---

150 같은 글, 42면.
151 같은 글, 49면.

미국, 국민당, 당외운동은 더 안정적인 대만, 그리고 현재의 대만과 대륙의 분단상태라는 공동 이익을 유지하며 미묘한 관계에 서 있다. 이들 삼자가 점차 모종의 협력 관계를 형성하고 있는 것이 아닐까?[152]

진영진은 '사상빈곤'의 문제를 현실 당외운동의 한계 속에서 인식했고, 이의 해결 방향으로 '제3세계 신식민'이라는 참조점을 설정했다. 그러한 가운데 1987년 6월 거대한 '민주화'운동이 한창이던 서울을 방문하게 된다.

내가 본 한국은 달랐다. 그들은 유구한 학생운동의 역사를 가지고 있다. 운동으로 승리한 기억과 전통의 축적이 아주 크게 작용했다. 대만과 비교하면 그야말로 놀라울 정도다.[153]

남한에 대한 진영진의 평가는 비록 상찬 일변도로 보이지만, 그의 주체적 접근방식에 따르면 기본적으로 대만의 '사상빈곤'의 문제를 인식하기 위한 우회로였다고 보는 것이 정확할 것이다. 그로 인해 남한에서의 경험은 대만의 '민주화'에 대한 평가와 결부된다. 그는 일본의 중국문학연구자인 마츠나가 마사요시松永正

152 陳映眞, 〈台灣變革的底流(1987.10)〉, 《思想的貧困: 陳映眞作品集6》(台北: 人間出版社, 1988), 195면.

153 같은 글, 190면.

義(1949~)의 1980년대 대만 '민주화'에 대한 긍정적 평가에 대해서도 일정하게 유보적인 입장을 표출한다.

맞습니다. 이론적으로 보면 훌륭합니다. 하지만 이번에 한국에 머물며 겪어보니 민주화에도 질적인 문제가 있다는 점을 알게 되었습니다.[154]

게다가 진영진은 남한의 사례를 들어 그가 오랫동안 견지하던 '역사적 정합'의 과제를 다시 확인한다.

흥미롭게도 한국 문학가와의 대담 중에 마침 그들도 전후사를 다시 보려 한다는 사실을 발견했습니다. 일본에 거주하는 김석범 선생이 제주도 반란을 제재 삼아 쓴 소설도 그 일환이라고 생각합니다. (중략) **제대로 역사의 정합에 서서** 대만의 자주적인 혁신 세력을 창조하는 것, 나는 이것이 작금 대만의 가장 긴급한 과제라고 봅니다.[155]

진영진은 이미 1980년대에 들어 백색테러 시리즈 작업을 진행하면서 이른바 '전후사'를 역사적 정합의 문제의식에서 다루고 있었다. 그런 가운데 한국 문학계의 전후사 재인식 시도를 알

---

154 같은 글, 198면.
155 같은 글, 200~201면.

자 매우 반가웠을 것이다. '전후사'는 기본적으로 신식민, 분단, 냉전의 제약하에서 왜곡되고 망각되었던 부분이다. 현실 인식에 거대한 역사적 제약이 존재한다는 문제의식으로 전후사를 재인식하고자 했던 진영진의 '문학'은 우선 '백색테러'를 제재로 삼게 되었다. 그런데 진영진은 이와 동시에 워싱턴 빌딩 시리즈를 집필하고 있었다. 앞서 2장에서 확인한 바와 같이 문학을 매개로 역사와 현실을 접목하려 한 그의 시도는 '사상의 빈곤'을 자각하면서 오히려 문학에서의 장기 공백을 낳았다. 그는 공백을 극복하고자 다른 차원에서의 실천을 감행하는데, 그 하나가 '사회성격론'과 관련한 작업이었다. 그는 특히 이를 돌파하기 위한 사상적 자원을 정치경제학에서 찾으려 했다.

'정치소설'도 그렇고 '정치시'도 마찬가지입니다! 지금 대만 문단은 온통 신예이자 진보의 목소리입니다. 문제는 오히려 깊이 있는 정치경제학적 기초가 결여되면 유사한 제재를 처리하기가 매우 어렵다는 데 있습니다. 물론 이데올로기의 깊이가 좋은 정치문학을 보증하지는 못합니다. 문학적 소양과 이데올로기 양자가 함께 상승할 때 비로소 높은 수준의 정치문학이 출현하게 되는 것이죠.[156]

---

156 陳映真, 〈文學, 政治, 意識形態〉, 《思想的貧困: 陳映真作品集6》(台北: 人間出版社, 1988), 72면.

진영진은 문학가로서 문학의 자율성을 승인하면서도, 동시에 정치경제학과 이데올로기의 인도가 필요함을 강하게 인식했다. 그러한 가운데 남한의 민족민중운동과 사회성격 논쟁을 직접 취재하고 탐방한 경험은 큰 충격으로 다가왔다.

대만 사회성격론

진영진의 사회성격론은 기본적으로 20세기 후반 대만 사회의 '주요모순'을 밝히기 위한 것이었다. 역사적으로 제3세계에서 제출된 사회성격론과 이에 대응되는 '주요모순'은 사회변혁의 조건과 주체 범주를 명확히 하고, 이를 바탕으로 혁명을 통한 이행의 경로, 즉 '실천론'을 제시하기 위한 것이었다. 이와 같은 논의는 민족해방혁명이 유산된 남한과 대만 등의 '신식민지'에서 여러 제약 조건으로 인해 오랜 기간 사상적으로 억압되어 잠복했으나, 1980년대라는 냉전 동요의 시기에 부활했던 것이다.

그러나 냉전 체제 동요 자체의 외재적 성격으로 인해 남한의 사상과 운동 주체들은 사상해방의 공간을 주체적으로 활용하지 못했고 사상전통의 복원 또한 유산되고 말았다. 결국, 1980년대의 관련 담론은 이후 구체적인 사회운동 내지 변혁운동의 직접적 사상 자원이 되지 못했다는 의미에서 결함이 있는 재평가 및 성찰의 대상이 된다. 그럼에도 불구하고 그것은 짧은 사상해방의 공간에서 시도된 사상 재건의 시도였다. 지식사상계가 사상의 전승과 단절을 둘러싸고 복잡한 논쟁 구도를 형성했기 때문에, 1980년대의 사상운동은 여전히 우리에게 우선 검토의 대상이 된다.

남한에서 이와 같은 사상전통을 계승한 것으로 간주되는 박현채는 사회구성체에 관해 다음과 같은 기본인식을 가지고 있었다.

사회구성체는 한 사회의 경제적 기초인 일정한 생산양식이 자기에게 알맞는 상부구조를 가질 때 지배적인 생산양식에 따라 사회구성체 또는 경제구성체로 된다. 따라서 그것은 다음과 같이 말할 수 있다. 일정한 생산양식이 존재하는 데 필요한 사회의식의 부분을 그 생산양식의 상부구조라고 한다. 또 생산양식과 상부구조는 함께 되어 사회구성체 또는 사회 체제라고 불리고 일정한 사회구성체에 특유한 생산관계를 그 경제적 토대라고 한다. 따라서 사회구성체는 내부적으로 균형되고 조화된 하나의 전체이고 객관적으로 존재하는 하나의 역사적 사실이다. 역사적 시대에 대응하는 사회구성체는 기본적인 생산양식에 대응하는 아시아적·고대적·봉건적·자본주의적 사회구성체를 들 수 있고, 오늘에 있어서는 여기에 원시공동체와 사회주의적 구성체를 덧붙일 수 있다.[157]

---

157 박현채, 《민족경제론의 기초이론》(돌베개, 1989), 342~343면.

흥미로운 것은 박현채가 이처럼 사회구성체에 대한 고전적 이해를 따르면서, 동시에 사회구성체와 사회성격론을 엄격히 구분하고 있다는 점이다. 이는 박현채가 '북한'의 논의를 참조하는 것과 관련되는데, '사회성격'의 기원이라 할 수 있는 중국에서의 논쟁에 관해 북한의 평가를 수용하는 것이다.

《식민지시대 한국사회와 운동》[158]의 엮은이는 "북한에서는 1930년대 이후는 식민지·반봉건이라는 특수성을 가지긴 하나 사회구성체로서는 명백히 자본주의 사회구성체라고 하고 있다(1950년대 말 이래 통설화되어 있다). 이 점은 중국에서의 견해와 명백히 차이가 난다. 중국은 반식민지 반봉건사회론을 견지하면서(그것을 사회구성체의 차원으로 설정하든 하지 않든) 중국사에 자본주의 사회구성체 개념이나 단계를 설정하고 있지 않다"고 쓰고 있다. (중략) 이에 대해 나는 〈해방 전후 민족경제의 성격과 그 전개〉에서 식민지하 한국사회의 성격을 사회구성체로서는 자본주의적 사회구성체라 규정하고 그것이 형성된 시기를 경제적 토대와 상층구조간의 관계에서 보면서 식민지경제의 확립기(1918년 또는 1924년) 이후에서 보았다.[159]

---

158 임영태 편, 《식민지시대 한국사회와 운동》(서울: 사계절, 1985).

159 박현채, 《민족경제론의 기초이론》, 352면.

박현채는 같은 글의 다른 각주에서 이에 대해 "이것은 엮은이
의 단정적인 의도와 상관없이 보다 의미 있는 것으로 받아들여
지고 깊이 음미되어야 한다"고 동의를 표한다.[160] 그런데 1980년
대 남한의 논쟁 및 박현채의 논의를 참고했던 진영진은 기본적
으로 '사회성격'에 대한 해명에 초점을 맞추고, 사회성격과 사회
구성체의 구분 없이 양자의 논의를 '실천론'으로서 사회성격론으
로 종합하고 있었다.

진영진의 사회성격론 전개과정을 검토한 대만의 역사학자 구사
걸(1982~)의 〈진영진의 사회성격론에 대한 시론〉 또한 당시 진영
진이 현실적인 한계로 이 구분을 인지하지 못했음을 지적한다.

> 《한국자본주의논쟁》에 수록된 논문은 '식민지·반봉건사회론'의 도전을
> 해결하기 위해 박현채로 대표되는 '국가독점자본주의론'이 자기 수정을
> 진행했다고 제기한다. 그 가운데 가장 중요한 성과는 '사회성격'과 '사회
> 구성체(social formation)'를 구분한 것이다. 중국어로 말하자면, '사회성
> 격'과 '사회형태'라는 두 개념을 구분한 것이다. 박현채는 한국의 사회형
> 태가 '자본주의(국가독점자본주의)'이고, 사회성격은 '(신)식민지(반봉건)'
> 이라고 보았다. 그러나 진영진과 진방명[161]의 논쟁에서 진영진은 오히려

---

160   박현채, 《민족경제론의 기초이론》, 333면, 각주3.

161   진방명(陳芳明, 1947~)은 '대만독립'이라는 정치경향을 가진 대만문학이론가로 진영진과 여
  러 차례 대만문학사 및 사회성격 등에 관한 논쟁을 벌인 바 있다.

시종일관 사회성격으로 사회형태와 생산양식을 정의했다. 또한, 진영진은 박현채를 '식민지에서 자본주의적 생산의 지도적 지위론을 주장하는 전형적 대표'로 볼 뿐, 그가 사회성격과 사회구성체의 구분을 통해 '반봉건 사회론'을 포용하고자 한 의도는 보지 못했다.[162]

이러한 진영진의 남한 논쟁에 대한 이해의 한계가 기본적으로 당시 박현채의 논의에 대한 남한 내부의 편향적 수용상황을 반영하는 것이지만, 한편으로는 진영진이 본래 가지고 있었던 '사회성격론' 지향의 반영이기도 하다. 따라서 남한에서의 편향적 수용과 달리, 진영진의 편향적 수용은 그가 마주한 '사상빈곤' 문제의 인식과 해결이라는 맥락에서 해석되어야 한다.

진영진의 논의 전개 방식은 각 역사적 단계의 '사회성격'과 '민족주의'의 관계를 해명하는 것이었다. 이는 '민족주의'가 하나의 실천이자 운동이라는 점에서 보면, 오히려 실천과 관련한 '지식사상'적 자원으로서 '사회성격론'을 제시하고 있다고 볼 수 있다. 한편, '사회구성체' 논의를 원용하지만, 사실상 '사회성격론'을 세우기 위해 이론적 자원으로서 정치경제학 및 '사회구성체' 개념을 주체적으로 도입하고 있다고 볼 수도 있다. 다시 말해 진영진은 처음부터 '사회구성체론'이 아닌 '사회성격론'을 제시하려 한

162　邱士杰,〈試論陳映真的社會性質論〉,《現代中文學刊》2013年 第6期(總第27期),60면.

것이다. 이는 진영진이 실천가로서 역사적 '민족주의' 운동의 입장에서 '사상의 빈곤' 문제를 해결하고자 노력했기 때문이다.

그런데 진영진의 사회성격론은 1980년대와 90년대 대만의 독특한 정세 속에서 논쟁적으로 발전했다. 1970년대 말부터 '워싱턴 빌딩 시리즈' 등의 문학 작품에서 역사적 정합성을 갖지 못한 운동적 편향에 대해, 특히 국민당과 당외 민주화운동의 공모성에 대해 비판적 문제의식을 보이기도 했다.[163] 이 맥락에서 진영진은 중국과 대만의 역사성을 바탕으로 대만사회성격의 역사적 변천을 식민지-반봉건(1895~1945), 반식민지-반봉건(1945~1949), 신식민지-반자본주의(1949~1966), 신식민지-종속형 자본주의사회(1966~1980년대 중기), 신식민지 독점자본주의사회(1980년대 중기~2000), 신식민지 '국가'독점자본주의(2000~)로 제기하게 된다.[164]

진영진은 이처럼 역사적 단계를 구분하면서도 면면히 이어져 내려오는 민족주의 운동의 계보를 재구성한다. 이는 곧 역사적

163　진영진은 일찍이 워싱턴 빌딩 시리즈 가운데 하나인 〈야행화차〉(1978)의 결말에서 국민당과 당외운동의 공모성을 풍자적으로 묘사한 바 있다.

164　邱士杰,〈試論陳映真的社會性質論〉, 59면, 表一. 관련한 초기 구상은 다음을 보라. 陳映真,〈台灣現代文學思潮之演變〉,《中華雜誌季刊》, 第31年, 總1期, 民國81年12月, 122면. 진영진은 이 글에서 다음과 같은 박현채 저술의 일역본 단행본을 인용하고 있다. 朴玄琛,《韓國資本主義與民族運動》, 滝沢秀樹 譯(東京: 御茶の水書房, 1985); 朴玄琛,〈作爲統一論的自主性民族經濟之方向〉, 本多健吉編,《韓國資本主義論爭》(東京: 世界書院, 1990)에 수록. 문학 부분을 제외한 유사한 판본으로 다음의 글이 있다. 陳映真,〈祖國: 追求·喪失與再發現─戰後台灣資本主義各階段的民族主義〉,《海峽評論》, 1992年第21期(台北), 21~37면.

정합성의 내용을 채우는 것인데, 이를 통해 현실 모순의 역학관계를 밝히고 실천의 방향과 개입의 지점을 확인하고자 한 것이다. 흥미로운 것은 이와 같은 진영진의 사회성격 단계론의 특징으로 '공백' 없음을 들 수 있다. 진영진은 1895년 대만 할양/식민의 시작과 더불어 지금까지의 사회성격 변천을 '공백'이나 '과도기' 없이 연이어 개괄하고 있다. 상대적으로 박현채의 경우 사회구성체의 차원에서 단계 구분을 하고, 사회성격의 차원에서는 오히려 구체적인 시기 구분을 하지 않았다. 박현채의 사회성격론은 식민지-반봉건에서 신(또는 반)식민지-반봉건으로의 전환만이 명확하게 규정될 뿐이다. 박현채는 1894년 반식민지화와 1910년 식민지로의 전락을 거쳐 조선 사회에 1918년 또는 1924년 자본주의 사회구성체가 성립하고, 그 이후로는 기본적으로 자본주의 사회구성체가 지속하는 것으로 보면서, 자본주의 사회구성체의 구체적 유형의 변화를 구체적인 실증자료를 바탕으로 구분하고 있다.

식민지 한국에서 일본자본의 운동은 식민지에서 선진자본의 운동의 정형에 따라 개괄적으로 다음과 같은 세 개의 단계적 양상을 보여주면서 진행되었다. 그것은 ① 자본의 원시적 축적기(1905~18년), ② 산업자본단계(1919~29년), ③ 금융자본단계(1930~45년)이다.[165]
한국자본주의는 전후 ① 한국자본주의의 재편과 관료자본주의적 성

격의 정착화(1945~48년), ② 한국자본주의의 독자적 전개와 국가자
본주의(1948~53년), ③ 자생적 민족공업의 소멸과 금융독점자본의 형
성(1954~60년), ④외자의 광범한 진출과 국가독점자본주의의 일반화
(1961~72년), ⑤ 민간부문에 있어서 독점의 완성과 산업구조의 재개편
이라는 몇 개의 단계를 거치면서 전개되고 있다. [166]

흥미로운 것은 박현채가 여러 곳에서 반복하여 강조하고 있듯
이, 이러한 자본주의 사회구성체의 진화에도 불구하고 식민지
조선과 신식민지 남한의 사회성격은 그 구체성에 근거해 '반봉
건' 사회로 규정하고 있다는 것이다. 이는 식민지 및 신식민지하
에서 '자본주의' 사회구성체의 발전과 진화에도 불구하고, 주체
적이고 실천적인 측면에서 '반봉건성'이라는 규정이 오히려 심화
했음을 강조하는 것이다. 또한, 기본적으로 사회성격론이 실천
담론이기 때문에 단순한 이론적 분석 대상의 차원을 넘어 여러
가지 층위의 상호 작용을 고려했던 것으로 보인다.
   진영진의 사회성격론과의 초보적 참조관계하에서 진영진 사
상이 남한에 주는 참조적 의의를 다음과 같이 세 차원에서 추출
할 수 있을 것으로 기대된다.

---

165   박현채, 《민족경제론의 기초이론》, 134면.
166   박현채, 《민족경제론의 기초이론》, 207면.

1) 이중분단과 민족경제권

진영진은 1980년대 후반 중국대륙과 대만 사이의 경제 교류 확대에 주목하면서 이러한 현실이 갖는 역사적 의의를 해명하기 위해 다음과 같이 '경제권' 개념을 기초로 대만의 전후 경제사를 개괄한다.

대만의 전후 경제사에서 보면, 이는 극히 중요한 구조적 변화다. 1895년부터 1945년까지 대만은 강제로 중화민족경제권으로부터 분리되고 일본 제국주의 경제권에 편입되어 자본순환을 했다. 1945년 대만은 광복을 맞이해 다시 나날이 붕괴하던 반식민지 반봉건 민족경제로 편입되었다. 1950년 한국전쟁이 발발하고, 미 제국주의가 군사적으로 해협에 간섭하면서 대만 경제는 다시금 중화민족경제권으로부터 단절되어 미일 자본체계에 의존적인 '고립'된 발전을 하게 되었다. 1988년 이후 대만과 대륙은 다시금 민족경제하에서 통합되고 있다. 이 통합은 필연적으로 대만의 경제, 정치 및 문화에 중대한 변화를 낳을 것이다.[167]

진영진이 적극적으로 참조한 박현채의 민족경제론 중 '경제권' 개념과 관련해 박현채 스스로는 다음과 같이 서술한다.

167　陳映真, 〈台灣現代文學思潮之演變〉, 143면.

우리 민족의 근대사는 식민지억압과 이에 항거하는 민족적 저항의 역사이다. 식민지지배에서 근대화의 계기를 지닌 한국경제는 민족의 생존을 위한 기반으로서의 민족경제의 성장·발전 과정으로서가 아니라 일본독점자본의 식민지초과이윤의 실현 과정에서 일본자본 지배의 확대·심화 과정으로서 자본제화를 이룩한다. 일본제국주의 지배하 한국경제에서 민족의 생존기반으로서의 민족경제와 국민경제의 괴리(이것은 동시에 외국독점자본의 이해와 민족적 이해의 모순 바로 그것이다)는, 외래독점자본의 자본운동 과정으로 되는 자본제화나 공업화에 대한 민족적 모순의 반영이고 식민지억압에 대한 민족적 저항의 주요한 경제적 근거로 되어왔다.[168]

민족자립경제는 종속적인 식민지 경제구조에 대한 거부에서 비롯된다. 그리고 이것은 분단이 낳은 것에 대한 부정에서 비롯되는 데서 통일지향적이다. 그것은 민족과 민중의 보다 나은 삶을 위한 것이다. 그것은 소극적으로 대외적인 자주를 위한 것이지만 민족적 삶의 회복─그것은 바로 민족공동체의 회복이다─을 위한 적극적인 내용을 지니고 남북경제 상호간의 보완과 종국적인 통합으로서의 적극적인 내용을 지닌다.[169] 그와 같은 전제[민주주의를 통해 민족/민중적 요구가 국가의지로 관철]의 충족 위에서 보다 적극적인 자립적 민족경제의 확립을 위한 방향,

---

168 박현채, 《민족경제론의 기초이론》, 131면.

169 박현채, 《민족경제론의 기초이론》, 388면.

즉 민족공동체를 기초로 한 재생산권의 실현 또는 통합으로서 분단된 조국의 체제적 한계를 넘어선 상호보완관계의 확립이라는 방향이 주어진다. 이것은 기본적으로 민족공동체 안에 분단된 남북 간의 경제적 이해를 종속시킨다는 것을 의미한다. 그리고 그것은 한반도 범위에서 상호보완관계 위에 이루어지는 재생산권을 이룩한다는 것이다. 그러나 그것은 이론과 같이 쉬운 것이 아니다. 그렇다고는 하지만 이것 없이는 남북 간의 평화적 통일은 상정될 수 없다. 남북 간의 비교우위에 기초하여 경제교류를 점차 확대하고 이것을 구조화하면서 상호의존관계를 심화시켜 남북경제의 민족공동체 안에서의 수렴으로 한반도 범위에서 자립적 민족경제의 확립을 추구해야 한다는 것이다. 이 단계의 자립적 민족경제는 외세에 대한 민족자결의 경제적 기초이면서 두 개의 체제적 차이를 안에 수렴하고 구조적으로 서로 얽힌 분업관계에서 하나로 되는 적극적인 의미를 지니게 된다.[170]

진영진의 '민족경제권' 개념은 박현채의 '민족경제론'과 유사한 측면이 있다. 그러나 활용 방식에서 차이를 보인다. 주요하게는 진영진이 '민족경제권' 개념을 1895년의 식민/분단 중첩이라는 구체적 상황 변화를 해석하기 위해 원용한다는 데 있다. 즉 박현채에게 핵심적인 '민족경제'와 '국민경제'의 괴리가 진영진의

---

170   박현채,《민족경제론의 기초이론》, 384~385면.

민족경제권 논의에서는 부재하다. 이 때문에 진영진의 '민족경제권' 개념은 식민 극복(탈일본화)보다는 분단 극복(재중국화)에 더욱 적합한 개념이 된다. 그러나 상대적으로 박현채는 '민족경제론'과 관련한 초기 문제의식에서부터 '재생산조건'의 장악을 설정하고 있었고,[171] 탈식민적인 '민족·민중적 요구'를 '국가의지'로 구체화하기 위한 전제로서 '민주주의'의 실현이라는 정치적 조건을 제시했다. 즉, 박현채는 분단이라는 구조와 모순에서 '민족경제권' 개념을 도출한 것이 아니라, 분단이 있기 이전 식민시기에 진행된 경제구조의 왜곡을 교정하기 위한 탈식민주의적 '경제' 개념으로서 먼저 '민족경제론'을 제시하고, 이러한 민족경제론적 입장이 궁극적으로 남북 '통일'을 지향한다고 보았다. 따라서 박현채에게 민족경제와 자립경제는 근본적으로 '탈식민' 과제를 경제적 차원에서 수행하기 위해 설정한 범주였다고 볼 수 있다. 그러나 이와 같은 민족경제는 내전을 거쳐 남과 북으로 분리된 상황을 맞닥뜨리게 되었고, 결국 분단 이후 남한 내부에서 '민족자본' 및 '민족경제'를 주체적으로 형성하는 과제로 귀결된다.

한편, 진영진은 다음과 같이 대만의 '민족해방' 운동이 갖는 주요한 특징으로서 '중국지향성'에 주목한다. 상대적으로 식민

---

171 박현채는 민족경제의 확립으로서 자립경제의 제 지표로 재생산조건의 장악, 자기완결적인 자율적 재생산의 메커니즘, 국민적 확산 메커니즘, 국민경제와 민족경제의 통합 등을 들고 있다. 박현채, 〈자립경제와 민족경제〉, 《민족경제론의 기초이론》, 76~85면.

지 조선의 '민족해방'은 '조선' 지향성이 아니라 '독립'과 '자립'으로 표현된다.

일제하의 대만, 즉 식민지 반봉건 사회의 가혹한 민족 및 계급 모순은 이 시기 정치, 사회, 문화 영역에서 민족 민주 운동의 기초가 된다. 중국으로부터 할양된 식민지 대만은 다른 식민지, 예를 들어 조선과 다르다. 조선의 식민지화는 조선 전체의 망국에 의한 식민지화였지만, 대만의 식민지화는 대만이라는 한 지역이 중국으로부터 일본에 할양되어 식민지화된 것이다. 그리고 조선의 반제민족해방, 즉 한민족 전체의 민족해방운동과 달리, **대만의 항일민족해방운동은 자연히도 강렬한 중국 복귀, 중국 진흥이라는 '중국 지향성'을 가지고 있어서**, 한漢민족을 자기 정체성으로 하여 일본 제국주의를 타도하고, 일본 제국주의의 통제와 억압으로부터 해방과 독립을 추구하는 정신과 사상적 함의를 지니고 있었다.[172]

이 때문에 대만의 경우 회귀를 통한 민족경제의 회복이 하나의 구체적 가능성으로 주어진다. 대만에서 민족경제로부터의 이탈은 1895년 '1차 분단'에서 강제적으로 주어지기 때문에 논리적으로 분단 극복('회귀')이 민족경제로의 회귀가 되기 때문이

172　陳映真, 〈台灣現代文學思潮之演變〉, 125면.

다. 즉, 1차 분단과 할양/식민이 중첩되었던 대만에게 '중국'으로의 '회귀'는 곧 민족경제의 회복이 된다. 그러나 조선/남한의 경우 민족경제로부터의 '이탈'이 문제가 된 적은 없었다. 오히려 일본 식민지배에 의한 민족경제의 왜곡이 먼저 진행되었고, 차후 분단을 거치며 남한에서 왜곡을 극복하고 민족경제를 복원할 전망이 좌절되면서, 결국 민족경제 회복의 경로가 복잡화되었다고 볼 수 있다. 따라서 남한에서 분단 극복은 대만과 달리 민족경제 형성의 필요충분조건은 아니다. 특히 민족경제와 국민경제를 구분하고 그 괴리를 지적하면서, 민족경제의 '주체'로서의 '민중'을 설정한 박현채는 민중의 주체화를 전제한 통일론을 제시하고 있다. 따라서 남한에게 민족경제의 회복과 자립경제의 확립은 민중적 주체성과 민족적 추상성을 갖는 반면, 대만에서 민족경제의 회복은 다소 비주체적인 민중을 설정하지만, 민족적인 구체성을 띠게 된다.

2) 내전의 외재성과 신식민성:
  민족자본 형성의 제약과 광범한 중소자본의 신식민성

  진영진은 내전과 냉전의 중첩이라는 구조하에서 애국주의 및 민족주의의 전통이 절멸했다고 본다. 그러나 내전을 직접 겪지 않은 대만에서 1950년대 신식민의 형성은 미국의 냉전 전략하에 내전을 경험한 국민당과 내전을 직접 경험하지 않은 대만 지주/

자본가의 결합 과정에 다름 아닌데, 이는 본래 일본제국주의에 저항했던 국민당이 '반공'을 전제로 대만의 지주/자본가의 '친일' 죄를 사면하는 것이었다. 이어서 '미국'의 반공주의 세력권 참여를 통해 국민당 또한 반일을 포기한다. 국민당의 '반공'이 역사적 경험에 근거하여 '주체'적이었다면, 대만의 지주/자본가의 '반공'은 다소 '실용'적이었다고 볼 수 있다. 따라서 '국민당'이 갖는 반일과 반공의 '주체성'은 미국과의 관계에서도 상대적 자주성을 가졌다고 볼 수 있는데, 대만의 지주/자본가는 내전의 모순을 직접 공유하지 않았고, 공산주의의 직접적 탄압을 받지 않았기 때문에 '국민당'과는 반공주의의 기초가 달랐다고 볼 수 있다. 이와 같은 맥락에서 미국은 한편으로는 국민당을 견제하고, 다른 한편으로는 대만의 반공주의 기초를 강화하기 위해, 광범한 중소지주/자본가를 중심으로 '반공주의'적 자유주의 개혁 세력(이른바 '당외운동')을 지원하여, 국민당 외부의 대만 내부 균형 세력으로 성장시켰다고 볼 수 있다.

상대적으로 남한에서 자본가 및 지주의 '반공'과 '친일'은 처음부터 동일한 주체의 일치된 성격이었고, 특히 내전을 거치며 직접 '공산주의'의 탄압을 경험했다는 점에서 그들의 반공주의는 강한 주체성을 갖고 있었다. 또한, 잔혹한 내전을 직접 경험한 대중 속에 대중적 조작을 거쳐 반공주의 이데올로기를 강하게 주입할 수 있었다. 따라서 대만과 달리 남한의 반공주의는 상층에서 하층까지 뿌리가 공고했는데, 이 때문에 미국의 대 남한 신식민 전략에는 중소지주/자본가를 '반공주의'적 기층으로 양성할 필요성이 적었다고 볼 수 있다. 결국, 남한의 중소기업은 대만과 비교할 때 취약한 조건이 더욱 두드러지는데, 오히려 이러한 조건 때문에 박현채는 민중의 자발적 경제활동의 결과로 '중소기업'이 민족자본화할 가능성을 늘 가지고 있다고 보았다.

3) 반식민지에서 신식민지로

진영진의 사회성격론에서 특기할 만한 부분은 바로 '반식민지'적 문제 설정이다. 이는 남한의 사회성격론 또는 사회구성체론에서 매우 드물게만 출현한다.[173] 그러나 1945~1949년 대만의 중국으로의 '회귀'는 '반식민지'적 상황을 가져왔다. '회귀'는 되었으나 당시 중국은 여전히 국공분열 상황이었고, 이후 대만을 접수한 것은 국민당이었기 때문이다. 이 때문에 진영진은 1945~1949년 기간의 대만 사회를 반식민사회로 본다. 이후 반식민지에서 신식민지로의 전환은 '중화민국'과 '대만'이라는 서로 다른 단위가 외부적 냉전 조건의 제약 아래서 융합되는 과정이었다. 반식민지 시기에 대만의 과제는 기층 민중의 차원에서

---

173 배경은 다르지만 박현채는 1894년부터 1910년의 과도기를 반식민지라고 불렀고, 또한 종종 전후 신식민지를 반식민지라고 부르기도 했다. 그렇지만 전자는 논쟁에서 주목받지 못했고, 후자는 신식민지 규정과 중복되었다.

일제 식민주의의 유제가 연속되는 측면과 위로부터 국민당 관할 하 중국 백구白區가 갖는 반봉건성의 대만으로의 이식이 중첩된 상황을 극복하는 것이었다. 한편, 미국에 의한 국민당과 대만의 신식민화는 냉전 체제의 세력구도 아래 이와 같은 중첩된 상황을 하나의 재생산구조로 재편하는 것이었다. 그러나 이 신식민화 과정의 주체 가운데 하나였던 국민당의 '중국성'은 대만의 민중 구성에 상당한 규모의 '외성인'을 추가함으로써 민중 구성의 지방성 및 권역성을 오히려 강화하는데, 이는 신식민적 조건하에서도 '대만'이 탈역사적 실체로 전락하기 어렵게 만든다.

상대적으로 조선/남한의 경우 1945~1948년(또는 내전이 멈춘 1953년)은 사회성격론 또는 사회구성체론에서 어떤 단계설정을 특별히 부여받지 못했다. 이는 하나의 공백으로 보인다. 이 시기의 조선은 '독립'이라는 형식적 주체성을 부여받지만, 사실상 주체성을 실현할 내재적이고 단일한 역량이 부재한 상황에서 식민지도 진정한 독립도 아닌 모호한 상태에 처하게 된 것이다. 이 때문에 당시 남한에서는 찬탁/반탁의 논쟁이 벌어지고, 좌익의 '찬탁', 우익의 '반탁'이라는 역설이 출현한다. 중국으로부터 할양되어 분단된 대만은 2차대전 이후 중국으로 회귀하고, '국공합작'의 중국이 제2차대전에서 가졌던 국제적 위상으로 인해 대만의 '신탁'은 논쟁의 대상이 되지 못했다. 반대로 2차대전 후 조선과 남한은 국가를 재건할 필요가 있었지만, 식민지 조선의 주체성이 상대적으로 박약했고, 좌/우의 대립이 지정학적 경쟁 및 갈등 구도와 결합하면서 '신탁' 자체가 논쟁이 되었다. 표면에서 '반탁'이 주체성을 호소했지만, 실질적으로 이는 미국에 의존하고 분단을 대가로 한 것이었다. 이는 분단 이데올로기의 원형이라고 할 수 있다. 또한 '국민당'과 같은 탈식민 주체가 부재한 상태에서 분단을 거쳐 신식민지로 전락한 남한은 반공주의적 체제하에서 탈역사적 실체화를 제어할 권역적이고 지방적인 고리가 상대적으로 박약했다.

결국, 신식민적 전환기의 혼란 속에서 남북이 각각 단독정부를 수립하고, 남한의 좌익이 궤멸될 위기에 놓인다. 이는 한반도 내전 발생에 내재한 직접적 원인이었다. 이 과정에서 미국의 적극적 개입은 조선의 분단을 공고화한 핵심 외부요인이 되고, 결과적으로 분단의 극복은 '역사적'(현실적이 아닌) '조선'으로의 '회귀' 또는 '복원'이라는 하나의 창조적인 탈식민 과제로 제시된다. '분단'을 구체적 표현으로 하는 '신식민성'의 인식은 이와 같은 '창조'적 과제에 대한 인식이라고 볼 수 있다.

'사상의 빈곤'과 '사상의 단절'

진영진은 대만의 사회성격 논쟁을 다소 '인위'적으로 제조하고자 했으나 실제 전개과정을 볼 때 사실상 실패했던 것으로 보인다. 상대적으로 박현채는 사회성격 논쟁을 의도하지 않았음에도 불구하고 이론적 논쟁이 예상 범위보다 확대되어 사회운동 전체의 초점이 되기도 했다. 사실 박현채는 사회성격론의 문제를 제기하는 데 매우 조심스러웠고, 논쟁이 확대되는 과정에서 입장 표시를 강요받아 수동적으로 사회성격론을 제시한 측면도 있었다. 그렇지만 그는 사회성격 논쟁의 추상성과 이론주의적 경향을 일관되게 경계하고 비판하기도 했다.

사실상 진영진이 '사상의 빈곤'이라는 과제와 맞붙어 고심했다면, 박현채는 '사상의 단절 및 왜곡(탈역사화)'과 맞붙어 분투했다고 볼 수 있다. 이는 대만의 진영진이 두 차례의 분단이 역사적으로 중첩된 상황에서 2차 분단과 '신식민'의 중첩을 인식했기 때문에 '분단'을 주어진 조건의 연속에서 이해할 수밖에 없었기 때문이다. 게다가 대만에서 내전의 외재성은 '분단'이라는 전제와 맞물려 내전의 이데올로기적 대립을 바탕으로 한 주체적 힘 형성이 더욱 곤란했다. 상대적으로 박현채는 피식민과 내전의 당사자로서 분단과 신식민을 경험했기 때문에 그 역사적 진보의 계승 방향을 체화하며 사회적 실천에서 그것이 단절되고 왜곡되는 조건을 더욱 문제화하게 되었다.

5.
박현채의
사회구성체론과 사회성격론

앞서 언급한 바와 같이, 2차 세계대전 이후 조선은 제국주의 적 지배에서 벗어났으나 '주체적' 독립 쟁취의 좌절로 인해 좌우 대립이 격화되었고, 결국 탈식민적 과제에 대한 역사적 인식이 지체되는 가운데 좌우 대립이 외부모순(냉전 체제)과 결합하면서 '분단'이라는 왜곡된 체제를 형성하게 되었다.

앞서 진영진의 '사상의 빈곤'을 참조점으로, 박현채의 사상적 실천을 실마리로 삼아 1980년대 '탈냉전' 전환에서 출현한 '사상 적 단절'을 검토한 바 있다. 여기서는 먼저 1980년대 박현채의 독 특한 존재 양식을 본격적으로 논의하고자 한다. 1980년대가 연 사상해방 공간에서 주요한 지식사상적 조류는 그것이 비록 급진 적 색채를 띠었다고 하더라도 '탈민중성'과 '탈실천성'을 특징으 로 했다. 박현채는 이러한 흐름과 달리 역사적 계승성을 유지하고 있었다. 그의 익명 및 차명 저술의 방대함에서 볼 수 있듯이, 박현채='무無'/'다多'라는 존재 양식을 보여줬다. 존재하지 않으면서 무수히 존재하는 박현채였다. 그의 사상은 사적 소유로 취하지 않은 이론과 개념으로 구성되었기 때문에 이론주의로 빠지지 않을 수 있었다. 나아가, 그는 '모택동'의《실천론》과《모순론》으로 대표되는 투철한 실천의 사상에 근거했기 때문에 이론 또는 개념의 한계를 명확히 인식했고, 사상 문제에 대한 '철학'적 해결로 빠지지 않을 수 있었다.[174] 동시에 박현채는 지식의 독자적 역할을 방기하는 낭만적 실천주의에 빠지지도 않았다.[175]

1980년대 박현채가 보인 윤리의식과 실천 태도는 그의 곤경에 진입하는 배경 자료가 된다. 이어서 우리는 1980년대 박현채와 '사회구성체 논쟁/사회성격 논쟁'의 관계하에서 실천적 사상가로서 박현채가 마주한 곤혹을 살펴볼 것이다.

---

174 박현채가 남긴 사상적 성과 전체로 볼 때, '모택동사상', 특히《실천론》과《모순론》이 박현채에게 준 영향은 매우 심원한 것이었다. 물론, 박현채는 모택동 사상에 대한 그의 해석과 전유를 구체적으로 언급하지는 않는다. 이 책의 3장(씻김)과 4장(보냄)은 신식민 체제를 마주하고 모택동 사상의 핵심원리를 원용한 박현채의 성과를 드러내 간접적으로 모택동 사상의 현재성과 계승 방향을 확인하고자 한다.

175 박현채는 줄곧 역사적 종축으로부터 현실의 저항과 운동을 성찰적으로 조망했다. 그래서 그의 글은 저항의 상징을 모종의 지식책임의 알리바이로 삼지 않는다. 이 때문에 그의 글에서는 남한 전후 역사 속에서 저항과 희생의 대표적 의의를 갖는 인물, 예를 들어 1970년의 전태일, 1987년의 박종철 및 이한열이 전혀 등장하지 않는다. 1장(무대의 설치)에서 소개한 것처럼 박현채의 이러한 태도 또한 1980년 광주 참사에 대한 분석에 직접적으로 반영되어 있다.

1980년대 사상과제와 박현채의 위상

1) 역사와 윤리

우리 민족의 근현대사는 제국주의적 지배에 혼신의 힘으로 맞서는 민족적 저항의 역사입니다. 그 속에서 민족주의자로 자기를 관철시킨 단재 선생의 삶은 처절한 것일 수밖에 없었습니다. 우리 역사는 그와 같은 처절한 민족해방운동자로서의 삶을 단재 선생과 같은 경우로 기록하면서도 다른 한편으로는 기록되지 않는 많은 것을 가지면서, 오늘에 있어서도 끊임없이 주저앉지 않는 앞선 자들의 처절한 삶을 재현하고 있습니다.

오늘 이와 같은 역사적 상황에서 당위적인 역사적 삶에 충실하는 길은 '오늘 보상되지 않고 오늘 보상 받기 원하지 않는 삶'을 지켜가는 것입니다. 그런 의미에서 나는 오늘의 수상을 나 자신의 경제학 연구에 대한 업적 그 자체에 대한 평가보다는 그와 같은 연구결과를 가능하게 하는 역사적 상황의 진전에서 보다 큰 의미를 부여하고자 합니다.

나의 경제학 연구에 있어서 성과는 역사 앞에 충실한 삶을 다짐하면서 역사적 요구가 있는 곳에 참여한다는 원칙 위에 선 소산입니다. '민족경제론'이라 불리는 이론적 체계는 그런 의미에서 처음부터 의도된 것은 아닙니다. 그것은 다양한 현상의 사회적 실천상의 요구에 따른 보다 정확한 인식을 위한 계속적인 노력의 일환으로 제기된 것입니다. 곧 민족경제론은 식민지 종속에서 비롯된 한국자본주의의 지난날의 식민지적 상황과 오늘에 있어서 반식민지적 상황을 한국민족주의의 역사적 과제의 실현이라는 사회적 실천상의 요구 위에서 설명하고 그것에 답하기 위한 노력에서 제기되었습니다.

나는 일찍이 《민족경제론》(한길사, 1978)의 서문에서 "섣부른 창조보다는 충실한 해설자로서의 자기"를 설정했습니다. 그리고 그것에 충실하고자 했습니다. 그러나 현상의 다양성과 실천상의 여러 요구는 단순한 보완적 요구의 소박한 상태에서의 정체나 고정화를 허용하는 것은 아닙니다. 그것은 새로운 상황, 지금껏 다루지 않았던 분야에서의 적용을 요구하는 것으로 됩니다.

민족경제론이 나와의 관계에서 갖는 의미는 이와 같습니다. 오늘 민족경제론에 대해서는 찬반의 논의가 엇갈리고 있습니다. 그것이 비록 사적 소산이라 할지라도 그것이 갖는 객관적 실재는 그것을 보다 엄밀히 평가하게 합니다. 그런 뜻에서 민족경제론은 사회적 역할에서 있는 그대로 평가될 수밖에 없습니다. 그리고 그런 과정 속에서 역사에 충실한 것으로 될 것입니다.[176]

위의 1987년 박현채의 제2회 단재상 수상 기념 강연 내용은 박현채의 윤리적 태도를 잘 드러내 준다. 이는 다음과 같이 '민중 중심성', '헌신성', '탈소유'로 개괄할 수 있다.

---

176 박현채, 〈오늘의 역사적 상황과 민족경제론〉, 《박현채 전집 제2권》, 722~723면.

첫째, 신채호 선생이나 단재상을 받는 박현채와 같이 역사에 기록되는 사람도 있지만, 역사의 진보에 공헌한 무수한 기록되지 않는 사람들이 있다는 것.

둘째, 살아오면서 해온 모든 것들을 살아생전에 보상받고자 하지 않았고, 그럴 수도 없다는 것.

셋째, 주제넘게 새로운 것을 만들어내려고 하기보다는 고전에 충실하고자 했으며, 자신의 작업이 그러한 고전을 벗어나 어떤 독창성을 갖는 것은 아니라는 것.

사실 수상소감이라는 차원에서 볼 때, 이 발언들은 상당한 긴장감이 담긴 것이다. 기록되지 않는 민중의 역사적 주체성을 전제하는 그는 단재상을 존재하게 하는 더 큰 조건으로서의 기록되지 않는 민중을 언급함으로써 시상자와 수상자 모두를 긴장케 한다. 나아가, 그는 개체 또는 세대적 소유에 자신의 지적 실천을 가두지 않고, 오히려 더욱 긴 역사적 시간대 안에 위치시키면서, 민족과 사회의 사상적 자원으로 공유화하고자 시도한다. 마지막으로 그는 개인적 소유를 추구하며 역사로부터 단절되는 지식 태도를 경계하면서, 고전에 충실한 방식을 취한다. 기실 이는 당시 '새로운' 이론에 쉽게 휩쓸리는 근시안적이고 엘리트주의적인 학술 풍토에 보내는 경고였다.

앞서 언급한 바와 같이 1980년대 남한의 사회과학은 '민족경제론'을 학문적 주체성 복원의 중요한 자원으로 인식했지만, 1980년대 중반 이후의 흐름을 보면 역설적으로 박현채의 사유가 사회학과 정치경제학이 경험한 '탈역사화' 문제 성찰의 근거가 된다.[177]

한편, 지식계에는 박현채의 민족경제론을 학문적 및 실천적으로 계승하려 한 흐름도 존재했으나 사실상 이는 박현채 본연의 민족경제론과는 달리 대체로 현대화된 '정치경제학' 또는 '사회과학'적 논의로 제한된다.[178]

사실 박현채는 1987년 정민과의 인터뷰에서 1959년 즈음 한국농업문제연구회(농문연) 수요강좌를 주관하며 "요즘 다루는 문제들을 거의 다루어 보았다고 할 수 있는데, 아시아적 생산양식 문제에서부터 원조경제의 본질, 자본주의 세계경제하에서 국민경제의 독자적 존재유무에 이르기까지 다양하게 논의가 되었다"

---

177 훗날 남한 정치경제학의 중요인물이 된 학자들은 대체로 박현채를 '탈역사화'해 '새로운' 정치경제학적 논의 구도의 근거를 확보했다. 대표적으로 다음과 같은 글을 참고할 수 있다. 정성진, 〈민족경제론의 제문제〉, 《산업사회연구 제1집》, 한울, 1986 ; 윤소영, 〈식민지반봉건 사회론과 신식민지국가독점자본주의론 - 국제운동사에서의 논쟁을 중심으로〉, 《현실과과학 2집》, 새길, 1988 ; 김수행, 〈한국 경제학계의 새로운 동향들〉, 《현상과인식》11(1), 1987.

178 《동향과 전망》은 특집의 형식으로 박현채를 재조명하는 사회과학적 성과를 네 차례에 걸쳐 토론한 바 있다. 《동향과 전망》제27호(1995년 9월), 제48호(2001년 3월), 제55호(2002년 12월), 제72호(2008년 2월) 참조. 이 밖에 박현채 생전에 화갑기념 논문집 《민족경제론과 한국경제》(서울: 창비, 1995)가 출간된 바 있다. 같은 시기 안병직(전前 '뉴라이트재단' 이사장)이 주도한 또 다른 박현채 화갑기념 논문집 《한국경제: 쟁점과 전망》(서울: 지식산업사, 1995)이 출간되었는데, 이 논문집이 수록한 내용은 박현채 경제학과 직접적 관련이 없다.

고 말한다.[179] 1959년과 1987년 사이에 30년에 가까운 시간적 간극이 존재하는데, 우리는 이를 어떻게 대해야 할까? "요즘 다루는 문제들을 거의 다루어보았다"는 박현채의 회고는 박현채를 '낡은 것'으로 규정짓고자 했던 '탈역사화' 흐름과 아주 강한 대비를 이룬다. 역사를 기반으로 하는 이론과 실천의 적절한 결합 모델이 붕괴하면서, '1987년을 다루는 문제들'과 박현채가 '1959년 논의했던 문제' 사이에 역사적 단절이 출현한다. 이 때문에 '1987년을 다루는 문제들'이 신세대 지식인들에 의해 '새로운 것'으로 받아들여졌다. 다시 말해, 1959년 이론을 주체적이고 수평적으로 학습하고 수용했던 앞선 세대의 '주체성'이 젊은 세대에 의해 '낡은 것'으로 간주된 것이다. 역설적으로 '1959년 토론했던 문제들'이 그들에게 '새로운' 문제로 여겨졌다. 이러한 '새로움'에 관한 착각 또한 지식 차원에서 '신식민성'의 주요한 표현으로 볼 수 있다.

이처럼 1980년대 진영진이 '사상의 빈곤'이라는 문제와 씨름했다면, 박현채는 '사상의 단절'과 씨름했다. 흥미롭게도 진영진이 마주한 '사상의 빈곤'은 공동의 과제이기 때문에 몇 차례의 '논쟁'으로 해결되기 어려웠다. 결국, 진영진이 기대했던 사상적 논쟁은 실제로 발생하지 않았고, 이른바 '대만독립' 분리주의와의

---

179 박현채, 정민 대담, 〈민족경제론─민족민주운동의 경제적 기초를 해명한다〉, 《현단계 제1집》(서울: 한울, 1987), 382면.

'논쟁'이 매우 협소한 범위에서 출현했을 뿐이었다. 박현채가 마주한 '사상의 단절'은 상대적으로 '논쟁'을 통한 해결이 기대됨에도 불구하고, 사실상 그의 언어는 '망각'이 초래한 '단절'을 극복하는데 무기력했다. 이렇게 진영진과 박현채가 마주한 '신식민성'의 제약은 서로 성격은 다르지만, 그들이 제어할 수 없는 강력한 힘이라는 점은 마찬가지였다.

사상의 단절에 대한 이와 같은 박현채의 인식은 기본적으로 역사윤리의 표현이다. 그는 '역사' 서술의 원칙을 다음과 같이 언급한 바 있다.

민중적 입장을 지킨다는 것은 민중이 역사에서 소외되고 억압받는 약한 자의 집단이라는 가정된 의미에서이다. 역사기술에서 비과학적 방법은 역사를 마치 기록에 의한 역사만인 것처럼 다룬다. 그러나 **역사는 자료로서 기록된 역사는 아니다.** 역사에서 힘이 약한 피억압자로서의 민중은 기록을 남길 수 없다. 그것은 그들이 교육받지 못했기 때문에 기록할 능력을 갖지 못했다는 것에서 비롯하여 기록을 남길 만큼 성공에 의한 여유를 가질 수 없었기 때문이다. 따라서 민중운동의 역사는 구전이 아니면 지배자의 자기편의에 의한 기록으로만 남는다. 이런 경우 **기록에 의한 자료에의 매몰은 올바른 역사 인식을 불가능하게 한다.** 더욱이 민중운동사의 일차적 자료는 운동과정에서 노출되어 잡힌 자들의 법정기록이다. 수사기록이 원용되는 경우 그것은 역사를 크게 왜곡하는 것으로 될 것이다. 강한 자만이 기록을 남긴다. 그리고 노출된 것만이 역사는 아니다. 그것은 큰 흐름의 노출된 빙산의 일각 이상의 것은 아니다. 따라서 올바른 역사 인식 또는 서술의 방법은 자료를 역사관에 따라 정리하고 재해석하여 재생산하는 데서 제시된다. **기본적으로 자료에서 해방되어 그것이 단순한 역사 인식의 단서 이상의 것으로 되지 않을 때 그것은 민중적 입장에 서는 것으로 될 수 있다는 것이다.**[180]

이들 노동운동사 연구에서 전반적으로 제시되는 당위로부터의 이탈 또는 미급은 그간의 역사적인 정치적 상황에서 오는 제약의 소산이라고 생각될 수도 있으나 이제 그런 것들은 타성으로까지 되고 있다는 데서 자기모순을 인정해야 한다. 그리고 이런 것들은 자기망각의 과잉에서 오는 것이기도 하다.[181]

박현채는 일관되게 이와 같은 역사 서술의 원칙을 견지해 왔고 여러 차례 역사학의 역사주의라는 함정에 대해 문제를 제기했다. 그는 우리가 이러한 함정을 극복하지 못한다면 민중적 입장에 설 수 없다고 보았다. 그리고 1980년대 말 그는 당시의 역사 연구에 대해 '자기 망각의 과잉'이 초래한 모순, 즉 '탈역사화'의

---

180 박현채, 〈해방후 노동운동사 연구현황과 방법론〉, 박현채 등, 《한국 근현대연구입문》(서울: 역사비평사, 1988), 155면.

181 같은 글, 157면.

문제를 제기했던 것이다.

박현채의 민족경제론에 대한 공개적이고 전면적인 논의는 1980년대가 되어서 가능해지지만, 그 숙성 및 발전 과정은 해방 이후 남한의 지식사상사와 한번도 단절되지 않았다. 다시 말해 민족경제론은 1980년대뿐만 아니라 1950~60년대의 역사적 단절에 관해서도 입체적 참조점이 될 수 있다. 특히, 1980년대의 복잡성과 1950~60년대의 생경함을 비판적으로 매개하는 연결고리의 역할을 박현채 사상에 기대할 수 있을 것이다.

2) 사상과 실천

일본의 경제학자 다키자와 히데키(瀧澤秀樹, 1943~)는 박현채의 사상과 남한 민중운동의 제 영역 사이의 관계에 주목하면서, 박현채가 1970년대 사학, 문학, 정치/사회운동을 묶는 지주적 역할을 했다고 본다.[182] 그리고 박현채와 함께 인민혁명당 사건에 연루된 바 있고, 훗날 임동규 간첩사건으로 박현채와 함께 복역한 임동규는 당시 남한 민족민중운동에서 박현채의 위상을 다음과 같이 회고한다.

---

[182] "민주회복운동·노동운동·농민운동·학생운동-그들이 공통적으로 갖고 있는, 바꿔 말하면 그들을 서로 맺어주고 있는 것이 '민주·민족·인권'이며, 그 구체적 존재방식 혹은 그 기반을 이루는 것이 민족경제라고 할 수 있을 것이다. 결국 민족경제는 그들의 《운동》 가운데에 공유되는 것으로서 진실로 현실에 살아있는 것이다", 다키자와 히데키, 《현대한국민족주의론》(서울: 미래사, 1985), 135면.

저는 오히려 박 선생 곁에서, 보이지 않게 수행하고 계시는 변혁운동의 사령탑 역할을 보좌하는 것으로 만족하고 있었던 것입니다. 그리고 구체적으로 사회과학 불모지에 '사회과학'이라는 광명을 밝히고 계시는 박 선생의 일상적 활동에 절대적 신뢰를 보내지 않을 수 없었습니다. 당시에 학생운동을 관장하고 있던 박 아무개, 노동운동을 주관하는 이 아무개, 농민운동을 준비하는 이 아무개, 심지어 여성운동에 이르기까지 실질적 지도자들이 찾아와 상담을 원하면 기꺼이 이에 응하면서 의견들을 조율하면서 상호 지원과 분담 역할을 배분하는, 사실상의 변혁운동의 사령탑 역할을 동시에 수행하고 계시는 모습에 최상의 경의를 표할 수밖에 없었습니다.[183]

그렇지만, 박현채가 단지 변혁운동의 사령탑 역할만 담당했던 것은 아니다. 남한의 정치인 김상현(1935~2018)은 1970년 월간 《다리》를 창간했고, 1971년 2월부터 1972년 10월 폐간되기까지 박현채를 편집위원으로 두어 당시 김대중 대통령 후보를 외곽에서 지원했다.

1971년 나는 신민당 정책심의위원회 부의장, 제7대 대통령 후보 김대중 비서실장을 맡았는데, 박현채 선배는 고비마다 좋은 충언을 주었다.

---

183 《아! 박현채》, 262면.

특히 편집위원으로 있으면서 당시 귀했던 경제전문가를 대량 동원하는 데 앞장서준 게 큰 힘이었다.

김대중 전 대통령의 '대중경제론'이 박현채의 '국민' 혹은 '민족' 경제의 현실적인 대응이었음은 그때 눈치 빠른 분들은 익히 알 수 있었는데, 이런 이론에 바탕한 글을 《다리》지에 완곡하게 쓰곤 했다.[184]

이러한 박현채의 실천적 면모는 1980년대에도 이어져, 사회구성체/사회성격 논쟁에서도 주체적인 '이론' 자세를 견지했다. 이 때문에 박현채는 1980년대 중후반 이론주의적 논쟁의 급속한 심화를 마주하며, 민족(역사/이론)=민중(현실/실천)의 변증법적 통일이라는 문제 설정을 통해 이론과 실천이 융합되는 '사상 실천'의 양식을 보여주고자 했다. 그 가운데 박현채는 경제이론의 식민성과 파당성을 비판적으로 고려하게 된다.

자기발전 논리를 지니면서도 사회적 상황을 반영하고 일정한 역사적 시대의 일정한 이해집단의 요구를 반영하는 경제이론은 그런 의미에서 지극히 파당적이다. 그리고 이런 것들은 민족 간의 관계에서도 마찬가지이다. 경제이론의 전개에서도 민족 간의 힘의 균형에 따른 선진자본주의 민족들에 의한 이론독점과 이의 자기체험 위에 서는 전개는 두드

---

184 《아! 박현채》, 63면.

러진다. 그리고 이런 것들은 선진 민족들 안에서 소외된 민중적 구성에서도 마찬가지일 수밖에 없었다. 인류는 역사적 체험에서 선진적인 민족들의 소산인 여러 이론을 주어진 상황에서 일반적인 것으로 받아들이고 그것을 발전시킴으로써 여러 이론의 보편성을 유지하고자 힘써왔다. 그러나 이론으로서의 경제이론이 갖는 상부구조적 성격은 사회적 실천에서 오는 끊임없는 요구에도 불구하고 이론을 보수적인 것으로 만든다.[185]

이론의 파당성은 이론이 순수이론으로 존재하지 않고 '실천'과의 관계 속에서 작용함을 의미한다. 박현채는 경제이론의 제국주의 및 식민주의 성격으로부터 이 지점을 인식했다. 그가 '이론의 체계화'를 의도하지 않은 것 또한 이론의 체계화가 기성 이론에 대한 비판성을 가진다고 하더라도 체계화로 인해 이론적 장역에 갇힐 가능성을 경계했기 때문이다. 그래서 그는 이론을 하나의 실천이자 과정으로 삼으며 '역사'가 부여한 임무의 수행에 충실할 수 있었다.[186]

---

185 박현채, 《민족경제론의 기초이론》, 23면.

186 박현채는 본인의 저술뿐만 아니라 상당한 분량의 번역 및 편역에도 참여했다. 그의 번역 실천은 그가 '독창성'을 자제하며 일반 이론을 부단히 학습해왔음을 잘 보여준다. 그의 '비독창적' 사상 실천은 이러한 그의 학습과 적용이 '비소유적 성격'을 갖게 함으로써 오히려 매우 '주체적인 실천'이 되었다고 볼 수 있다. 주요 번역/편역 작업은 다음과 같다. 《자본주의 발달사연구 서설》(한길사, 1981) [편역]; 《현대경제사상사》(전예원, 1982) [편역]; 《전후 자본주의의 재검토》(폴 스위지 외, 학민사, 1983); 《권력의 해부》(J.K.갈브레이드, 한벗, 1984) ; 《혁명의

그러나 박현채는 '이론의 파당성'을 단순한 대립의 차원에서 인식하지 않고, 모순론의 관점에서 대립을 통일로 보고 궁극적으로 정세에 개입해 모순을 극복하여 '건설'의 방향을 제시하고자 했다. 다시 말해, 박현채는 진영진과 마찬가지로 역사적 계보를 갖는 '민족주의'에 자신의 근거를 두었다. 그래서 그의 사상은 단순한 '저항'이나 '반정립'의 차원을 넘어 '건설'과 '복원', 즉 공동체 삶의 양식을 재구성하는 명확한 목표를 가진다. 그가 '사상'의 문제의식을 제기한 것은, 이론적 논의가 단순한 부정이나 분기에 머물며 자족하는 관념성을 가질 수 있기 때문이었다. 그의 '이론'은 사상적 조망 아래에서 늘 '구체적인 실천'을 염두에 두고 있었는데, 이는 지식의 '책임성'과 '윤리성' 문제를 제기하는 것이다.

'의도적 논쟁, 의외의 파장'

박현채는 사회구성체와 사회성격에 관해 체계적인 별도의 이론을 내놓지는 않았다. 사실상 1985년의 글은 '종속이론 수용방식'을 비판하려던 것이었는데, 의외의 파장을 낳았다. 특히 논쟁

시대》(에릭 홉스봄, 한길사, 1984)[차명수와 공역];《자본주의의 형성과 농민층 분해론 : 농업 내부의 자본주의적 계급구조의 형성과정》(石渡貞雄, 한울, 1985);《불확실성의 시대》(존 K. 갈브레이드, 범우사, 1988)[전철환과 공역];《경제학사전》(풀빛, 1988)[조용범과 공편];《일본경제사》(나가하라 게이지, 지식산업사, 1990).

초기의 박현채와 종속이론 사이의 대립 구도에서 엔엘과 피디로 전환되면서부터, 즉 사회구성체 논쟁이 사회성격 논쟁으로 전환되면서부터 박현채가 개입할 수 있는 여지는 거의 없었던 것으로 보인다. 따라서 박현채를 '사회성격 논쟁'의 주요한 당사자로 상정하기는 어렵다. 따라서 아래에서는 박현채가 '종속이론'을 비판했던 맥락을 재구성하고, '사회성격 논쟁'과 관련한 박현채의 논의를 분석해 박현채의 곤혹을 드러내고자 한다.

박현채의 사회구성체론은 구체적인 역사 및 현실 관계를 기초로 논의되고 있다. 즉, 식민지 조선의 역사적 맥락에 관한 두터운 이해를 바탕으로, 중국, 일본에서의 이론과 마르크스주의 일반 이론을 참조하는 부분이 결합해 있다. 최초 논쟁 촉발의 계기가 된 1985년의 글 〈현대 한국사회의 성격과 발전단계에 관한 연구 (1)—한국자본주의의 성격을 둘러싼 종속이론 비판〉[187] 또한 '사회구성체론'을 제시했다기보다는 당시의 종속이론 수용의 태도를 비판하고자 했다. 이 글의 제목이 '한국사회의 성격'을 논의하는 것으로 모종의 기대 또는 오해를 낳을 소지가 있지만, 글의 주요한 비판은 종속이론(나아가 주변부 자본주의론과 식민지반봉건 사

---

187 이 글은 제목이 〈한국사회의 성격과 발전단계에 관한 문제 제기〉로 바뀌어 《민족경제론의 기초이론》의 제3부 제7장으로 수록되어 있다. 본래 제목에서 볼 수 있듯이 박현채는 이 글은 당초 첫 번째 글이었고 논쟁의 전개에 따라 후속편을 계획했던 것으로 보이는데 의외의 파장 속에서 후속편은 유산되고 말았다.

회구성체론)이 사회구성체적 차원에서 자본주의적 성격을 부정하는 문제, 또는 식민지 반봉건 사회구성체론이 사회성격으로 사회구성체를 대체하는 오류에 대한 것이었다. 사회성격은 실천적 층위와 주요모순의 범주이기 때문에 사회성격(반봉건)으로 사회구성체(자본주의)를 대체하는 입론은 '실천으로 이론을 대체하는 이론'을 주장하는 것이 되고, 동시에 이러한 이론은 이론 본연의 역할을 방기하며 종국에는 실천으로부터 유리되기 때문이다. 궁극적으로 박현채가 문제를 제기한 목적은 이론의 실천성을 강화하는 데 있었지, 이론과 실천 내부의 분열과 분화를 초래하기 위한 것은 아니었다.

박현채는 우선 '종속이론에 있어서 주변부 자본주의론'을 논의하면서 프랑크, 라끌라우, 아민, 함자 알라비 등의 관련 논의를 검토하고 다음과 같이 결론을 내린다.

전체적으로 주변부 자본주의의 구조나 주변부 사회구성체에 대한 이러한 논의는 그것이 더욱 정밀화된다 할지라도 우리가 흔히 말하는 "사회적으로 생산된 경제잉여의 일상적 누출 메커니즘의 정착화로서의 식민지 경제구조" 그 이상은 아니다. 그리고 이것은 굳이 사회구성체라고 성격지을 만한 조건을 지니고 있지 않다.[188]

---

188 박현채, 《민족경제론의 기초이론》, 342면.

한편 박현채는 종속이론에 관한 일본의 경제학자 혼다本多健吉 (1934~2007)의 문제 제기를 적극적으로 수용하면서 본인의 논지를 전개한다.

그[혼다]의 지적 가운데서 중요하게 우리의 관심을 끄는 것은 ① 민족주체적인 힘을 낳는 내적 발전의 동태적인 과정의 해명의 결여와 ② 저개발 세계의 해방과정에서 '민족국가' 형성이 갖는 의의에 대한 과소평가에 대한 지적이다. (중략) 전후에 주어진 서로 다른 상황은 설명되어야 한다. 그리고 그런 것들은 각 나라의 민족주체 형성과정과 무관하게 설명될 수 없다. 이런 것들은 논자에 따라 편차가 있으나 개개의 종속론자들이 역사 발전의 동인을 내부적 요인에서 보지 아니하고 외부적 요인(중심부)에서 보는 경향을 지니고 있는 데서 오는 것이다. 따라서 그들은 선진자본주의 세계의 경제적 운동법칙의 해명에 초점을 맞춘《제국주의론》의 결함을 극복한다고 하면서 그것과 같은 오류에 빠지게 된 것이다. 그리고 이런 것들은 바로 민족국가의 형성에 대한 과소평가로 통한다. (중략) 그는 부또오(武藤一羊)의 말을 빌어 종속이론이 "그 내부에 [명확히] 존재하는 커다란 범주─민족국가─를 일반적인 상호관계 속에서 해소시켜버리는 경향을 갖고 있다"고 말하고, 이는 세 대륙에 있는 나라들의 상이한 유형적 차이가 "그것에 따른 사회·경제구조의 발전단계의 유형적 차이 문제에 귀착되며 전자(라틴 아메리카)에 기초를 둔 종속이론은 하나의 보편적 이론으로서는 한계성을 지니고 있다는 점을 보여주고 있다"고 지적한다. 이밖에도 종속이론이나 주변부 사회 구성체론은 특수한 것을 강조하면서도 일반성의 강조로 될 수밖에 없었다든지, 자본주의 발전의 불균등성을 부정함으로써 역사적인 정체론으로 되었을 뿐 아니라 주변부 여러 나라들의 자립에의 가능성을 부인하는 것으로 되었으며 **사회적 실천을 강조하면서도 경제결정론에 빠져 있다**는 비판을 면할 수 없다.[189]

박현채는 기본적으로 종속이론의 문제점을 '외인'의 강조로 인한 역사적 민족의 현실적 주체성의 간과 및 이로 인한 실천성의 부재에서 찾는 것으로 보인다. 한편 박현채는 이어서 (반)식민지 반봉건 사회론을 같은 맥락에서 비판한다. 박현채가 비판한 핵심 대상은 조선 식민지에 대해 과거 사회성격론으로 유효했던 '(반)식민지반봉건 사회론'을 '사회구성체론'으로 개조하는 주변부 자본주의론의 역사 소급 시도에 대한 것이었다. 이 논의 전개를 위해 박현채는 중국에서의 논의를 소개한다.

그러나 이런 것들은 중국 내부에서 **사회적 실천의 과정**에서 이미 결론이 난 것으로 생각될 수 있다. 그것은 1937년에 이미 모택동의《실천론》과《모순론》이 나오고 1940년에는《신민주주의론》이 나오며 여기서 서

---

189   박현채,《민족경제론의 기초이론》, 346~347면.

술된 논의가 사회구성체적인 규정이 아닌 주요모순에 대응하는 것으로서의 반식민지반봉건 사회 규정을 위한 이론적 기초를 주고 있기 때문이다. (중략) 모택동의 《실천론》과 《모순론》은 1937년에 **교조주의적 편향을 교정하기 위해 이루어진 것**으로 이론과 실천의 통일의 문제 및 사물의 모순원리의 문제라는 철학의 중요과제에 대한 해명이다.[190]

바꿔 말하면 박현채는 교조주의 비판이라는 주체적 맥락에서 실천론, 모순론의 '주요모순' 개념을 수용하고, 이론적 범주의 사회구성체로 사회성격과 주요모순을 대체하려는 시도를 경계한다. 이에 따라 박현채는 종속이론의 변형으로서 '식민지반봉건 사회구성체론' 또는 '주변부 자본주의론'에 관해 다음과 같은 결론을 내린다.

주변부 사회에 고유한 계기적인 역사 발전 논리 또는 단계를 설정하려는 식민지반봉건 사회구성체론은 사회구성체론으로서의 이론적 근거를 갖고 있지 않다. 그리고 현실적으로도 제3세계의 역사적 발전은 그것을 실증해주지 못하고 있다. 그러나 주변부 자본주의론 그리고 식민지반봉건 사회론이 이론적 타당성이 결여되고 종속이론 그 자체가 경제이론으로서 완성되기도 전에 급속히 소멸과정에 들어섰음에도 불구

190 박현채, 《민족경제론의 기초이론》, 350면.

하고 우리 사회에서는 사회과학 연구에 있어서 한국적 상황과 결합하여 상술한 것과 같은 사회구성체 이론이 우리 사회의 성격 그리고 발전 단계를 밝히는 이론적 기준으로 쓰이고 있다. 이것은 우리 문제의 해결을 위한 역사 및 현상 인식을 그르치게 한다는 점에서 크게 우려할 만한 일이다.[191]

박현채의 '종속이론' 또는 '주변부 자본주의론' 비판은 무의식적으로 제1세계 중심의 보편을 설정하고 그것과 대비해 얻은 경험주의에 치우친 '특수화' 때문에 실천론과 유리되는 문제에 대한 것이었다. 박현채는 이론을 개인의 사적 소유로 삼지 않고 공공 자원으로서의 실천적 학문을 지향했기 때문에, '종속이론'과 같이 '외인'을 강조하며 역사성을 갖는 내재적 주체성 및 동력과의 관계를 해명하지 못하는 이론 지향이 결국 '실천'과의 관계에서 부정적이게 됨을 경계했다. 이러한 특수주의 비판의 핵심은 자본주의 사회구성체와 다른 별도의 사회구성체를 개념화하는 것에 대한 문제 제기였다. 즉, 박현채가 보기에 종속이론의 한 갈래로서 '주변부 자본주의론'은 사실상 '주변부 사회구성체론'으로 간주되고, 결국은 '자본주의론'의 규정에서 이탈한 것이다. 특히 박현채의 논증에서 이론적 비판 대상이 된 것이 일본 경제학

---

191 박현채, 《민족경제론의 기초이론》, 362~363면.

자인 가지무라 히데키梶村秀樹(1935~1989)였다. 박현채는 '종속이론'과 '식민지반봉건 사회구성체'의 관련성에 대한 가지무라 히데키의 논의를 소개하고 다음과 같이 문제를 제기한다.

아민의 주변부 사회구성체론의 유형학적인 정체적 인식을 극복하기 위해서는 동서양을 일관하는 일반이론이 정립되어야 하는바, 식민지·반봉건 사회구성체나 주변부 자본주의 사회구성체는 한결같이 개별적인 특수성에서 하나하나로서 파악할 수밖에 없는 것이 아닌 각국에 공통된 일정한 특징을 갖고 있기 때문에 그러한 가능성이 주어진다고 한다. 그리고 그렇게 될 수밖에 없는 근거는, 식민지·반봉건 사회구성체에서 각국의 구체적 특수성을 규정하는 요인이 두 가지가 있는바 그 가운데서 토착 전자본주의 사회구성의 상태는 식민지 본국 자본주의의 요구에 따라 강력히 재편성됨으로써 평준화되고 부차적인 것이 되며 식민지 권력을 장악한 본국 자본주의의 경제적 요구가 기본적인 것으로 관철되기 때문이라고 주장한다. **이것은 본국 자본주의의 경제적 요구의 다양성을 사상한 것일 뿐 아니라 자기들이 구체성을 강조하면서 제시한 특수성을 가지고 또 다른 일반성을 창출하는 것 이상의 것은 아니다.** 그리고 이것은 또 과학적 방법이라 할 수도 없다. 그것은 개별적인 본국 자본주의의 경제적 요구의 반복에서 오는 평준화를 일반성으로 간주하고 **선진자본의 외적 규제를 내생적 요인과 결합시킴이 없이 외적 조건만으로 일반화시킨 것이다.** 따라서 그것은 자기가 제기한 제3

세계의 주체의 입장에서 제3세계 또는 역사를 본다는 이른바 주변부적인 인식방법과 상치되고 있다. 이것은 참된 일반성 속에서 자기를 관철하지 못하고 도리어 거짓 일반성을 만들어내서 그것에 매몰되는 잘못을 저지르는 셈이 된다. (중략) '발전'이란 어느 경우에도 다름 아닌 모순의 확대·심화과정 또는 '저발전의 발전' 과정에 불과하다고 하나 독자적인 발전법칙의 관철에 의한 사회구성체 간의 이행의 문제는 모순의 심화만이 아니라 모순의 생성과 심화, 소멸 그리고 새로운 모순의 생성이라는 변증법적 과정인 것이다. 그리고 발전의 동인이나 이행의 조건은 여기서는 외생적인 국제적 분업에서 제시될 뿐이다.[192]

박현채는 한편으로 중심부 본국 자본주의 경제 수요의 다양성을 고려할 필요성을 암시하면서, 다른 한편으로 식민지의 '내생적 요인'이 함축하는 역사적 종축을 더욱 중시한다. 이는 (반)식민지 시기 모택동 사상을 계기로 발전한 박현채의 역사적 다원주의 사상을 간접적으로 반영한다. 이 때문에 박현채는 심지어 이러한 종속이론의 논의를 과거 중국의 혁명 과정에서 출현한 자본파(노농파)와 봉건파(강좌파)의 대립 구도를 특징으로 하는 정치경제학적 전통에서 이탈한 것으로 본다.[193] '노농파'가 상

---

192 박현채, 〈현대 한국사회의 성격과 발전단계에 관한 연구(I): 한국자본주의의 성격을 둘러싼 종속이론 비판〉,《창작과비평》15(3), 1985, 340면.

193 박현채는 정민과의 인터뷰에서 비교적 명확하게 자신의 입장을 제시한다. "정민: (중략) 80

대적으로 탈역사적인 이론주의(실천에서 교조주의) 경향을 가졌다면, 1980년대 박현채가 문제 삼은 주변부 자본주의론은 2차적 이론주의의 결과물이다. 이러한 이론주의는 '보편-특수'의 논리에 기대어 '가상'적 자립화를 시도하게 된다. 이는 훗날 남한에서 현실과 유리된 두 가지 편향을 형성한다. 우선 주변부 자본주의론에서 중진자본주의론으로의 전환(안병직을 중심으로)[194], 아울러 그것의 좌익적 판본인 주변부 자본주의에서 트로츠키주의로의 전환(정성진을 중심으로)[195]이 그것이다.

이처럼 박현채가 비판했던 대상이 이후 보여준 역사적 궤적은 한편으로 박현채의 정확성을 증명하는 것 같지만, 다른 한편으로 비판력의 부족을 드러내는 것이기도 하다. 사실 박현채의 곤혹은 이 정도에 그치지 않는다. 비판을 받았던 대상과 달리 이 글이 발표된 후 능동적으로 박현채 이론을 계승하려는 젊은 세대의 이론적 지향 또한 출현했는데, 이는 박현채를 더욱 불

년대 이후의 논의는 다양한 주변부 자본주의론의 급속한 유포에 대응해서 전개되고 있기 때문에 '논쟁'의 맥이 좀 다르지 않나 생각되는데요. 주자론은 '노농파적'도 '강좌파적'도 아니지 않습니까? 박현채: 그렇죠. 보다 엄밀히 말하면 주자론은 정치경제학적 전통에 있지 않다고 할 수 있죠. (중략) 일제 때는 결코 사회구성체론으로서의 식민지반봉건 사회를 말하지 않았습니다. 그것은 식민지하에 놓여 있는 한국사회나 중국사회에서 주요모순에 대응하는 개념이었지요", 박현채, 정민 대담, 〈민족경제론—민족민주운동의 경제적 기초를 해명한다〉, 《현단계 제1집》, 1987, 407~408면.

194 안병직은 1990년대 중반을 지나면서 남한의 이른바 '뉴라이트'의 대표 지식인이 된다.

195 정성진(1987), 〈80년대 한국사회구성체 논쟁과 주변부 자본주의론〉, 《한국사회연구 5》, 24~25면 및 15면 각주13. 정성진의 연구는 이후 트로츠키주의적 문제 설정으로 이행한다.

안하게 했다. 이른바 '민중민주'(이른바 '피디') 계열의 경우 박현채의 민족경제론과 신식민지 국가독점자본주의(사회구성체 규정)를 서로 분리하고, 나아가 민족경제론의 '봉건파적 경향'을 '극복'해 박현채를 '계승'하는 입장을 취했다. 다시 말해, 이 입장은 사회구성체 규정에서 사회성격을 직접 도출하면서 사실상 사회성격 및 사회구성체의 핵심인 신식민성 범주를 소거하는 것이었다. 결국, '피디'에게는 사실상 '국독자'만이 남았고, 계급중심주의로 전락해 '민중' 민주의 원칙을 위배하게 된다.

그러나 박현채에게 '독점'은 '신식민지 반봉건성'의 논리적이고 이론적인 표현이었기 때문에 '반봉건성'과 모순되지 않았을 뿐더러, 오히려 '독점자본'의 대립항으로 '중소자본'과 '민족자본'을 설정하기도 했다.

즉, 남한에서 '독점(대기업 재벌)'과 '중소기업'의 대립은 민족경제론의 초기 구상에서부터 제기되었는데, 사회구성체 논쟁에서 '반反독점'과 '반半봉건'이 대립적인 것으로 오해되었던 것이다. 그러나 박현채의 입장에서 독점에 대한 반대는 단순한 부정에 머물지 않고 대안 건설의 지향 및 실천과 늘 연결되어 있었기 때문에, 그 경제적 기반으로서 '중소기업론'은 '반反독점'과 하나의 짝이 될 수밖에 없었다. 그는 경제 현상을 분석할 때 형식논리로 '국가독점자본주의론'을 근거로 삼았지만, 동시에 역사적 능동성의 관점에서 민중의 더 나은 삶을 위한 노력이 갖는 자생성의 영역을 늘 염두에 두었다. 이는 '국지적 시장권' 개념에서 비롯된 '중소기업론'으로 제시된다. 이 때문에 그의 경제사상은 단순하고 추상적인 '자본주의 비판'에 그치지 않는다.

따라서 박현채에게 독점과 종속은 차원이 다른 개념이다. '독점'이 사회구성체의 발전단계를 표현하는 개념인 반면, 종속 또는 신식민은 반봉건적 사회성격에 관련된다. 반봉건적인 재생산 구조와 사회성격을 해명하기 위한 이론적 범주로 '국독자'가 도입되었기 때문에, '독점'은 역사적 사회성격(주요하게 '경제외적 강제'와 '매판성')의 조망 아래 비로소 '민중'이라는 주요모순 범주와 조응한다. 이는 민족공동체의 역사적 과제 해결이라는 민족주의 운동을 전제하고 '민중'을 정세의 주요모순에 대응하는 주체로 내세웠기 때문인데, 이로 인해 '민중'은 계급으로 환원되지 않는다. 마찬가지로 종속과 독점을 대칭적 층위에서 병렬적 또는 상호 인과적으로 이해할 경우, '민중'은 계급에 환원될 수밖에 없고, 계급으로 환원된 민중은 이론에 속박된 추상적/평면적 주체로 전락하며, 그 가운데 종속이라는 범주 또한 주체적으로 인식되지 못하고 추상적 반제국주의 언설로 전락한다.

박현채는 이론 규정에 '정통'하면서 현실 규정과 실천에서 매우 '정세'적이고 '구체'적이었는데, 이는 사회적 실천에 있어 이론의 이론주의적 '분기'가 사실상 '합리주의', '경험주의'에 의한 '보편/특수화'의 논리에 종속되는 문제를 경계했기 때문이다. 실천과 분리된 '이론적 성취'는 오히려 보편-특수라는 정태적 이론 권위의 재생산에 기여한다는 것이다. 박현채는《민족경제론의 기초이론》에 재수록된 사회성격 및 사회구성체와 관련한 논문의 결론 부분에서 역사 인식의 보편성과 특수성의 문제를 다시 체계적으로 논의한다. 조금 길지만 중요한 부분이기 때문에 전체를 인용한다.

경제적으로 역사를 본다는 것은 인류의 경제적 활동, 그 발전의 과정을 해명하는 것이다. 즉 세계 여러 민족, 여러 나라의 경제적 생활과정의 단순한 총화가 아니라 개별·구체적인 것의 전체를 꿰뚫는 **보편적인 발전법칙**을 보고자 한 것이다. 따라서 그것은 비록 현실적인 역사라 할지라도 그대로의 참된 구체적인 역사의 현실이 아니라 **일정한 이론적 추상의 산물**이었다. 그리고 이것은 과학 가운데서도 사회과학이 역사적인 사회적 현상의 **법칙적 인식**을 의도하고 있는 데서 오는 필연적 귀결이었다.

그러나 현실적인 인간의 사회적 요구는 보다 구체적인 것을 요구한다. 그것은 구체적인 자기들의 역사적 상황을 밝힘으로써 내일을 보여주는 것이어야 했다. 그리고 **실천에의 지침**을 주는 것이어야 했다. 그러나 역사 인식 또는 과학의 추상적인 법칙의 추구는 그것을 당장 그리고 바로 쓸모 있는 것으로 주는 것은 아니다. 그뿐 아니라 역사에서 민족 또는 지역 간의 경제적 힘의 불균등은 과학연구에서도 일방적 편재를 낳아, 선진 제 민족의 독점 또는 지역 간의 불균등으로 되어 일찍이 역사 인식 또는 사회과학에 있어서 그것이 지니는 성과로서의 역사 제 법칙에 대한 회의를 낳는 요인이 된다. 더욱이 이런 것들은 사회과학이 파당적일 수밖에 없는 데서 더욱 심화되게 마련이었다. 그리고 경제학에 있어 이미 일반화된 것들을 서구적인 것으로 배척하게 되기도 한다. 아닌 게 아니라 그간에 서구적인 것을 일반적인 것으로 간주하는 경향이 없었던 것은 아니다. 경제사에서도 한때는 서구경제사를 내용으로 하는 것이 일반경제사로 간주되었다. 그리고 그와 같은 사고의 배후에는 19세기적인 서구인의 자기중심적인 역사관이 있었다. 그 입장에서 본다면 아시아는 영원한 '정체적 사회'이고 인식대상 밖의 것이었다. 여러 가지 경제사적 범주에 대해서도 그와 같은 서구경제사에서 얻어지는 개념 내용을 바로 세계사적인 것, 법칙적인 것으로 받아들여 구체적인 한 나라의 역사 인식 수단으로 사용하는 경향이 있었다. 따라서 이런 경우 구체적인 역사 인식은 도식화되고 특수·구체적인 것을 제대로 인식할 수 없게 되는 것은 당연하다. 문제는 귀납과 연역이라는 상호보완적인 방법으로 통일하여, 사회적 실천에 의해 일반적인 것을 확인하며 이것을 구체적인 것에 적용하여 현실인식을 투철히 할 뿐 아니라 구체적인 것의 확인으로 일반적인 역사 발전법칙을 풍부히 하는 노력이 어떻게 이루어져야 하는가에 있다. 구체적인 나라의 역사는 일반법칙을 해명하는 유력한 소재이고 그것을 통해 역사적 법칙의 내용을 풍부히 하고 발전시킨다는 생각을 가질 필요가 있다. 그리고 이와 같은 생각을 관철시키려 한다면 우리들은 이미 있는 개념이나 척도만으로 구체적인 역사적 현실을 쉽게 도식적으로 설명하는 데 만족하지 않고 일반적인 법칙을 매개로 하여 어디까지나 역사적 현실의 구체적인 상을 추구한다는 자세를 견지할 필요가 있다.

전후 세계경제에서 경제발전을 둘러싼 상황 인식을 보아도 사정은 마찬가지다. 그리고 그와 같은 대립을 심화시킬 수밖에 없는 것은 선진자본주의제국이 전후 세계경제의 재편성에서 제국주의적 이해관계의 옹호를 위한 국제분업의 논리를 펴고 그것을 위해 모든 이론을 원용했기 때문이다. 상황을 둘러싼 인식의 대립은 전후 상황의 인식만이 아니라 역사적으로 소급해서 전전상황에 대한 역사 인식으로도 이어진다. 제3세계론의 대두와 함께 제기된 종속이론, 즉 주변부 자본주의 사회구성체론이나 식민지반봉건 사회론도 경제발전을 둘러싼 전후의 상황의 소산이다. 그러나 그와 같은 상황의 소산이라고 하여 지나친 구체성의 집착이나 새로운 일반성의 강조가 정당화될 수는 없다.

역사 인식에서 우리는 크게 두 가지 방법을 생각할 수 있다. 하나는 역사적 과정을 될 수 있는 대로 구체적으로, 이론화는 의식적으로 피하면서 서술하려는 것이고, 다른 하나는 이미 일반적으로 확립된 이론적인 법칙적 인식의 방법과 기초적인 제 범주, 예를 들면 경제제도나 사회구성체 등의 이론적 도구를 활용하여 역사 발전의 법칙을 해명하고 오늘의 상황(한 사회의 성격이나 발전단계)을 제대로 본다는 관점에서 구체적인 역사적 과정과 현상을 이론적으로 정서整序지어 파악하고 그것을 통해 구체적인 나라에 있어서 구체성을 발견하려고 하는 방법이다. 이러한 두 개의 방법은 즉각적으로 서로 정면으로 모순되거나 배제하는 것은 아니다. 앞의 방법을 취한다고 해도 역시 일정한 이론이나 개념을 매개로 하지 않는 역사 인식은 있을 수 없다. 그리고 이런 역사 인식이라 할지라도 종국에는 추상화를 거치지 않을 수 없다는 점에서 일반화를 거치지 않을 수 없다. 그렇다고는 하지만 **개별을 개별로 파악해서 좁은 외연을 갖고 새로운 법칙을 자의적으로 창출하고 서술하는 것과 보편적인 법칙을 매개로 하여 개별을 인식하고 그 개별의 특수성을 명백히 하는 것은 기본적인 차이가 있다. 당위적인 역사 인식의 방법은 보편적인 법칙—그것이 법칙적인 데서 완벽한 것은 아니라 할지라도—을 매개로 하여 개별을 인식하고 그 개별의 특수성을 명백히 하는 것이어야 한다.**

그리고 역사 인식에 있어서 경제적 인식은 다른 역사 인식, 전체적인 역사 인식에서 고립되어서 존재하는 것은 아니다. 그것은 전체적인 역사 인식과의 관련에서 주어지고 현상은 **모든 것의 서로 얽힘**이다. 따라서 경제적인 쪽에서는 물론 전체적인 역사 인식을 위한 완결된 체제—그것이 아직 완벽한 것은 아니고 인간의 인식능력의 유한성 때문에 끝내 완벽한 것이 되는 것도 아니나—를 갖춘 것이어야 한다. 그뿐 아니라 논의의 창조적 발전을 위해서는 개념이나 분석수단과 같은 기초적 범주에 대한 정확한 인식이 선행되어야 한다.

결론적으로 한국사회의 성격과 발전단계의 해명을 위한 분석이론으로서의 주변부 자본주의 사회구성체론이나 식민지반봉건 사회론은 그 동기나 배경에도 불구하고 올바른 역사 인식을 위한 노력에서 중요한 예단 또는 오류에 빠져 있다고 말할 수 있다.[196]

박현채는 여기에서 이중의 전선을 형성하고 있다. 우선 박현채는 서구중심주의적 역사 인식이 아시아를 본질화하는 측면을 지적하며 그 안에서 아시아는 인식대상 밖에 놓여 있다고 비판한다. 그러나 동시에 "지나친 구체성이나 새로운 일반성의 강조" 또한 경계한다. 특히 박현채의 논의가 논쟁으로 비화한 것은 주로 후자와 관련된다. 박현채가 보기에 후자가 바로 종속이론 및 주변부 자본주의론(그리고 식민지반봉건 사회구성체론) 등이었기 때문이다. 박현채는 상대적으로 전자의 문제를 심각하게 여기지 않았던 것으로 보인다. 그렇기 때문에 그는 여전히 확신을 갖고 '보편적인 것'을 원용한다.[197] 이는 그가 이론을 대하는 태도와 관련되어 있다. 박현채에게 20세기 식민 및 내전이라는 역사적 경험의 전유는 기본적으로 그 안에서 "사회적 실천에 의해 일반적인 것을 확인"한 것이었고, 그에 근거하여 지속된 작업이 바로 "이

---

196 박현채, 《민족경제론의 기초이론》, 363~365면.

197 앞서 소개한 것처럼 박현채가 종속이론과 그 변종들에 대해 '정치경제학적 전통'에서 이탈해 있다고 비판한 점에서 박현채가 스스로 실천적 관점에서 정치경제학적 '전통'을 계승하고 있다고 확신했음을 유추할 수 있다.

것을 구체적인 것에 적용하여 현실 인식을 투철히 할 뿐 아니라 구체적인 것의 확인으로 일반적인 역사 발전법칙을 풍부히 하는 노력"이었기 때문이다. 앞서 언급한 것과 같이 박현채는 진영진이 '사상의 빈곤'을 고민했던 것과 달리 '사상의 단절'을 문제화하고 있었다. 박현채가 보여주는 실천적 태도가 주체적 자태를 보이는 것은, 그가 '파당'적으로 서 있는 위치에서 '역사'는 비록 굴곡을 가지나 기본적으로 계승적인 것이지 단절적인 것이 아니었기 때문이다. 그럼에도 불구하고 1980년대 현실적인 사상 담론의 전개 과정에서 박현채의 역사적 계승성이 고립되었던 것은 사실이다.

박현채는 '신식민성' 인식을 통해 '민족' 문제를 주요모순으로 보았다. 그러나 '신식민성'의 인식은 이미 '내전'과 '분단'에 관한 사유를 함축한 '신식민'일 수밖에 없었다. 1980년대 박현채가 마주한 환경은 이미 장기적인 현실적 제약에 의해 굴절을 거친 것이었고, 심각한 '자기 망각'의 상태에 놓여 있었다. 이것이 아마도 '신식민/분단 체제'의 주요한 효과 가운데 하나일 것이다. 이 때문에 박현채는 갈수록 고립될 수밖에 없었다.

박현채의 고독: 일시적 '개방'과 '단절'의 심화

1987년 박현채의 단재상 수상 소감의 일부를 다시 인용해 본다.

민족경제론은 민족적 생존권의 확보와 발전이라는 민족주의적 요구 위에 서서 국민경제 안팎에서 이루어지는 민족경제의 주체적 발전과 그것에 따른 외국자본 그리고 매판자본과의 상호관계를 밝히기 위한 것입니다. 따라서 그것은 기존의 경제이론을 받아들이면서 거기에 현상의 민족 주체적 인식을 위한 보완적 수단을 덧붙이고자 한 것 이상의 것은 아닙니다.

나는 일찍이 《민족경제론》(한길사, 1978)의 서문에서 "섣부른 창조보다는 충실한 해설자로서의 자기"를 설정했습니다. 그리고 그것에 충실하고자 했습니다.[198]

민족경제론의 목적이 "보완적 수단"을 덧붙이는 데 있다고 본 박현채는 "새로운" 일반이론이 아닌 일반이론의 "적용"과 "발전"을 모색했다.

이론의 정밀화나 이것이 하나의 체계로 발전하는 것을 요구함이 이론의 사회적 실천상의 역할과 긴밀히 관련되는 것은 아니다. 그것은 그런 의미에서 이론 그 자체의 자기발전 논리의 관철 이상은 아니다. 민족경제론은 정치경제학적인 경제이론을 식민지 · 반식민지 상태의 식민지종속형 자본주의 발전국가들에 적용하려는 것이고, 이들 나라에 있어서

---

198 박현채, 〈오늘의 역사적 상황과 민족경제론〉, 《박현채 전집 제2권》, 723면.

'일반이론'의 발전을 모색하는 것이다. 따라서 그것은 다른 일반이론에 대체되는 새로운 일반이론의 정립을 의도하는 것이 아니다. 민족경제론은 완결된 체계를 시도하지는 않을 것이다.[199]

　　박현채가 제기하는 '식민지 종속형'은 '이념형'으로서의 유형론을 포함하는 것 같다. 그는 가끔 이를 '형식논리'라 부르며, 유형론이 구체성이나 개별성에 환원될 수 없다고 본다. 즉, 이념형(이론)은 구체에서 추상으로 상승하며 형성되는 것이 아니라는 입장이다. 이는 조야하고 소박한 경험주의와 실증주의에 대한 비판이었다. 따라서 박현채는 그러한 개별적 실체를 근거로 일반이론을 부정하고, 새로운 일반이론을 수립하는 특수주의를 비판한다. 그리고 그 비판의 목적은 실천 또는 운동과 분리되는 이론적 지향을 바로 잡기 위한 것이다. 사회구성체 논쟁에서 '주변부 자본주의론'이 비판의 대상이 된 것을 바로 이 맥락에서 이해할 수 있다. 박현채는 주변부 자본주의론 또는 그것과 궤를 같이하는 주변부 사회구성체론에 대해 '자본주의 일반이론' 또는 '정치경제학 전통'에서 이탈한 것이라고 비판했다. 그러나 동시에 박현채는 사회적 실천의 차원에서 일반이론의 발전을 시도한다. 박현채의 사상적 실천은 이러한 유형론(사회구성체론을 포함)을 활용하

199　박현채, 《민족경제와 민중운동》(서울: 창작과비평사, 1988), 54면.

면서 보편-특수적인 고정적 틀로 '타자'와 '자신'을 인식하는 방식을 비판하고 있다.

박현채는 사회구성체 차원에서 남한 사회를 신식민지 국가독점자본주의로 규정하지만, 동시에 사회성격의 차원에서 남한사회를 '반봉건' 사회로 본다. 겉으로 보기에 이는 상호 모순적으로 보인다. 그러나 자세히 보면, 그가 '사회성격'을 이야기할 때, 그것은 '주요모순'을 제시하기 위한 것이었다. 그는 역사적으로 '독자성' 및 '종별성'('고유성'이 아닌)을 드러내는 범주를 통해서만 '주요모순'이라는 구체성을 표현할 수 있다고 보았다. 다시 말해 '국가독점자본주의'는 사회구성체라는 '일반' 개념이기 때문에 추상적일 수밖에 없고, 주요모순을 직접 표현할 수 있는 것은 아니었다. 따라서 사회적 실천과 결합하는 주요모순 인식의 차원, 즉 사회성격의 차원에서 보면 남한 사회는 '반봉건'으로 인식되고, 이를 이론적으로 표현하기 위한 현상 인식 차원에서 '국가독점자본주의' 이론이 원용된 것이라 볼 수 있다. 여기에서 국가독점자본주의라는 사회구성체적 규정은 신식민지라는 조건하에서 자본주의의 특수성을 이론적으로 표현해 주는 논리적 범주가 되고, 사회성격과 관련지어서는 경제외적 성격과 매판성을 핵심으로 하는 '관료자본주의'라는 남한 자본주의의 성격 규정이 나온다. '반봉건'이라는 성격은 이와 같은 '관료자본주의'에서 주어지는 것이라고 볼 수 있다. 그러나 현실의 논쟁 구도 속에서 박현채의 논의는 의도와는 반대로 오히려 이론의 급진화와 분화를 낳는 촉매가 된다. 그가 더 이상 논쟁에 개입하지 않고, 오히려 '이론주의'를 비판했음에도 불구하고, 현실의 논쟁은 '내재적 동력'을 바탕으로 확대재생산되었다.

6.
'빈곤'과 '단절'의
성찰적 상호 내재화

상호참조적 인식과 포스트 냉전의 역설

앞서 2장에서 언급한 바와 같이 진영진은 식민/분단의 중첩과 두 번의 분단이라는 대만의 특정한 조건에서 전통으로서의 '뿌리'와 대만의 좌익 및 공산당의 혁명운동 재인식을 통해 역사를 개방시켜 재전유하고자 했다. 1차 분단이 식민에 의한 할양으로서 민족 간 대립의 산물이었다면, 2차 분단은 민족 내부의 좌우 대립이 냉전적 대립과 결합해 발생한 것이었다. 진영진에게 1차 분단(및 식민)의 극복은 국공합작에 의한 식민의 주체적 종결로 인해 '회귀'라는 민족적인 것의 회복으로 가능한 것이었고, 2차 분단(및 신식민)의 극복은 '내전'의 전유를 통한 사회주의적 중국 통일의 지향으로 가능했던 것으로 보인다. 진영진은 1949년 이후 대만의 상황을 내전과 냉전이 결합한 '쌍전구조'라고 파악한 바 있다. 이 같은 역사적 조건은 1949년 이후 복잡한 민중 구성의 역사적 원인이 되어, '외성인'이라는 정치권력과 민중 구성의 주요 부분이 식민 조건에 추가되기도 했다.

이와 달리 조선은 '할양'이 아니었기 때문에 식민성 극복 방식이 '회귀'가 아닌 '독립' 문제로 제기되었는데, '중국'과 대비되는 '독립'의 비주체성이라는 조건이 두드러진다. 이는 '탈식민' 과제의 서로 다른 배경이 된다. 그런데 '독립'과 동시에 '좌우'의 대립과 이어진 '내전' 때문에 탈식민 문제는 민족해방과 민족 내부 모순이 착종될 수밖에 없었고, 내전의 비정상적 중단으로 초래된 '정전'과 분단 체제는 남한에서 반공주의 이데올로기를 매개로 민족 내부의 모순을 국가 간 모순으로, 민족 간 모순을 냉전적 진영논리로 둔갑시켰다. 이 또한 남한판 '쌍전구조'라고 할 수 있다.

대만의 경우 1차 분단 극복이 2차 분단 극복의 전제가 될 수 있지만, 남한의 경우 피식민의 형식적 극복으로서의 '독립'이 주체성을 가지지 못했다. 동시에 민족 내부의 모순을 둘러싼 좌우 대립과 경쟁의 구도가 겹치면서 민족운동 내에 수많은 분열을 낳았으며, 현실에서는 후자의 과제가 전자의 과제를 압도하는 상황으로 전개되었다. 이러한 좌우의 격렬한 투쟁이 낳은 모종의 정신적 트라우마는 훗날 역사적 단절의 배경이 되기도 했다. 즉,

남한에서 '이데올로기'가 부정적 이미지로 폄훼되고 '이데올로기'의 무용성이 '반공주의'의 도구 가운데 하나가 된 것이다. 사실상 '주체적' 독립의 결여가 좌우 대립의 격화를 초래하며 '민족적인 것'의 지휘 아래 좌우 대립이 진행되기보다는 오히려 민족적인 것의 결여가 심화하는 가운데 좌우 대립이 외부모순(냉전 체제)과 결합하면서 '분단'이라는 왜곡된 체제를 형성한 것이다. 이 체제하에서 민중은 정치권력(반공주의적 우익 엘리트)과 경제권력(반공주의적 지주 및 자본가)의 동일성이라는 강력한 파시즘적 체제의 억압을 받게 된다. 정치 및 경제권력이 모두 '적색테러'를 직접 경험한 주체라는 측면, 그리고 민중 또한 백색테러와 적색테러를 모두 경험했다는 측면에서 매우 강력한 '반공주의'적 이데올로기를 체제 재생산 도구로 활용하는 것이 파시즘적 특징이었다. 결과적으로 탈이데올로기화된 '반공주의'는 남한 현대성의 구체적 표현으로서 민족 내부의 모순과 민족 간 모순을 모두 '국가 간' 모순으로 전환시키면서 사실상 '민족적인 것'이라는 역사적 범주를 소거하거나 왜곡했다. 따라서 만약 '민족적인 것'을 제거했던 '반공주의'를 우회한다면 식민, 내전, 분단, 신식민을 역사적 정합성에 기초해 인식하기란 불가능하다.

이러한 역사적 과정에 대한 검토는 박현채가 '민중론'을 제시하며 "논리적인 것일 뿐, 반드시 현실적인 것은 아니다"라고 말한 '유보'적 측면을 이해하는 데 도움이 된다. 남한에서 '반공주의'의 힘은 단순히 '논리'적 차원에서 극복할 수 있는 것이 아니다. 그것은 극단의 폭력이 초래한 집단 트라우마와 방어적 망각이 기초가 된 정서적 조작 기제라고 할 수 있기 때문이다.

게다가 남한에서 포스트 냉전은 내부적 논쟁과 거의 무관하게 진행되었고, 포스트 냉전의 영향력이 전면화했을 때, 남한의 지식사상계는 당연히 주체적으로 대응할 수 없었다. 사실상 포스트 냉전이라는 세계적 전환 속에서 한반도 남측 '대한민국'에선 1980년 '광주 참사'를 계기로 '역사 및 현실 인식'과 '주체형성'이 과제로 제기되었다. 이에 따라 비로소 신식민성과 자본주의에 관한 본격적 논쟁의 장이 열리게 되었으나, 1980년대 중후반을 거치며 우여곡절 끝에 '민족'이 외재화한 민족민주, '민족'을 소거한 민중민주의 가상적 이원 대립으로 고착화하면서 사실상 '포스트 냉전'에 걸맞는 주체적 전환에 실패하게 된 것이다. 상대적으로 대만에서 포스트 냉전의 반영은 매우 두드러진다. 그래서 일찍이 1970년대에 조어대 보위 운동, 현대시 논쟁, 향토문학 논쟁이 발생했던 것이다. 이러한 대만의 경험은 남한에 대한 참조점이 될 수 있다.

신식민/분단 체제를 내재적으로 사유하지 못한 사회성격 논쟁 자체는 일정하게 '탈민중성'과 '탈실천성'이라는 외재성을 특징으로 했다. 이 안에서 민족적 분단 관계는 '국가' 간 관계로 인식되었고, 냉전의 동요라는 정세가 냉전 극복의 계기로 전유되

지 못한 채 오히려 냉전적인 포스트 냉전으로 연속되었다. 식민/
분단 모순이 형식적 민주와 국가 간 통합의 문제로 추상화한 것
이다. 특히, '자본주의' 문제는 순수한 이론 문제가 되어 역사성
의 조망을 갖지 못하며 실천과 유리되기도 했다. 이론의 필요성
은 인정되지만, 논쟁이 사상적 조망과 바탕 없이 진행되자, 이론
논쟁의 책임성이라는 윤리적 문제까지 폭발하게 되었다. 1980년
대 중후반 이후 이론과 실천을 윤리적으로 매개하는 지식인의
책무라는 전통이 단절되는 형국이 나타났고, 이는 1990년대와
21세기 현재까지 지속되고 있다.[200]

'빈곤'과 '단절'

송기숙 : 우리 사회가 국가독점자본주의 단계라면 한국적 특수성을 올
바르게 해명할 수 있어야 하지 않을까요?

박현채 : 일반적인 지표에 대비해 보고 그 속에서 주어지는 특수성을
제시해서 오늘 한국사회에서 주어지는 실천의 문제, 또는 한국자본주
의의 현상 인식에 대한 자기 기준을 가져야 하는 것이지요. 그런데 그
것은 **오늘날 이론 전개에 있어서의 형식논리를 부정하는 데에서 시작
되어야 하지요.** 구체성을 주장하면서 모든 것을 한마디로 표현해 버리

---

200 4장(보냄)에서 논의할 것처럼 이는 이론을 사적 '소유'의 대상으로 삼는 이른바 1960년
4·19 이후 엘리트/대중의 관계양식이 가진 시대적 한계와 관련된다.

려고 한단 말이에요. 학문이라는 것은 그럴 수가 없는 것이지요. 부문
별로 나누어서 설명을 하고 총체적인 인식으로 가는 과정을 사유를 통
해서 제시해야 하는데, 한국자본주의를 규정하는데 단어 몇 개로 모든
걸 해결하려 한달지 하는 것은 옳은 것이 아니지요.[201]
우리가 사물을 인식하는 데 있어 한계를 가지고 있기 때문에 거기에 우
리가 동원하는 것은 형식논리거든요. 그와 같은 사물의 보다 올바른 인
식을 위한 형식논리가 이것들을 상호 분리시켜버리고 그 과정 속에서
분리 그 자체로 끝나버릴 때 관념론이 되어버리는 거지요. 문제는 우리
가 삶의 인식을 위한 수단으로써 형식논리를 원용하고 그 원용한 토대
위에서 다시 통합시키는 노력, 즉 총체적으로 대상을 인식할 때 **자기의
인식능력의 유한성을 보완하기 위해서 도입하는 형식논리에 의한 분
리 과정을 사물 자체에 존재하는 것처럼 생각하는 것과 같은 관념론
적인 오류에 빠지지 않도록 노력해야 한다는 이야기죠.**[202]

형식논리의 부정은 앞서 언급한 역사 서술의 원칙과 짝을 이
루는 박현채의 방법론이다.

따라서 올바른 역사 인식 또는 서술의 방법은 자료를 역사관에 따라

---

201 4장(보냄)에서 논의할 것처럼 이는 이론을 사적 '소유'의 대상으로 삼는 이른바 1960년
   4·19 이후 엘리트/대중의 관계양식이 가진 시대적 한계와 관련된다.
202 송기숙, 박현채 대담, 〈80년대의 민족사적 의의〉, 《실천문학 8》, 1987.1, 29면.

정리하고 재해석하여 재생산하는 데서 제시된다. 기본적으로 자료에서 해방되어 그것이 단순한 역사 인식의 단서 이상의 것으로 되지 않을 때 그것은 민중적 입장에 서는 것으로 될 수 있다는 것이다.[203]

이론 전개에서의 형식논리 부정과 역사 서술에서 자료로부터의 해방은 박현채가 모택동의 실천론과 모순론의 사상적 의의를 계승하며, 현실 지식 장역에서 합리주의와 경험주의의 동시 극복을 강조한 것이었다. 1980년대의 진보적 이론 분석과 역사 서술에 관해 박현채는 이처럼 '평범'하지만 '고독'한 비판을 제기할 수밖에 없었다.

사실 1980년대 남한 지식사상계에 수많은 이론이 유입되었음에도, 그러한 이론은 '타자'에 대한 인식의 노력이 바탕이 되지 않고 '이론' 그 자체로 학습되고 수용되었다. '타자' 인식의 결여는 자기 인식의 '이론주의화'를 낳고, 결국 이론과 실천이 분리되는 모순을 낳았다. 이러한 흐름에서 박현채의 존재 방식은 특이성을 갖는다. 그가 '종속이론' 수용 방식 또는 '주변부 사회구성체론'을 특수주의라 비판하고 경계했던 이유는 그가 '이론'('형식논리')을 '소유'가 아닌 '방법'으로 삼았기 때문이다. 그렇기 때문에 박현채는 일반 이론에 관해 주체적 수용과 적용의 자세를 견

---

203 박현채, 〈해방 후 노동운동사 연구현황과 방법론〉, 박현채 등, 《한국 근현대연구입문》(역사비평사, 1988), 155면.

지했고, 동시에 일반 이론의 정립을 시도하지 않을 것임을 여러 번 다짐했다.

> 본인은 역사에서의 겸허한 자세를 견지한다는 생각에서 종합적인 체계의 완성을 기피했음에도 불구하고 역사적 요청과 필요 때문에 민족경제론은, 비록 완성된 것이 아니지만, 완성되어가는 또는 완성을 지향하는 것으로 되었다. 본인이 누누이 밝힌 바와 같이 이것은 본인이 의도한 것이 아니었으며 또한 지금도 의도하고 있지 않다.[204]

이 같은 존재 방식 때문에 박현채는 임동규의 증언처럼 차명이나 필명으로 수많은 저술을 남겼고, 아주 다양한 방식으로 즉, '박현채＝무無＝다多'의 방식으로 존재했다. 조용범의 이름을 빌려 출간되었다고 알려진 《후진국경제론》도 그렇고, 그 이전 박현채의 노력이 상당히 반영되었다고 알려진 김대중의 《대중경제론》 또한 그렇다. 박현채는 조용범이었고, 김대중이었으며, 그 밖의 무수한 누군가였다.

진영진이 '사상의 빈곤'이라는 문제를 제기하며 '사회성격 논쟁'의 개시를 주장했을 때, 그 주요한 목적은 '빈곤' 해결을 위한 공동의 '사상운동'이었다. 그러나 진영진은 현실 정세에서 기대

---

204 박현채, 〈책을 펴내면서〉, 《민족경제론의 기초이론》, 5면.

했던 '사상운동'을 전개하지는 못했고, 오히려 '분리주의'와의 대립을 반영하며 '사회성격론'을 구체화해 나갔다. 상대적으로 박현채는 '사상의 단절' 문제를 제기하며 '사회구성체론'을 통해 '단절'을 극복하고자 했으나, 예상과 달리 '단절'의 기초는 매우 두터웠고, 박현채의 논의가 오히려 이론의 분화와 실천으로부터의 유리를 낳는 씨앗이 되었다.

여기서 신식민성에 관한 진영진과 박현채의 곤혹의 표현인 '사상의 빈곤'과 '사상의 단절'에 권역적 의미 부여를 시도하고자 한다. 진영진이 '사상의 빈곤'을 자각한 것은 표면적으로 그가 문학을 중심으로 실천해온 지식인이라는 측면 때문이지만, 심층적으로는 대만이 경험한 식민과 분단의 중첩이라는 역사적 종별성에서 기인한다. 이 때문에 진영진은 남한 등 제3세계에 비추어본 대만의 상황에 관해 '사상의 빈곤'이라는 콤플렉스를 느끼기도 했다. 분단/할양(지방성의 보존)이 특징인 피동적 식민화 과정은 오히려 탈식민 과정에서 전통을 기반으로 실질적 주체성을 구성할 수 있는 조건이 된다. 따라서 진영진은 '단절'의 문제보다 '분단'하의 '사상 빈곤' 문제를 제기하게 되었다. 그리고 진영진은 사상 빈곤의 문제를 해결하기 위해 《대만정치경제총간》을 번역 출판하는 등의 작업을 진행했지만, 대만의 역사적 중국성과 지방성은 대만에 대한 '정치경제학'적 실체화를 허용하지 않았고, '정치경제학'적 분석은 '부업 작가'로서의 문학적 실천을 위한 보

충적 자원으로만 활용되었다.[205]

　박현채의 경우 '사상의 단절'이라는 문제를 '빈곤'과 연결 짓지 않았다. 왜냐하면, 스스로 반제국주의 민족해방 사상의 역사적 계승성을 체현하고 있었기 때문이다. 그래서 박현채는 '제3세계'라는 참조점이 절박하게 필요하지 않았고, 진영진과 같은 콤플렉스도 없었다. '할양'이 아닌 '조약'을 통한 국가 전체의 '식민'이라는 전국성(지방성과의 대비하의)은 분단 이후 남한에 탈식민적 통일의 형식적 주체성을 부여했지만, 선식민-후분단 그리고 내전의 전국성이라는 종별성은 전통의 부정과 왜곡을 전제한 가상적 주체성 형성의 역사적 조건이었다. 박현채의 '민족경제론'은 분단으로 인한 반국가성과 본래적 전국성 사이의 모순을 극복하려 했지만, 1980년대 '사상의 단절'로 인해 이 정치경제학은 '낡은 사유'로 치부되었다.

　원인은 신식민성과 분단 체제가 초래한 소통 '언어'의 빈곤이었다. 그리고 '신식민적 교육문화 체제'는 '소유'적 지식을 매개로 비판사상과 실천윤리를 분리시켰다. 박현채는 이를 문제화했지만, 집단적 '망각'이 초래한 왜곡은 단순히 망각된 내용을 일

205　진영진은 장편 소설을 쓸 수 없는 '부업작가'로서의 자신의 상황에 아쉬움을 토로한 바 있다. "나는 장기적으로 창작할 도리가 없습니다. 생활을 위해 너무 많은 시간을 들여야 하기 때문이죠. 주로 퇴근 후에 글을 씁니다. 아니면 하루 이틀 휴가를 내서 쓰지요", 陳映真,〈陳映真的自剖和反省〉,《陳映真作品集6 : 思想的貧困》(台北: 人間, 1988), 83면. 그러나 이러한 조건 때문에 역설적으로 실천적 문학가의 삶을 유지했다고 할 수 있다.

깨우는 것으로 해결할 수 없었다. 박현채가 '문학'에 관심을 보인 것은 아마도 이 모순을 인식했기 때문일 텐데, 그럼에도 그는 이 문제의 전체적 구조를 명확하게 제시하지는 못했던 것 같다.

다시 말해, 문학에 대한 박현채의 관심은 '언어'의 빈곤을 자각했음을 의미한다. 그리고 언어의 빈곤은 문학의 빈곤이기도 했다. 박현채는 권역적 국제주의의 지식사상적 축적으로서 모택동 사상 및 식민지 민족해방 사상을 계승했으나, 20세기 중후반 신식민/분단 체제는 대중적 차원에서 이 성과를 소멸시켜왔을 뿐만 아니라, 소통 양식의 측면에서도 '식민화'('현대화')를 전면적으로 진행했다. 결국, 이러한 모순 때문에 박현채 사상의 역사적 계승성은 현실에서 고립되었다.

4장

보냄

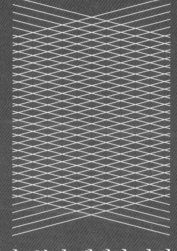

신식민 · 분단 체제하 사상 계승

3장 '씻김'에서는 진영진 사상 실천 가운데 '사상의 빈곤'에 대한 대응의 일환으로 전개된 정치경제학적 사고에 힘입어 1980년대 박현채가 마주한 곤혹이었던 '사상의 단절'을 개괄적으로 살펴보았다. 그 가운데 우리는 박현채의 윤리적 태도, 즉 '민중 중심성', '헌신성' 그리고 '비소유'의 측면이 어떻게 1980년대 그의 사상 실천에 반영되었는지 볼 수 있었고, 또한 역사 계승의 차원에서 그가 보여준 탈식민주의적 경제사상의 실천성을 확인했다.

그런데 1장 '무대의 설치'에서 이미 언급했듯이 1980년대 박현채의 곤혹은 그 사상 실천이 갖는 형식과 내용의 탈구라는 문제와 관련된다. 박현채 스스로도 이 문제를 자각하고 있었고, 실제로 문학을 통한 해결을 모색하기도 했다. 이러한 맥락에서 볼 때, 1980년대 사회구성체/사회성격 논쟁 외부에서 진행된 박현채와 백낙청의 논쟁적 대화는 박현채가 '문학'과 '분단'을 매개로 '신식민성' 인식을 구체화하는 과정을 고찰할 중요한 단서가 된다. 그 과정에서 그는 '문학'의 현대적 형성을 비판하며 경제학을 포함한 사회과학의 한계를 극복하려 했다. 이 측면은 박현채가 인식한 신식민성의 풍부한 함의를 사고하는 데 도움이 되고, '사상의 단절'을 극복하고 '현대(식민)'적 학술 체제를 변혁하기 위한 기본 방향을 제시해준다.

1.
식민주의적 현대성과
지식의 소유

1960~70년대와 달리 1980년대에서는 냉전의 동요에 따라 일정한 '사상해방' 공간이 형성되었다. 이에 따라 박현채의 사상 실천은 역사적 계승성을 바탕으로 '사상의 단절'을 문제화하게 되고, 이로 인해 사회성격/사회구성체 논쟁이 전개되기도 했다. 그러나 논쟁은 예상 범위를 넘어 통제 불가능할 정도로 확대재생산 되었고, 결과적으로 박현채를 고립시켰다. 박현채는 이론적 분열이 심화하는 이러한 상황에서 진보적 이론 진영의 불필요한 분기와 분열을 막으려 했으나 사실상 실패했다.

이론과 현실 사이에 괴리가 생기면 그것은 이론이 현실을 제대로 보고 있지 못한 것이지요. 이론이라는 것은 본래 일반적인 성향이 강한 것이므로 그러한 이론을 현실에 적용하려면 과정에서 이른바 실천의 문제가 제기되는 것이겠지요. 따라서 지나치게 본질적인 것을 추구한 나머지 이론이 현실과 괴리되어 발전한다는 그것은 현실문제에 있어 제대로 기능을 하지 못하지요. 도리어 내재적인 논리에 의해 발전해 가는 운동을 제약하는 경우까지 생깁니다. 그런 의미에서 순수이론을 하는 사람의 입장에서 관념적인 논리의 구축은 오히려 큰 부정성을 갖지 않는데, 실천 문제에 종사하는 사람들이 현실적으로 필요하지 않은 이론이나 명제를 제기하는 것은 운동 자체에 장애를 가져오는 면이 있다고 봅니다. 그런 의미에서 급진적인 부분이라 해야 할지, 우리가 가지고 있는 본질적인 부분을 자꾸 제기하려고 하는 노력은 장기적으로 어떤 의미를 가질지 모르지만, 운동 자체의 발전에 있어서는 확장보다는 운동의 고립화를 자초할 우려가 있는 것입니다.

어떤 이론이건 그것이 실천과 연관을 갖는 한 그것은 몇 사람의 논리 구성자들의 소유가 아니라 바로 전체운동과 연관을 가진다는 점을 깊이 인식하고 민중의 객관적 조건만이 아니라 민중의 주체적 인식능력, 그리고 운동집단이 지향하는바 대중성의 획득이라는 측면과 관련해서 제기하는 것이 바람직할 것으로 봅니다. 물론 그것이 전위적인 그룹들 사이에 보다 정확한 이론의 정립을 위한 노력 속에서 나오는 것을 부정할 수 없지만, 현재 우리의 상황은 그러한 높은 차원의 요구보다는 낮은 차원으로부터 차분하게 시작하는 것이 필요한 때라고 봅니다.[206]

---

206 송기숙, 박현채 대담, 〈80년대의 민족사적 의의〉, 《실천문학 8》, 1987.1, 56~57면.

앞서 소개한 것처럼 박현채의 사상 실천은 '비소유'적 지식생산이라는 특징을 가진다. 박현채는 단지 내용적인 사상 계승을 했던 것이 아니라 역사적으로 면면히 이어진 실천양식 또한 계승하고 있었다고 볼 수 있다. 조용범은 박현채와 '이름'을 나누기도 하며 경제학자로 박현채와 분업을 해왔는데, 1991년 6월 15일 박현채가 쓴 조용범의 회갑 축사는 둘 사이의 독특한 관계를 모호하게 서술하고 있다.

선생과 나의 상면은 1960년대의 역사적 격동기에 이루어졌다. 그리고 이 시기에 사회적인 격변은 두 사람의 신상에 급격한 변화를 강요했었다. 이것은 오늘 회갑을 맞이하는 조용범 선생이 역사적 격동기에 살았다는 것을 의미할 뿐 아니라 선생보다는 나이 어린 내가 또한 자신의 삶에서 격동기의 시련에 허덕이고 있었음을 의미한다.

그러나 우리의 관계에서 볼 때 조 선생은 역사적인 시련을 일찍이 자기 나름의 지혜로 이겨내고 이미 1960년대에는 나름의 안정된 길을 가고 있었다. 이에 비해 나의 길은 보다 많은 시련과 장애를 예견케 하는 것이었다. 1960년대 중반기의 시련은 나에게는 큰 것이었다. 그 시련의 과정에서 조용범 선생과 나의 관계는 시작된다. 조용범 선생은 당시 약간 안정된 자기의 위치를 이용하여 온 힘으로 나를 돕고자 애써왔다. 물론 이와 같은 노력은 무위로 끝났으나 그것은 조 선생의 능력이나 노력의 한계를 의미하는 것은 아니었고 사회적 상황과 결부된 나 자신이 갖는 정치적, 사회적인 약점을 노린 중상이 유효했던 데서 오는 필연적인 귀결이었다. 우리 두 사람 사이에서 이와 같은 시행착오적 과정은 그간에 끊임없이 되풀이되어왔다. 민주화의 과정이 이와 같은 헛수고를 연례적으로 되풀이하게 하는 것을 끝나게 해주었으나 이런 시행착오의 과정은 두 사람 사이를 남이 보면 이상하다고 볼 만큼 특이한 것으로 만들어 놓았다.[207]

박현채와 조용범의 '특이'한 관계는 사실상 《후진국경제론》의 실제 저자와 관련한 임동규의 증언 외에 그다지 밝혀진 바가 없다. 양자 간의 묵계에 의해 비밀이 유지된 것으로 보인다. 지금 지식사상계의 문화에서 이러한 협력과 분업은 이해하기 어려운 것이지만, 둘 사이의 '특이'한 관계는 역사적 계승성을 갖는 진보좌익 지식인의 실천양식이 전후 신식민적 조건에서도 계속되었음을 보여주는 것 같다. 현실의 사회적 요청이 있다면 누구의 '소유' 또는 '명의'와 상관없이 가능한 방식으로 사회실천상의 지

---

207 박현채, 조용범 회갑 축사, 〈퇴경조용범박사 화갑기념논총〉(풀빛, 1991), 5~6면. 조용범(전 고려대학교 명예교수, 1931~2017)은 1960년대에 이미 고려대학교 교수로 재직하고 있었다. 여기에서 '1960년대의 격동기'와 '시련'은 1964년의 인민혁명당 사건을 지칭하며, 박현채는 이 사건으로 사형당한 도예종(1924~1975)을 은닉한 혐의로 1년간 구속 수감되었다. 한편 '정치사회적 약점'이 지칭하는 바는 박현채가 한국전쟁 기간 빨치산으로 활동했던 전력 때문에 대학에 정규 직위를 가질 수 없었던 상황을 말한다. 박현채는 1989년 55세의 나이에 조선대학교 경제학과 교수로 임용되기 전까지 경제평론가이자 대학 강사로 생계를 해결해 왔다.

식(인)의 역할을 담당하고자 했던 것이다.

시기를 확정 짓기 위해 더 많은 조사와 연구가 필요하지만, 대략 1950~60년대 이후 남한에서 미국 영향하의 '현대'적 지식 양식을 체화한 세대들은 정치의식에서의 좌우를 막론하고 실천 양식의 단절을 경험했는데, 이를 '현대'적 지식 주체의 형성이라 볼 수 있을 것이다. 다시 말해, 이는 '신식민주의'적 지식생산 기제에 부합하는 주체의 형성이었다.

박현채가 제기한 지식의 '소유'라는 문제의식에서 보면 1980년대 실천으로부터 이론의 유리라는 문제의 근원은 신식민주의적 지식생산 주체의 문제로 소급된다. 구체적으로 이러한 지식생산의 기본 특징은 지식을 자유주의적 의미의 '소유'와 '저작권'의 대상으로 간주한다는 것이고, 따라서 이러한 기제가 비판이론의 담당자에게 적용될 경우, '명망가' 또는 '이론가'를 지향하면서 때로 운동 앞에서 운동을 오도하고, 때로는 운동 뒤에서 운동을 합리화하는 적절치 않거나 수동적인 역할을 맡게 된다는 것이다. 우리는 이러한 상황을 '소유'의 논리가 초래한 운동으로부터 지식의 이탈이라는 문제로 볼 수 있다. 물론 1980년대의 역사 속에 그러한 지식인들만 존재하지는 않았고, 세대 내부에서도 다양성은 존재했지만, 사실상 비판적 학술담론 주류의 경우, 이러한 역사적 단절은 비교적 보편적인 현상이었다. 앞서 언급한 것처럼 1980년대 이후 남한 마르크스주의 경제학과 박현채의 민족경제론의 단절은 하나의 중요한 단서가 된다.

기실 이 문제는 작금의 지식생산 체제를 어떻게 변혁할 것인가
의 과제와 관계된다. 박현채와 백낙청의 논쟁을 소개하기에 앞서
지식생산 체제와 문학의 관계에 대한 이 책의 문제의식을 간단
히 논술해 본다.

우리가 사상과 지식의 '실천양식' 단절을 사유할 때 19~20세
기 '문학'의 현대적 전환과 완성까지 성찰해야 하는 이유는 현
대적 지식 체제가 사실상 인간의 유소년 시절부터 '문학'을 매개

---

208 3장(셋김)에서 진영진의 '부업작가'적 측면을 소개한 바 있다. 중국의 신현실주의 작가 조정
로는 2013년 11월 8일 《심천상보》와의 인터뷰에서 진일보한 '부업작가론'을 제시했다. "지
금 문예계가 작은 서클로 분화하는 현상은 매우 심각하다. 문예계는 늘 명예와 이익을 얻
는 공간이었고, 빠르게 유명해지는 곳이었다. 그래서 나는 되도록이면 작가는 부업이어야
한다고 본다. 자기 취미에서 출발해야 머리를 맑게 유지하며 글을 쓸 수 있다. 명예와 이익
을 얻기 위한 목적에서 출발해 글을 쓸 때 어떻게 생활을 진실하게 반영할 수 있겠는가?",
조정로 인터뷰, "나는 그저 부업 작가일 뿐", 《심천상보》 2013년 11월 8일(http://sznews.
com/culture/content/2013-11/08/content_8727627.htm). 사실상 '전업 작가'의 명예와 이익 형
성의 논리는 현대적인 '고유성'의 논리, 즉 '저작권/소유'의 논리와 일치한다. 사적 소유로
서의 문학/지식은 신식민 지식 체제 형성의 핵심적 특징이라 할 수 있는데, 진영진의 문학
실천 또한 신식민 문학 체제와 다른 역사적 배경을 반영하고 있다. "우리 세대 작가들은 한
번도 어떤 상을 갈망한 적이 없어요. 자신의 소설이 어떤 경로나 기준으로 돈이 될 거라는
계산을 해본 적도 없고요. 이건 어떤 '품성'이나 '품격'의 문제가 아니라, 문학 작품에 시장
가치를 매기지 않던 시기에 우리가 성장했고, 그때는 문학상이라는 것이 사실 한 줌의 내
부자들이 나눠 갖던 시기였다는 걸 말합니다." 〈陳映眞的自白〉, 《思想的貧困》(台北: 人間,
1988), 48면.

209 그리고 현대문학과 현대정치는 모종의 평행 구조를 공유하고 있다. 작품(상품)을 매개로 한
작가와 독자(소비자 개체)의 관계 기제는 현대문학 이론(지식)에 의해 유지되고 통제된다.
마찬가지로 정치인과 유권자(원자화된 공민/시민)는 선거를 매개로 하고, 이러한 기제는 현
대 정치이론에 의해 유지되고 통제된다.

로 '지식'에 대한 정서와 태도를 배양하고, 이것이 '문학'을 넘어선 모든 지식 영역 일반에서의 기본 태도가 되기 때문이다. 따라서 작가와 평론가 그리고 독자대중의 현대주의적 관계 형성 자체가 문제 제기의 대상이 된다. 특히, 평론은 작품과 작가를 '특정 지식(이른바 '현대'적 문학 지식 및 이론)'의 관점에서 '숭고화/상품화'했고, 독자는 '신식민적 교육 체제'에서 피동적 지식 소비주체로 전락했다. 이 때문에 평론의 영역이 갖는 제한적 의미를 부정하지 않으면서도, 평론과 비평 자체의 문학주의적 폐쇄성 문제를 제기하고, 나아가 평론을 '사상'적 영역에 개방할 필요가 있다. 이러한 '문학의 개방'은 '저작권/소유' 중심의 지식이 가진 모순을 극복하고, 대중과 지식인의 윤리적 관계 모델을 구상하는 데에도 도움이 될 것이다.[208][209]

2.
신식민성 인식과 사상 계승의 모순:
박현채와 백낙청의 논쟁

1970년대까지는 언론과 학술의 자유에 대한 제약이 심해 일부 문학계 논쟁을 제외하면 사상계 전체가 주목하는 공개적인 논쟁은 많지 않았다. 그러나 1980년대에 이르러 남한 사상계는 논쟁 과잉의 시대로 접어든다. 수많은 논쟁 가운데 박현채와 백낙청(1938~)의 대화는 내용과 태도의 차원에서 깊이가 돋보인다.

박현채와 백낙청의 논쟁적 대화는 크게 세 차례 존재했다. 진정한 논쟁으로 볼 수 있는 것은 '민중문학'과 관련된 것인데, 1983년 12월 《실천문학》에 박현채가 쓴 〈문학과 경제-민중문학에 대한 사회과학적 인식〉에 대해 백낙청이 1984년 6월 출판된 《한국문학의 현단계 III》에서 〈1983년의 무크운동〉이라는 글로 문제를 제기하고, 1984년 10월 박현채가 다시 《실천문학》에 〈

문학과 경제-보다 근원적인 상호관계에 대한 인식〉을 발표해 보충 및 재반론한 것이다.[210] '민중문학' 논쟁은 사실상 '문학'의 본질과 관련한 것이었으며, '문학'을 매개로 지식(인)의 존재 의의에 대한 깊이 있는 논의가 전개된다. 특히 1980년 전후의 분위기를 반영한 민중문학 주체성 지향으로 인해 두 사상가가 '문'과 '학'의 관계성을 토론하게 된다. 나머지 두 차례는 짧은 의견 교환 정도로 그쳤지만, 이는 하나의 징후적 독해의 대상이 된다. 이 두 차례의 대화에서는 '분단 체제'와 '제3세계'라는 개념을 둘러싸고 박현채가 이의를 제기하는 방식으로 짧은 논쟁이 진행되었다. 흥미로운 점은 백낙청에 의해 적극적으로 개진된 '분단 체제'와 '제3세계'는 상대적으로 박현채의 사상 담론에서 중심적 지위를 차지하지 않았다는 것이다. 그러나 박현채의 논의에 대한 수많은 오해에서 비롯된 다른 논쟁들에 비해 두 번에 걸친 박현채와 백낙청의 대화가 오히려 박현채의 사상적 특징을 파악하는 데 중요한 실마리가 된다.

---

210 이 논쟁은 남한의 저명한 문학평론가 임헌영(1941~)의 기획에 의한 것이었다. 임헌영은 당시 상황을 다음과 같이 회고한다. "그러나 나도 선생에게 한 가지 공로는 세웠다. 많은 경제평론을 슬하게 문학평론에다 인용하던 중 직접 문학과 경제에 관한 글을 쓰도록 했던바 그 인연으로 당시 문학평론 선집에 실리기도 했으니 경제평론가가 문학평론으로 외도를 시킨 셈이다", 《아! 박현채》, 276면. 박현채는 이를 계기로 문학이론 비평의 공간에 종종 초대받았고, 창작과비평에서 무크지로 출간된 《한국문학의 현단계IV》에서는 최원식, 박인배, 백낙청과 함께 '80년대의 민족운동과 한국문학' 좌담에 참여해 백낙청과 제3세계 논쟁을 벌이기도 한다. 창작과비평의 《한국문학의 현단계》는 1982년부터 1985년까지 매년 한 권씩 총 4권이 출간되었다.

문학과 경제의 관계

　박현채의 '문학과 경제'에 관한 논의에 대해 백낙청은 〈1983년의 무크운동〉이라는 글에서 4쪽 정도를 할애하여 비교적 상세하게 비평한다. 백낙청의 문제 제기는 당시 백낙청의 문학관을 반영하고 있다.

　필자가 보기에 가장 의심스러운 대목은 민중문학의 과제로서의 '역사적 진실'을 어떤 '법칙'의 차원에서 파악하는 태도이다. 문학의 '구체성'을 내세워 역사현실·사회현실의 과학적 인식을 외면하는 태도가 민중문학에서 용납될 수 없음은 물론이지만, 역사적 진실의 '문학적 표현'뿐 아니라 '역사적 진실'이라는 것 자체가 (일정한 '법칙화' 내지 일반화를 허용하면서도) 결코 '법칙'의 차원에서 볼 문제가 아니라고 생각된다. **문학의 작업이 과학에 의해 제시된 '역사적 진실'의 활용 또는 표현이 아니라 역사적 진실 자체의 드러냄일 수 있는 근거가 여기에서 주어지는 것이다.** (중략)

　역사적 진실에 대한 그러한 전제 때문에 "문학의 본래적 영역이 감성적 일상성에 있다"는 주장에도 재론의 여지가 남는다. 물론 저자 스스로도 이것이 "논리적인 것이나 지성적인 것을 부정하는 것은 아니다"라고 덧붙임으로써 불필요한 오해를 예방하고 있으나, 오늘의 진정한 리얼리즘문학은 지성 및 감성을 동원하여 현실을 반영·묘사한다기보다

지성과 감성, **현실 인식과 현실 변혁** 등의 **이원적 구분을 딛고 넘어서는 변증법적 활동**에 그 요체가 있다고 보는 입장에서는 이러한 핵심적인 민중문학적 과제가 제대로 인정받지 못했다는 불만을 갖게 된다. 결론 부분에서 저자가 "경제와 문학의 상호보완적 관계"로서 양자의 "대립에 의한 통일"을 이야기할 때도 그렇다. 여기서도 저자는 "경제적 인식은 문학하는 사람들의 두뇌 속에서 구체적인 보다 정확한 민중 인식의 수단으로 될 뿐 문학의 방법을 규정하는 것으로 될 수는 없다. 곧 민중 그리고 민중소외의 논리와 실상에 대한 경제학적 접근은 문학적으로 재구성되어야 하고 재구성될 때만이 역사적으로 주어진 자기 사명에 보다 투철한 것으로 된다"는 적절한 경고를 잊지 않는다. 그러나 문학이 처음부터 **논리적 인식과 감성적 반응의 통일을 이룩해나가는 작업**이라는 점은 아무래도 소홀해진 느낌이다. 민중문학이 민중의 사회적 실천에의 요구에 답해야 한다는 주장이 문학 바깥으로부터 주어진 당위론이거나 '민중문학'이라는 특수한 개념규정의 동어반복이 아니냐는 반론의 여지가 있다. (중략)

아울러 경제학의 인간화를 위해 문학이 좀 더 자연스럽게 기여할 가능성을 열어주기를 바라는 마음도 없지 않다.[211]

이에 대해 박현채는 다음과 같이 보충했다.

---

211 백낙청, 〈1983년의 무크운동〉, 《한국문학의 현단계Ⅲ》(서울: 창작과비평사, 1984), 40~43면.

경제 현상이라는 것은 본래는 인간 제 개인의 움직임이며 그 성과임에
도 불구하고 그것이 인간 제 개인에게 대립하여 자연과 같이 그 자체
완강히 관철되는 법칙성을 지닌 객관적인 운동으로 나타나게 된다는
것이다. 이것은 바로 인간소외이다. 〈소외〉는 인간 자신의 힘이나 그 성
과가 아니라 인간 자신으로부터 독립하여 인간에 대하여 마치 자연과
같이 독자적인 법칙성을 지니고 운동하는 객관적 과정으로 바꾸어버리
는 것을 의미한다. 즉 경제 현상이 우리들에게서는 제2의 자연으로서,
말하자면 자연사적 과정으로 나타나게 된다는 것이다. 그러므로 자연
을 다루는 것과 같은 방법으로 같은 이론적 방법을 써서 경제학에 있
어서 과학적 인식이 성립되게 된다.[212]

경제학에 있어서 인간의 복권이 관념적으로 이루어진다고 하더라도 그
것은 과학이 역사 및 모든 다른 과학에 있어서도 '우연'의 퇴적 밑에서
필연적 법칙을 발견하는 데 있는 이상 그것은 지도와 같이 메마른 것으
로 될 수밖에 없다.

여기에 사회과학으로서의 경제학에 있어서 인간의 복권에 보다 풍요
로움을 주고 구체적이고 보다 현실적인 인간을 제시하는 것으로서의
문학의 역할이 제시되기에 이른다. 그것은 문학이 인간의 자유의지의
표현 즉 인간의 해방과 자유의 실현을 의도하는 것이라는 데서 온다.
이것은 역사의 필연적 법칙이라는 것은 의식 관념 감정 욕망을 갖는바

---

212 박현채, 〈문학과 경제−보다 근원적인 상호관계에 대한 인식〉, 《실천문학》, 1984년 제5호,
     425면.

인간을 통해서 표현된다는 것, 그것은 그와 같은 구체적인 우연의 밖에서는 이제 표현될 수 없다는 데서 필연의 인식 위에서 그것을 구체화시키는 우연으로 되는 개별적인 인간으로서 의식 관념 감정 욕망을 갖는 인간을 그림으로써 인간의 소외를 밝히고 인간성의 회복을 위한 길을 제시한다는 것이다. 그것은 경제학이 우연을 통해 필연을 제시하는 것이고 그 과정에서 관념적인 범주이기는 하나 인간해방을 선취하는 것이라면 문학은 단순한 우연이 아니라 필연을 우연을 매개로 표현 설명하고 소외로부터의 인간해방을 시도하는 것이라는 것이다. 그리고 문학은 그것이 갖는 상부구조적인 성격 때문에 경제학이 인간에 대한 밖으로부터의 소외에 중점을 두는 데 대하여 문학은 밖으로부터의 인간소외가 낳은 자기 안에서의 인간소외까지를 다룸으로써 전체적인 인간까지를 제시하는 것으로 된다는 것이다.[213]

이 논쟁은 문학에 대한 경제학(및 사회과학)의 요구와 경제학에 대한 문학의 요구를 확인한 것이었다. 그러나 자세히 보면 '문학'에 대한 서로 다른 규정을 가지고 이야기하고 있음을 알 수 있다. 백낙청은 기본적으로 '문학' 안에 외부의 것을 포괄하려는 입장, 즉 문학의 '완정성完整性'의 태도를 취하고 있다. 그래서 그에게 문학은 '역사적 진실 자체의 드러냄', '현실 인식과 현실변

---

213 같은 글, 432면.

혁 등의 이원적 구분을 딛고 넘어서는 변증법적 활동', '논리적 인식과 감성적 반응의 통일'을 이룩해나가는 작업 등으로 규정된다. 상대적으로 박현채에게 '문학'은 '실천'의 일환이다. 그래서 그는 문학의 역할을 '인간의 복권에 보다 풍요로움을 주고 구체적이고 보다 현실적인 인간을 제시하는 것'이라고 보고, 문학의 의도를 '인간의 자유의지의 표현, 즉 인간의 해방과 자유의 실현'이라고 판단한다.[214] 따라서 백낙청은 '문학' 안에 이론(평론)과 실천(창작)의 결합을 실현하고자 했고, 평론가가 '이론'의 역할을 맡으면서, '문학' 외부의 강제에 저항해 '문학 창작'의 자율성을 보호하려 했다. 박현채는 이것이 '기성 이익'을 지키는 것이라고 비판한다.[215] 박현채는 '문학'의 자율성을 보호하는 입장이 사회적 실천에 부합하지 않는 기성의 문학이론과 작품의 편에 서 있는 것으로 보았다. 바꿔 말하면, 이는 '문학' 영역의 현대주의적 형

---

214 박현채의 입장은 노신과도 상통한다. 노신은 1928년 3월 12일 《语丝》 제4권 제11기의 〈醉眼中的朦朧〉에서 마르크스의 '무기의 비판'을 원용하여 문학을 '비판'에 위치 지은 바 있다. 즉, 노신은 문예를 비판의 무기로서의 '이론'이 아니라, 무기의 비판으로서의 '실천'으로 보았다.

215 "박현채: 내가 항상 느끼는 건데, 지난날의 문학개념 또는 문화개념에서 비롯된 생각으로 마치 예술도 문학도 전문인이 마지막 손질을 안 하면 안 되는 것으로 생각하는 것이지요. 그런데 그것은 지배적 문학이나 문화에서 비롯된 것일 뿐이지, 굳이 그걸 전문가가 손질을 해야 하고 어떤 문학적 형식에 맞아야 한다는 법은 없다고 봐요", 백낙청은 이를 '오해'로 보아 풀고자 노력하지만, 접점을 만들지 못한 채 논의가 어설프게 마무리된다. 박현채, 최원식, 박인배, 백낙청, 〈좌담: 80년대의 민족운동과 한국문학〉, 《한국문학의 현단계IV》(창작과비평, 1985), 21면.

성 자체에 대한 역사적 비판이었다. 즉, 박현채는 '문학' 창작의 '자율성'을 인정했지만, '학문'으로서의 현대주의적 '문학'이 갖는 폐쇄성은 오히려 사회적 실천에서 '외재적'이게 되어 박현채의 비판 대상이 되었다.

흥미롭게도 박현채 사상 실천의 참조점인 진영진의 문학은 비록 이론과 실천이 결합해 있지만, 평론과 창작은 평론가와 작가라는 분업 모델을 취하지 않았고, 또한 평론을 문학 안에 가두지도 않았다. 이 점이 그가 자신을 '개념선행적 작가'로 규정하게 했다. 게다가 스스로 학문으로서의 문학(및 사상)과 창작으로서의 문학을 실천을 통해 결합하고자 했다. 간단히 말해 진영진은 사상적 지향을 가진 실천가였다. 앞서 살펴본 바와 같이 그가 사회성격과 사회구성체를 분리하지 않고, 오히려 사회성격이라는 실천적 범주로 사회구성체를 포함하고자 했던 것도 이와 같은 실천가적 접근에서 유래한 것이라 볼 수 있다.

분단 체제와 제3세계

한편, '분단 체제'와 '제3세계론' 논쟁을 둘러싼 핵심은 '식민성'의 연속으로서 '신식민성'을 실천윤리적 차원에서 어떻게 인식하느냐의 문제였다. 제3세계론의 경우 박현채는 백낙청의 논지를 이해하면서도 상당한 경계를 보이는데, 이는 박현채가 제3세계론이 '종속이론'이라는 잘못된 노선으로 연결되기 쉽다고 보았기 때문이다. 우선 1985년 2월 진행된 좌담 '80년대 민족운동과 한국문학'에서 '제3세계'와 관련한 짧은 논쟁을 보자.

백낙청: (중략) 제3세계론을 주장하는 사람들 중에서도 여러 갈래가 있다고 봅니다. 제 경우는 제1세계가 있고 제2세계가 있고 또 어떤 동질적인 제3세계란 덩어리가 있다고 하는, 그렇게 세계를 3분하는 발상에는 반대하는 입장을 취하고 있어요. 세계를 하나로 보되 그것을 민중의 입장에서 보자는 건데 다만 민중의 입장에서 보는 것이 기왕에 제1세계적 또는 제2세계적 이념에서는 제대로 돼 있지 않으니 제3세계의 어떤 좀 더 새로운 시각을 모색하겠다고 하는 그런 취지에서 제3세계란 용어를 쓰고 있지요.

박현채: 그러니까 실제로는 **제3세계라는 것이 이념적인 것이지, 실재하는 것은 아니지요.**

백낙청: 이념적인 것이지만 그렇다고 흔히 제3세계로 불리는 아시아·아프리카·라틴 아메리카 지역의 현실과 아무 관계없는 공허한 관념은 아니고….

박현채: (중략) 실제적으로 제1세계가 존재하고 제2세계가 존재하는데 이와 같은 제1세계와 제2세계가 제3세계 안에 투영되어 있단 말이죠. 따라서 자기완결적인 지구라는 세계를 놓고 보면, 이렇게 다원적으로 놓고 보는 경우에는 제3세계가 해결해야 할 문제가 무엇인지가 분명하

게 나타나지 않는단 말예요.

백낙청: 제3세계가 해결해야 할 문제는 그야말로 전 세계적으로 해결해야 할 공통의 과제지요. 그런데 그것을 해결하는 방법으로서 가령 선진자본주의국가에서는 자기들 나름대로의 어떤 해결방안이 있잖아요? 그 이데올로기가 있고, 대표적인 예가 근대화이론 아닙니까. 자기들이 앞서서 근대화하고 다른 사람들이 따라오고 하는 식으로 그것이 확산되면 된다 하는. 거기에 대한 하나의 대안으로서 동구에 사회주의국가권이 형성되었는데, **제3세계를 얘기하는 배경의 하나는 이들 사회주의 진영의 발생으로써 문제가 최종적으로 해결되지는 않았다는 인식이 깔려 있는 셈이지요.**

박현채: 나는 우선 제3세계가 존재한다는 사실에 대해 부정적입니다. 문학 쪽은 잘 모르지만, 특히 제3세계적인 입장에서 제기된 경제적 측면에 있어서 대표적인 이론이 종속이론인데, 이와 같은 종속이론이 서고 있는 바탕은 지극히 취약하고 오늘 종속이론이 제기하고 있는 문제 정도는 이미 딴 걸로 해결되고 있지요. 지나치게 독자적인 구체성을 강조한 나머지 이론 자체를 현학적으로 비비 꼬는 그런 짓만 하고 있단 말예요. 왜냐하면 실재로서 존재하지 않는 제3세계라는 걸 놓고 문제를 다루니까요. 대체로 지금까지 일반적인 것은 서구적인 것이고 서구적인 것이 일반적이라고 제기하는 것은 서구적인 입장이니까 우리는 우리의 독자적인 것을 가져야 한다고 얘기하는데 그것 또한 자기들이 비판하고 있는 것과 똑같은 입장에 서 있는 얘기지요. 그리고 여기서 덧

붙여두어야 할 것은 그들에게 비판받고 있는 사람들이 그들이 비판하는 것처럼 생각하고 있지 않다는 것입니다.

백낙청: 제3세계의 특수성을 지나치게 내세우는 태도를 저는 '제3세계주의'라 하여 비판합니다. (중략) 그런 점에서 저도 박 선생님과 공감을 하지만 그러나 그런 '제3세계주의'와는 별도로 제3세계적 인식이 필요하고 그런 용어가 필요하다는 게 제 주장입니다. (중략)

박현채: 낡은 것을 부정하고 새로운 발상의 전환을 가져온다는 점은 있을는지 모르지만 그러나 지금 제3세계를 얘기할 때 백 선생이 말하는 제3세계론은 지나치게 일반화돼 있는 제3세계론과 합치하는 건 아니거든요. (중략) 제3세계를 설명하건 제3세계에 있어 경제이론을 설명하건 문학이론에 있어 제3세계적 입장에 서건 문학이론 내지 경제이론 일반이 갖는 일반성을 저버리지 않는 것이라고 한다면, 그리고 그 위에 서면서 구체성을 강조하는 것이라면 그건 부정할 이유는 없어요.[216]

여기에서 볼 수 있듯이 둘 사이의 대화는 사실 제3세계 및 관련된 여러 가지 전체와 개념에 관한 합의가 부재한 상황에서 다소 비효율적으로 진행되고 있다. 기본적으로 사회과학자로서의 박현채와 문학이론가로서의 백낙청 사이에 '제3세계'에 대한 인식과 그 맥락이 일치하지 않고 있다. 이는 '제3세계'에 대한 경제

---

216   박현채, 최원식, 박인배, 백낙청, 〈좌담: 80년대의 민족운동과 한국문학〉, 《한국문학의 현단계Ⅳ》(창작과비평, 1985), 63~68면.

학과 문학이 취하는 접근 방식의 차이라고 볼 수도 있지만, 당시 사상계의 담론 지형을 반영하고 있다. 1980년대 남한의 사상계는 '사회과학의 시대'라 불릴 정도로 사회과학의 주도성이 분명했고, 경제평론가 박현채가 '문학' 좌담에 참여할 수 있었던 것도 이 때문이다. 이와 같은 상황에서 백낙청이 다른 시각에서 제3세계 개념과 인식의 필요성을 제기했지만, 박현채는 '종속이론'과 관련된 논쟁적 맥락 속에서 '제3세계론'을 매우 경계하는 태도를 취했다. 그런데 여기에는 일정하게 박현채의 독특성도 반영되어 있다. 박현채는 앞서 소개한 바와 같이 조선과 남한의 좌익 사상(나아가 모택동 사상)에 대한 역사적 계승성을 체현하고 있었는데, 이 때문에 백낙청과는 다른 '주체적 태도'를 보였던 것이다. 이 좌담에서 '민족 형식'과 관련한 박현채와 최원식의 대화는 이 지점을 잘 드러낸다.

박현채: (중략) 그래서 요사이는 지나치게 구체성을 강조한 나머지 일반성을 부정해버리는 그런 경향이 있단 말예요. 따라서 이 시기는 어떤 의미에서 민족적인 것을 찾으려는 노력을 가지면서 일반성이 강조되어야 할 그런 시기라고 생각해요.

최원식: 그렇지요. 민족 형식 문제를 얘기하는 게 형식을 따로 떼어 보자는 게 아니지요. 중국에서의 해결은 절충적이었어요. 그러니까 '내용은 사회주의적이고 형식은 민족적이다'란 식으로 논쟁을 마무리 지었거

든요. 그건 결국 변증법적 통일도 아니었고 절충주의였지요. 우리는 논의의 수준을 높이는 한편 실제 현장에서의 경험을 통해서 적합성을 엄밀하게 검토해서 민족 형식을 새롭게 만들어 나가야겠지요.

박현채: **중국이나 다른 어느 나라에서 지난 시대에 했던 논의를 우리가 따를 필요는 없습니다.** 집단 간에 인식수준의 차가 있는 법인데 우리는 이미 그 사람들이 거쳐 간 것을 다 디디고 섰는데 되돌아설 필요는 없는 것이지요. 우리가 훨씬 나은데. 그런 것은 자생적인 걸 거쳐 이루어지는 여러 운동의 과정을 보면 이론적 수준이 훨씬 높다는 걸 알 수 있어요.[217]

이러한 맥락에서, 앞서 백낙청이 "제3세계를 얘기하는 배경의 하나는 이들 사회주의 진영의 발생으로써 문제가 최종적으로 해결되지는 않았다는 인식이 깔려 있다"는 언급에 대해 박현채는 제1세계와 제2세계에 대한 외재적 '이중 부정'으로서의 제3세계가 아니라, 제2세계를 제1세계에 대한 '주체'적 부정과 극복의 역사로 보면서, '제2세계'의 성과가 반식민지 중국 및 식민지 조선의 역사적 경험에 반영되어 있다고 보았다. 특히 식민지 시기의 민중적 민족주의 경험은 박현채가 신식민지하에서 역사적 민족주의 운동을 계승하는 기초였다. 달리 말하자면, 박현채가 우

---

217 같은 글, 58면.

려했던 문제는 제3세계라는 제2세계에 대한 외재적 부정이 탈역사화라는 모순을 낳을 수 있으며, 종속이론과 마찬가지로 고유성(구체성)을 강조하면서 현학적 유희로 전락할 수 있다는 점이었다.

이처럼 제3세계에 관한 박현채와 백낙청의 논쟁적 대화에서 역사 계승성에서 주어지는 박현채의 주체성이 돋보인다. 진영진과 달리 1980년대의 박현채가 '사상의 빈곤'이 아니라, 역사적 '왜곡'과 '단절'을 핵심적인 문제의식으로 취했던 것도 이 때문이라 볼 수 있다. 진영진이 '빈곤'을 해결하기 위해 '제3세계'라는 참조점에 주목한 반면, 박현채에게 '이중부정'으로서 '제3세계'는 오히려 (반)식민지 민족주의의 사회주의적 역사 계승성에 대한 부정, 즉 신식민지하 '탈역사화'로 인한 사상 왜곡의 표현으로 간주되었던 것이다.

'할양/분단'의 역사를 가진 대만에서 1980년대라는 전환기에 진영진은 우선 양안 통일의 방향을 확인하고, 제3세계를 참조점(이른바 '방법')으로 삼아 신식민성에 대한 인식을 부단히 심화했다. 이는 그가 제기한 '전통'에 관한 재인식과 관련된다. 왜냐하면, 진영진은 역사적 종축으로서 '전통'이라는 문제의식을 통해 제1세계와 제2세계를 상대화하는 신식민주의 인식을 얻을 수 있었기 때문이다. 상대적으로 1980년대 남한은 '내전/분단'의 경험이라는 조건 아래 북한과 관련한 문제를 공개적으로 토론할 수 없었는데, 박현채는 역사적 단절에 대한 경계의식에서 제3세계론에 내재한 탈역사화의 위험을 제기했다. 사회과학의 시대라 불린 1980년대 분위기에서 박현채는 특히 분단이데올로기의 탈역사화 효과에 민감하게 반응했는데, 이 때문에 제3세계론의 위험성뿐만 아니라, 탈역사화를 극복하는 실천적 맥락에서 문학의 현대적 형성이라는 문제까지도 제기했던 것이다.

한편, '분단 체제론'과 관련해서는 1991년 창작과비평 창간 25주년 기념 심포지엄 당시 백낙청의 〈90년대 민족문학의 과제〉 발제와 자유토론 과정에서 박현채가 제기한 문제가 있다. 우선 백낙청의 논의를 개괄해 본다. 그는 우선 90년대 위기의 새로운 양상을 들며 분단 체제에 관한 정세 인식을 보여준다.

> 90년대 들어 점차 분단고착론에서 서독식 흡수통일론으로 전환해가는 저들보다 다름 아닌 분단극복의 경륜과 실행력에서조차 뒤지는 변혁운동이라면 차라리 공공연한 개량주의만도 못한 것이 되기 쉽다.[218]

이어 전후 분단국가였던 베트남 및 독일과의 비교가 논쟁의 씨앗이 된다. 백낙청은 다음과 같이 한반도 분단 체제의 특수성을 강조했다.

---

218 백낙청 등, 〈90년대 민족문학의 과제〉, 《창작과비평》 19(1), 1991.2, 100면.

생각건대 베트남의 경우는 기본적으로 구식민지 민족해방전쟁의 연장으로서 신식민지시대의 그 어떤 힘도 구태의연하게 베트남민족을 지배할 수 없음을 보여주었고, 제국주의의 패권에 막대한 타격을 가했다. 반면에 독일의 경우는 개량된 선진자본주의와 경직된 국가사회주의의 경쟁에서 후자가 적수가 못됨을 보여주었고, 냉전 체제에 결정적인 타격이 되었다. **한반도의 분단 체제는 그중 어느 것과도 성격이 다른 만큼**, 베트남식 또는 독일식의 통일을 해서는 특별한 세계사적 의미를 지니는 행복한 결말일 수가 없으며 또 그렇게 되지도 않을 것이다.[219]

위 백낙청의 발제에 이어 지정토론이 끝난 다음 자유토론에서 박현채가 제일 먼저 마이크를 들고 백낙청과 짧은 의견 교환을 한다.

박현채: (중략) 그런데 백 선생 발표 가운데 베트남의 통일방식은 한국의 통일방식과 다르다고 하는데 어떤 점에서 다른지 그것을 분명하게 밝혀주쇼.
백낙청: 발제에서 베트남의 통일은 기본적으로 구식민지 민족해방전쟁의 연장이라고 했는데, 만약에 그 진단이 옳다면 남한사회를 국가독점자본주의로 보시는 박현채 선생 자신의 입장을 따르더라도 통일방식은

---

219 같은 글, 106면.

다를 수밖에 없겠지요.[220]

박현채: 약간은 다르지. 약간 다르지만 큰 차이는 없어.

백낙청: 그런 식으로 말하자면 서독식과 한국식 통일방안에는 무슨 큰 차이가 있습니까?

박현채: 그거야 서독은 흡수통합을 했지만, 남한에서는 아직 그 방식으로 안 됐거든. 남한의 경우 구식민지와 신식민지라는 차이가 있지만, 식민지라는 점에서 큰 차이가 없단 말이에요.[221]

이 대화는 더 심화하지 않았지만, 정세 인식에 있어서 박현채와 백낙청의 큰 차이를 드러내 준다. 우선 이러한 차이는 '북한' 등과 같은 식민지 경험을 가진 사회주의 국가에 대한 서로 다른 판단, 그리고 그것이 남한의 역사와 현실에 주는 의의에 대한 서로 다른 평가와 관련된다. 박현채는 '분단 체제'의 역사적 성립을 다음과 같이 인식한다.

8·15의 민족적 귀결은 남북분단과 역사적으로 제시된 민족적 과제의

---

220 이 부분은 박현채의 입장에 대한 백낙청의 다소 편협한 이해를 보여준다. 앞서 언급한 바와 같이 '국가독점자본주의'가 박현채 사상에서 차지하는 위치는 부분적이고 제한적이기 때문에, 즉 이론적 범주였기 때문이다. 백낙청이 이와 같은 박현채의 이론적 관점을 제기한 한 이유는 백낙청이 구식민지의 연속으로서의 베트남과 신식민지로서의 남한의 차이를 강조하기 위한 것이었는데, 사실 박현채는 일관되게 구식민지와 신식민지 모두 '자본주의'적 사회구성체로 보면서, 사회성격에서는 '반봉건'으로 규정하고 있었다.

221 같은 글, 126면.

실현에 있어서 좌절로 되었다. 그것은 구체적으로 남북에 있어서 체제를 달리하는 정치권력의 수립으로 되었고 분단된 남북의 서로 다른 체제 안에서 반대세력에 대한 가차 없는 억압으로 된다. 따라서 남북 간에 있어서 분단 체제의 성립은 민족 내부에 있어서 민족적 삶의 정재定在를 위한 방향과 방법을 둘러싼 대립을 체제 간 대립으로 외부화하는 경향을 지니게 된다.[222]

박현채는 분단 체제를 1945년 8월 15일 형식적 독립, 1950~1953년의 내전을 거쳐 역사적으로 형성된 것으로 보며, 주요 특징이 민족 내부 모순을 체제 간(국가 간) 모순으로 외화하는 효과에 있다고 본다. 이 맥락에서 분단 체제는 민족주의의 요구와 대립하게 된다. 그러나 박현채는 분단 체제의 '형식논리'적 차원을 간과하지 않는다.

물론 형식논리적으로 본다면 분단이 민족적 요구를 실현하지 못하게 했으며, 그것은 오늘에 있어서도 민족의 통일에 대한 부정적인 여러 상황을 만들어내고 있다. 그런 의미에서 민족분단은 이것이 해결되지 않는 한 어느 것도 해결할 수 없는, 풀 수 없는 악순환을 되풀이하게 된다. 그리고 이와 같은 형식 논리 위에 설 때 통일을 위해 모든 것을

---

222 박현채, 《민족경제론의 기초이론》, 181면.

종속시키는 논리가 성립하게 된다. 곧 통일, 민족분단 상황의 극복 없이는 우리 역사에서 한국의 민족주의가 해결해야 할 어느 것도 해결할 수 없으므로 모든 것은 분단 상황의 극복을 위해 종속되어야 하고 억제되어야 하며 이것만이 민족주의적 요구에 투철한 것이 된다. 그러나 이것은 정당한 논리가 아니다. 그것은 기성질서 위에 일부 계층 또는 계급의 요구에 따르는 민족주의의 관철에 해당한다. 오늘의 상황에서 주어지는 기성의 것에 우리의 민족주의는 자리 잡고 있지 않다. 그것은 해방 당시와 그에 이어지는 상황에서 민족주의적 요구와 합치하는 것이 아니다. 오직 우리의 민족적 요구와 괴리되는 상황과 거기서 싹트고 있는 민족주의적 요구의 대립 속에서 이것의 변증법적 통일을 위한 민족주의적 요구를 보다 굳건한 것으로 만들어가는 노력에 분단극복의 문제를 비롯한 민족문제의 해결을 위한 관건이 있다 생각된다. 그리고 이것만이 우리 문제의 해결에서 형식논리가 갖는 악순환에서 벗어나는 길이다.[223]

결국, 박현채는 민족주의의 역사적 계승성 속에서 분단 체제를 사유했고, 동시에 분단 체제 극복의 동력을 현실의 모순에서 찾고자 했기 때문에, 한편으로 통일은 '해방 당시와 그에 이어지는 상황'에서 주어지는 민족주의 요구 실현의 방향에서 이뤄져야

---

223   박현채, 《민족경제론의 기초이론》, 264면.

한다고 보았고, 다른 한편으로 분단 체제 극복의 동력 또한 '민족적 요구와 괴리되는 상황과 거기서 싹트고 있는 민족주의적 요구의 대립'이라는 모순에서 찾으려 했다. 즉, 형식논리의 제약 속에서 분단을 인식할 경우, 현 시기 민족주의가 '민중적 민족주의'가 될 수밖에 없다는 주체 층위의 사실을 간과하면서 역사적으로 부여된 민족주의적 과제를 실현할 수 없게 될 것이라는 판단이다.

한편, 1989년 KBS 3TV에서 박현채를 초청해 진행한 '저자와의 대화'에서 박현채는 백낙청의 분단 모순에 관한 사회자의 질문에 다음과 같이 답변한다.

사회자: 백낙청 선생이 민중모순이 아니라 분단이 바로 중요 모순이다 이런 얘기를 하고, 특히 사회과학 쪽에서 너무 서구적인 이념의 테두리로 현실을 분석하려고 하기 때문에 분단이라고 하는 유니크한 상황에 대한 이해와 접근이 잘못되어 있다는 비판을 하고 있던데요. 이에 대해서 사회과학자 쪽을 대표해서 어떤 반응을 보여주시겠습니까?

박현채: 저와 백낙청 선생은 그다지 큰 견해의 차가 없습니다만, 소위 말하자면 분단 모순 극복이라는 것을, 분단을 본원적으로 생각할 때 그것은 제국주의적 지배의 소산입니다. 제국주의적 야욕이 이 땅 위에서 우리의 분단을 낳았습니다. 따라서 분단 모순의 해결이라는 문제는 바로 제국주의적 모순의 해결입니다. 민족해방, 반제 민족해방투쟁을

통한 문제의 해결 없이는 분단 또한 해결될 수 없습니다. 그런 입장에서 보다 더 민족모순이라는 추상적인 말보다 보다 더 구체적인 분단이란 말로 우리의 모순을 제시하는 것은 방법상 독특하고 재미있는 방법이라고 생각합니다. 그러나 그것이 분단 그 자체로 끝나서는 안 된다고 생각합니다. 분단을 가져온 구체적인 요인에 대한 인식까지 포함한, 그래서 반제 문제를 그 안에 담는 것이 되어야만이 그건 정확한 이론이 될 수 있으리라고 생각합니다.[224]

기본적으로 박현채는 백낙청의 분단과 관련한 고뇌를 부정한 것은 아니었고, 그것의 전제로서 분단의 '역사성'을 환기하고자 했다. 그가 '반제국주의'로 환기하고자 했던 역사성은 사실 식민성과 그에 대한 저항의 역사였다. 박현채의 입장에서 보면, 분단이라는 현실은 내부 모순의 외화로 설명되는데, 이는 역사적인 민족이 두 개의 현대적 국가로 치환되었음을 의미한다. 따라서 박현채에게 신식민은 식민의 연장이고, 반제국주의는 여전히 주요한 과제다. 그러나 신식민하의 반제 민족해방운동은 모순의 외화로 인해 식민시기와는 서로 다른 함의를 갖게 된다. 결국, 모순의 외화는 두 가지 방향의 의의가 있는데, 즉 이데올로기적 층위에서 대중 주체의 반공주의 분단 논리, 그리고 지식사상 층위에

---

224 《박현채 전집 제7권》, 631면.

서 현대적 분단국가 논리가 신식민의 핵심적인 내용이다. 이것이 새롭게 개괄해야 할 박현채의 신식민성 인식으로서 '신식민/분단 체제' 또는 '분단/신식민 체제'라고 할 수 있다.

'신식민/분단 체제'와 탈식민의 곤경

신식민지 남한에서 분단과 신식민의 원인으로서의 '제국주의'는 논리적으로 여전히 반대하고 극복해야 할 핵심 외인이다. 그렇지만 반대의 내용과 방향은 '제국주의' 자체에서 얻어지는 것이 아니다. 왜냐하면, 반제국주의의 주체와 제국주의의 주체는 서로 다른 역사를 가지고 있기 때문이다. 따라서 박현채의 '반제'와 '반反봉건'(이른바 '신민주주의')은 서로 결합하여 '민족주의 운동'의 핵심적 내용을 구성한다.[225] 그런데 신식민/분단 체제에서 반제 반봉건의 내용은 더욱 복잡해진다. 특히 반봉건의 내용은 일본으로부터 미국으로 종주국의 전환, 반공주의적 자유주의 대의제의 부분적 성립, 내전/분단이 초래한 민중 구성의 변화, 지식사상의 역사적 단절과 왜곡 등과 같은 여러 차원을 포괄해야 한다.

---

225 이 맥락에서 박현채의 '민주' 담론은 중국혁명과 모택동 사상에서 제시되고 실천된 '신민주주의론'과의 관계 속에서 재해석되어야 하고, 나아가 이로부터 기간 '민주화운동'에 대한 역사적 평가 또한 성찰적 접근법을 얻을 수 있을 것이다.

특히, 지식 및 인식론적 차원에서 볼 때, 남한의 분단 체제에 내재한 현대적인 분단국가 논리는 인식론적인 시초 축적의 의미를 가진다. 즉, 본래 역사적 종축을 갖는 모순 구조가 분단을 거치며 횡적 구조로 전환되고, 이로부터 모순 인식이 '역사'로부터 단절되어 탈역사적인 현대주의가 두드러지게 된다. 주의할 지점은 이 과정에서 분단 극복 또는 남북통일의 문제가 탈식민 과제와 서로 분리되었다는 것이다. 실제로 이러한 식민성 인식에서 이탈한 분단 체제의 개념화와 실천은 관념적인 '통일지상주의'를 낳기도 했고, 현실에서 국면 판단의 혼란을 초래하기도 했다. 이러한 '외화'의 상징적 사건이 바로 1991년 '한국'과 '조선'으로 분리되어 각각 유엔에 가입한 것이다. 이렇게 볼 때, 1990년대는 1991년의 유엔 가입이라는 모종의 '가상' 국민국가 성립을 시대적 표지로 삼아 열렸다고 볼 수 있다. 이는 '가상'적인 현대성을 특징으로 한, 신식민화를 완성하는 포스트 냉전이 남한에서 표현되는 방식이었다. 그 가운데 이러한 가상적인 국민국가의 사회 영역에서 과거 부정된 바 있던 '시민 주체'가 1990년대 이후 다시 출현한 점도 특기할 만하다.

결국, 조선/남한 역사에 대한 박현채의 실천론적이고 모순론적인 인식은 '신식민/분단 체제'로 개괄될 수 있다. 그는 역사적 종축을 갖는 민족이 신식민/분단 체제를 극복할 전망을 외인으로부터는 찾을 수 없다고 보았다. 왜냐하면, 탈역사화된 인식은 탈식민적 주체와 동력을 형성할 수 없기 때문이다. 그래서 박현채의 신식민성 인식은 반제와 반봉건의 결합을 설정하고, '민주'의 주체로서 민중을 제시했다. 게다가 분단 조건은 이러한 인식을 여러 방면으로 심화할 것을 우리에게 요구한다.

분단 조건과 결합한 신식민성 인식은 기본적으로 포스트 혁명 시기에 관한 자각을 바탕으로 한다. 그로 인해 박현채는 '사회성격론'을 적극적으로 전개하지 않았다. 그렇지만 역사적 사상전통을 계승한 박현채는 이와 동시에 혁명시대의 주체적 실천 양식을 체현하고 있었다. 따라서 그의 '사회구성체론'은 여전히 전통적 사회성격론에 기초했고, 단지 직접 전개하지 않았을 뿐이다. 이는 아마도 1980년대 박현채가 맞닥뜨린 곤경의 표현이었을 것이다. 그러나 이러한 그의 실천 속에서 사회구성체론이 박현채의 문제의식, 즉 지식의 주체성과 식민성 문제를 표현하고 있었음을 확인할 수 있다. 게다가 '분단' 모순에 대한 인식은 대중 이데올로기에서 반공주의적 분단 논리와 인식론적인 차원에서 분단적 현대국가 논리 등과 같이 탈식민 주체 형성을 제약하는 구체적 조건을 분명하게 보여준다. 이러한 신식민/분단 체제는 실천에서의 두 가지 공백을 지시하는 것 같다. 즉, 정치조직 문제로서의 '당'과 인식론적 공백으로서의 '북한'이 그것이다. 반공주의는 실제로 민족민중운동이 진정한 '당'을 사고하고 건설하지 못하게 하는 원인이며, 분단적 현대국가 논리는 민족민중운동이 북한(나아가 남한)을 인식하지 못하게 하는 원인이 된다. 박현채는 내전과 분단에 대한 인식을 통해 이러한 포스트 혁명 시기의 신식민적 제약 요인을 자각했던 것이다.

3.

잊힌 유산《민족경제론의 기초이론》과
신식민/분단 체제

 1980년대의 사회구성체 논쟁과 사회성격 논쟁에서 여러 분파적 입장은 선택적으로 박현채가 제기한 입론을 수용하거나 부정했고, 박현채의 민족경제론을 낡은 극복 대상으로 보았다. 나아가《민족경제론의 기초이론》(1989)은 읽을 필요 없는 저작으로 간주되었다. 그러나 '민족경제론'과《민족경제론의 기초이론》은 소년 시절의 시대적 분위기를 반영하는 박현채의 원형적 동기를 기초로 1960~70년대의 축적을 거치며 형성된 사상의 결과물이다.

 원래 상당히 소시민적 사고였겠지만, 어릴 때 무작정 속독·남독한 경험을 통해서 형성된 사고는 약한 자의 편에 서야 한다는 것이었습니다. 약한 자의 편에 설 수 있는 학문은 많겠지만, 격동하는 역사적 시기에 살면서 민족의 장래와 역사에서 전진하는 길을 알고자 했던 나는 역사의 발전법칙을 경제사를 통해서 알게 되었습니다. 그것이 경제학에 관심을 가지게 된 출발이었다고나 할까요. 그리고 이 땅에서 가장 어려운 사람들은 당시(50년대 중반)로 봐서는 농민들이었죠. 물론 당시라고 노동자층을 의식하지 않았던 것은 아니지만, 노동경제학이 없었고 대학에서는 제가 졸업한 한참 후에야 그 과목이 개설되었습니다. 농업경제학은 과거부터 농민층의 존재와 더불어 가장 사회적 현실에 바탕을 둔 학문이었기 때문에 그것을 전공하게 되었습니다.[226]

물론 민족경제론이 박현채만의 전유물일 수는 없으나 박현채가 핵심적인 역할을 했음은 일반적으로 수용된다. 박현채와 함께 민족경제론 담론에 참여했던 경제학자 정윤형은 다음과 같이 박현채와 민족경제론의 관계를 인정한다.

오늘날에는 민족경제론이 곧 박현채 교수의 이론이라는 것이 널리 받아들여지게 되었다. (중략) 그러나 박 교수가 60년대 특히 한일회담[227]을 전후한 사회적 격변기에 겪은 경험과 그때에 발표한 논고들에 비추어보

---

226 박현채, 정민 대담, 〈민족경제론―민족민주운동의 경제적 기초를 해명한다〉,《현단계 제1집》(한울, 1987), 381~382면.

227 1951~1965년 사이 한국과 일본 사이에 국교정상화를 위해 진행된 일련의 회담으로 특히 1961년 박정희 군사쿠데타 이후 경제원조를 중심으로 적극적으로 추진되었다.

면, 경제자립화의 논의가 광범위하게 제기되는 60년대 중반 이전에 이미 그는 자립경제라는 문제의식을 가지고 있었을 뿐만 아니라 민족경제론의 핵심적 논점들을 제기하고 있었음을 확인할 수 있다. (중략) 그러므로 60년대에 형성된 경제자립론을 통틀어 넓은 의미의 민족경제론으로 부를 수도 있다. 그러나 민족경제론이, 동명의 저서가 출판된 이후 박현채 교수와 이미 한 세트로 묶여지고 있는 것이 현실이다. 이 역사적 사실을 인정한다면 민족경제론은 박현채 교수의 이론체계라고 보아도 무방하다.[228]

이러한 '민족경제론'의 총결로 제시된 것이 《민족경제론의 기초이론》이다. 이 장에서는 《민족경제론의 기초이론》의 제1부 및 제2부의 핵심 내용을 요약하고 마지막에서 신식민/분단 체제에 주는 함의를 추출하고자 한다.

역사 및 이론

박현채는 제1부의 제1장 '민족경제론의 제기와 민족경제의 개념'의 '머리말'에서 먼저 인간 인식능력의 유한성 문제를 토론한다.

---

228 정윤형, 〈민족경제론의 역사적 전개〉, 정윤형·전철환·김금수 외, 《민족경제론과 한국경제》 (서울: 창작과비평사, 1995), 13~14면.

역사에 있어서 인간의 인식능력의 유한성을 극복하기 위한 노력은 이미 정립된 이론을 연역과 귀납이라는 상호대립되는 방법을 운용함으로써 보완하는 과정에서 행해져 왔다. 그러나 오랜 동안 이와 같은 노력이 있었음에도 불구하고 인간의 인식능력은 완벽한 것으로 되어 있지 않고 인류는 지금도 올바른 인식을 위한 노력을 지속하고 있다. 역사에서 인간의 인식능력의 유한성은 본래 사물 인식에 대한 인간능력의 한계에서 오는 것이지만, 동시에 인간을 매개로 한 역사적 현상에서 인간 그 자체의 창조적 능력과 사물 운동의 다양성 그리고 창조적인 변화에서 오는 것이라고 말할 수 있다. 사회적 존재인 인간은 역사에서 지극히 창조적이다. 그리고 이런 것들은 상호대립되는 인간 간의 교지를 다한 자기 이해 실현을 위한 대립에서 주어진다. 그뿐 아니라 한 사회 또는 역사에 있어서 발전 동인인 모순은 서로 대립할 뿐 아니라 서로 결합하는 관계 속에서 존재하므로 이 존재 양식은 서로 다른 결합양식의 실현으로 다양해질 수밖에 없다.

인간 인식능력의 유한성을 극복하고 다양하고 창조적 변화에 찬 현실의 인식을 위해 인류는 형식논리에 의존해왔고, 다양한 현실의 구체적 인식에 의한 법칙의 정립이라는 귀납적 방법과 이들 귀납적 방법에 의해 정립된 법칙의 연역적 적용에 의한 현상 인식의 심화라는 연역적 방법에 의존해왔다. 이 과정에서 형식논리와 귀납과 연역이라는 상호대립되는 방법의 되풀이는 현상 인식을 위한 수단 이상이 아니며, 서로 대립되는 방법은 변증법적으로 통일되어야 했다. 형식논리는 형식 이상의

것은 아니며 통합을 위한 노력 이상의 것도 아니다.[229]

박현채는 서로 대립하는 연역과 귀납이라는 고전적인 방법을 형식논리를 통해 변증법적으로 통일함으로써 법칙적 인식이 가능하지만, 이러한 법칙적 인식은 한계를 가진다고 본다.

변증법적 인식은 법칙적 인식이다. 그것은 두 개 또는 그 이상의 현상 간의 필연적 관계, 이들 현상의 본성(본질) 그 자체에서 생기는 관계를 표현한 것이다. 그러나 법칙은 여러 현상에 있어서 지속적인 것이 그친 것이다. 법칙은 현상의 정지적 반영이다. 법칙은 두 개의 단독적인 과정 또는 사물의 인과관계를 특수한 형태와 보편적 형태 간의 무한한 통일 가운데서 표현한다. 따라서 법칙적 인식은 단번에 주어지는 것이 아니라 인간의 실천과 인식의 운동 및 발전의 과정에서 주어지고, 그것은 다른 쪽에서 법칙의 개념이 세계과정의 통일과 연결, 상호의존성과 전체성에 대한 인간 인식의 한 단계에 지나지 않는다고 말하게 한다. 법칙의 인식은 기껏해야 인간 인식의 연쇄의 한 고리에 지나지 않으며 따라서 법칙은 개별적으로 주어지는 현실성의 모두를 밝히는 것은 아니다. 그뿐 아니라 법칙은 정지적인 것을 잡는다. 따라서 모든 법칙은 범위가 한정되고 불완전하고 근사적이다. 그런 의미에서 현상은 법칙보다 풍부

---

229 박현채, 《민족경제론의 기초이론》, 15~16면.

하고 다양하다. 전체가 그 부분보다 풍부한 것과 같이 법칙에는 한계가 주어진다는 것이다.

박현채는 이 전제하에서 민족경제론이 제기된 역사적 근거를 논한다. 우선 박현채는 역사 진보와 발전의 기본 동인을 '민중의 보다 나은 삶에 대한 요구'에서 찾는다. 한편, 민중적 삶은 구체적 삶이라는 데서 역사적으로 규정되어 있고, 따라서 민중은 민족적인 존재라는 입론이 제기된다.[230]

역사에서 민중이 보다 민족적이라고 하는 것은 민중은 다른 인종집단과의 교섭 당사자가 되지 아니하고 다른 인종집단과의 불평등 관계에서 그 최종 피전가자가 될 뿐 아니라 관념적이고 추상적일 수밖에 없는 다른 인종집단의 문화를 받아들일 수 없는 데서 온다. 이런 의미에서 민중적인 삶에의 요구는 구체적인 민족적 삶이고 다른 말로 이것은 민족적 생활양식 위에 서는 삶의 요구라고 할 수 있다.[231]
그러나 인종집단 상호 간의 접촉이 일어나고 이것이 대립으로 바뀌자 민족적인 것, 민족적 생활양식은 역사 발전에서 또 하나의 주요한 동인으로 제기되기에 이른다. 따라서 이와 같은 의미에서 민족 간 또는 인

230 박현채, 《민족경제론의 기초이론》, 16면.
231 박현채, 《민족경제론의 기초이론》, 17면.

종집단 간의 대립은 민족적인 것을 역사 발전의 부차적 발전 동인으로 규정하는 계기가 된다고 말할 수 있다. 곧 이민족 또는 다른 인종집단에 의한 민족적 생활양식의 파괴 위험 앞에서 민족적인 것은 오늘을 사는 민중의 생활상의 주요 요구로 제기되는 것이다.[232]

여기서 '민중이 다른 인종집단과의 교섭 당사자가 되지 않는다는 점'은 민중과 계급, 나아가 지식계급의 문제를 제기하는 것이기도 하다. 따라서 박현채가 '민족적인 것'을 역사 발전의 부차적 동인이라고 할 때, 이러한 민족적인 것은 역사 발전의 기본 동인으로서의 민중적인 것(민중의 보다 나은 삶을 위한 요구)과 함께 변증법적 통일의 관계를 형성한다. 달리 말하자면, 민중이 현실성의 범주라면 민족은 역사성의 범주이고, 현실성이 실천적이라고 할 때, 역사성은 이론적이라고 할 수 있다. 이 또한 박현채 사상의 탈식민주의적 존재론과 인식론에 반영되어 있다. 박현채 사상은 역사를 동태적인 것(정태적인 것이 아닌)으로 보는 동시에, 세계를 다원적인 것(보편/특수적이지 않은)으로 간주했고, 그 가운데 '민중'과 '민족'은 변증법적 통일의 관계에 있다. 따라서 '민중'은 '민족'-'민중'-'민족'의 서열 속에 위치하고, 역사 발전의 이론적 근거로서의 '민족'이 '민중'의 근거이자 방향이 된다. 마찬가지로

---

232 박현채, 《민족경제론의 기초이론》, 18면.

'민족'은 '민중'-'민족'-'민중'의 서열 속에 위치하며, 현실 속의 실천 주체로서의 '민중'은 '민족'의 다원적 기초이자 동력이 된다.

아울러 박현채는 이처럼 '민족적인 것'이 역사 발전의 부차적 동인이 되게 하는 시대적 상황을 '자본주의 사회의 세계사적 성립'이라고 본다.

> 곧 근대자본주의 사회는 안으로 민족적 결합을 낳으면서도 밖으로 자본운동의 범세계성과 초국가적 성격 때문에 다른 나라, 다른 민족의 이에 대응하는 새로운 결합을 낳아 도전에 대한 주체적 대응과정에서 힘의 균형이 구체적인 민족의 자기 역사를 달라지게 한다는 것이다.[233]

박현채는 이러한 역사적 인식을 바탕으로 근대자본주의 사회에로의 이행을 선발 선진자본주의형, 후발 선진자본주의형, 식민지·반식민지 종속형의 세 종류로 유형화한다. 그리고 특히 식민지/반식민지 종속형의 경우 자본제화 또는 근대화가 식민지 피억압 민족의 민족적 생활양식과 합치하지 않아 독특한 문제를 발생시킨다고 본다. 박현채는 이를 '국민경제'와 '민족경제'의 괴리로 개괄하며 세 가지 특징을 열거한다. 우선 자본제화 과정이 밖으로부터 이식되어 민족경제의 왜곡과 자생적 자본주의의 발

---

233 박현채, 《민족경제론의 기초이론》, 18면.

전이 봉쇄된다. 둘째, 민족적 생활양식에 대한 민중적 추구가 민족자본 형성의 계기를 만들지만, 제국주의가 민족자본 형성 가능성을 배제하고자 한다. 셋째, 제국주의가 구 지배세력과 타협해 간접통치를 하면서 낡은 수탈기구를 자본의 요구에 따라 전용하는 낡은 유제의 온존이다.[234] 특히, 박현채는 국민경제와 민족경제의 괴리에서 일반 이론을 보완할 필요성을 제기한다.

> 국민경제와 민족경제의 괴리는 지역적 개념으로서의 국민경제에 있어서 사회적 생산력의 발전과 자본제화가 식민지 피억압 민족의 전통적인 생활양식의 파괴와 빈곤으로 됨으로써 식민지 피억압 민족의 경제적 이해와 한 사회 또는 국민경제의 상황이 서로 합치되지 않게 된다는 의미를 지니고 있다. 따라서 여기에서 식민지·반식민지 경제적 상황을 비추어보는 것으로써 경제제량이나 선진자본주의제국 일반의 경우에서 정립된 이론이 아닌 이들 이론을 보완하여 **식민지·반식민지 피억압 민족의 주체적인 민족주의적 평가를 가능케 하는 이론으로 정립해야 한다는 요구**가 제기되는 것이다.
>
> 구체적으로 이와 같은 요구는 **한국자본주의에서 일제 식민통치하 사회적 생산력의 발전에 대한 평가문제 그리고 오늘날의 비자립적인 공업화 과정에 대한 민족주체적 평가**에서 제기되고 있다.[235]

---

234 박현채, 《민족경제론의 기초이론》, 18~20면.

박현채는 이러한 요구에 대한 기존의 이론적 설명, 즉 국민경제 자체의 결여로 보는 견해, 공업화를 인정하는 근대화론, 그리고 사회적 생산력 발전을 인정하면서도 파행성을 강조하는 두 입장의 절충론 등이 갖는 한계를 지적하면서 모두 민족 주체적 입장에서 설명하지 못한다고 본다.

그것은 그들의 기본적 입장이 선진자본주의적인 자본주의 발전에서 정립된 개념 위에 서 있고 **일반이론의 특수한 구체적 상황에의 적용에 실패**하고 있기 때문이다. 전후 상황은 물론 전전의 구 식민지 지배하의 상황을 식민지·반식민지 억압하에 있었던 피억압 민족의 주체적 입장에서 평가하는 데는 일반이론을 보완할 수 있는 **새로운 개념이나 이론적 수단이 주어져야 한다.**

전후의 상황에서 경제이론을 제3세계적인 주체적 입장에서 정립하기 위한 노력의 일환으로 주어진 것이 종속이론이거니와 많은 나라, 많은 사람들에게 그와 같은 새로운 개념, 새로운 이론의 정립을 위한 요구는 전전·전후의 피억압 민족의 상황을 보다 정확히 이해하기 위한 노력 속에서 광범하게 제기되었다. 민족경제론적인 문제 인식 또한 그와 같은 요구 위에서 제시된다.[236]

---

235 박현채, 《민족경제론의 기초이론》, 20~21면.

236 박현채, 《민족경제론의 기초이론》, 22면

박현채는 이처럼 민족경제론의 역사적 근거를 제시하면서 이를 이론적 근거의 차원에서 다시 설명한다. 주요한 근거는 두 가지인데, '경제이론의 성격과 파당성에서 오는 한계', 그리고 '민족주의론의 한계'로 제시된다. 우선 전자와 관련해 지식의 식민성에 대한 박현채의 입장이 나타난다.

자기발전 논리를 지니면서도 사회적 상황을 반영하고 일정한 역사적 시대의 일정한 이해집단의 요구를 반영하는 경제이론은 그런 의미에서 지극히 파당적이다. 그리고 이런 것들은 민족 간의 관계에서도 마찬가지이다. **경제이론의 전개에서도 민족 간의 힘의 균형에 따른 선진자본주의 민족들에 의한 이론독점과 이의 자기체험 위에 서는 전개는 두드러진다.** 그리고 이런 것들은 선진 민족들 안에서 소외된 민중적 구성에서도 마찬가지일 수밖에 없었다. 인류는 역사적 체험에서 선진적인 민족들의 소산인 여러 이론을 주어진 상황에서 일반적인 것으로 받아들이고 그것을 발전시킴으로써 여러 이론의 보편성을 유지하고자 힘써왔다. 그러나 이론으로서의 경제이론이 갖는 상부구조적 성격은 사회적 실천에서 오는 끊임없는 요구에도 불구하고 이론을 보수적인 것으로 만든다.[237]

---

237   박현채, 《민족경제론의 기초이론》, 23면.

지식의 식민성에 대한 이 같은 입장은 앞서 소개한 문학과 경제에 관한 사고의 연속이라고 할 수 있다. 박현채는 '경제학' 또한 파당적일 수밖에 없음을 강조하는데, 이 때문에 박현채에게 문학과 경제학이 대칭적으로 구분되지 않고, 오히려 실천과 이론의 관계로 인식되었던 것이다. 이는 민족경제론이 기성의 경제 이론 일반과 전혀 다른 존재론적 특성을 가지고 있음을 보여준다. 다시 말해, 민족경제론은 본래적으로 탈식민주의적 다원주의에 기반한 실천을 지향한다는 점에서 '현대/식민'적 학술 체제 내부의 '이론'과 '경제학'과 달리 개방성과 실천성을 핵심적 특징으로 갖는다.

이와 같은 맥락에서 민족경제론의 첫 번째 이론적 근거가 제시된다. 박현채는 식민지종속형에서 자본제화 과정을 거쳐 자본주의적 국민경제가 형성됨에도 불구하고, 지역 주민의 주체적 입장에서는 그것이 민족적 생활양식의 파괴와 생존기반의 수탈 위에서 이루어지는 식민지 자본주의의 확대에 불과하다는 것, 즉 '국민경제'와 '민족경제'의 괴리라는 상황을 설명하기 위해 새로운 이론적 수단을 제시하고자 한다.

여기에서 우리는 식민지종속형의 자본주의 전개에서 지역적 개념으로서의 국민경제와, 민족적 생활양식 위에 서는 그리고 민족적 생활기반으로서 민족의 자주·자립의 경제적 기초가 되는 대립되는 새로운 개념인 민족경제 개념의 정립에의 요구를 갖기에 이른다. **이것은 선발 선진 자본주의형의 국민경제가 갖는 형식과 내용을 서로 분리함으로써**(선발 선진자본주의에서는 지역적 개념으로서의 국민경제와, 민족적 생활양식의 발전 그리고 민족적 생존기반이면서 민족의 자주·자립의 기초인 민족경제가 하나로 되고 있다) 식민지종속형의 자본주의 발전의 실체를 보다 정확히 밝히는 이론적 수단을 가질 수 있기 때문에 제기되는 것이다.[238]

한편, 민족주의론의 한계와 관련해 박현채는 피억압 민족의 진보적 민주주의를 '요소'의 차원에서 정태적으로 긍정하는 논의가 결국 피억압 민족주의 운동의 경제적 기초의 해명을 배제한다는 비판을 가한다. 다시 말해 박현채는 서구의 민족주의론에서 제시된 평면적이고 정태적인 '요소'의 접근을 넘어, 민족주의 운동이 서로 다른 이해관계를 갖는 계급의 요구가 반영되었음을 밝힘으로써 피억압 민족주의를 구체적으로 평가할 수 있다고 본다.

이는 박현채의 역사적 다원주의와 모순론적 인식을 반영한다. 박현채가 제기한 문제는 기성의 시민 민족주의를 근거로 한 반제국주의 담론이 (반)식민지 민족주의의 성격을 외재적으로 규정한다는 것이다. 그래서 그는 역사에 내재적인 모순에 기반한 (반)

---

238 박현채, 《민족경제론의 기초이론》, 25면.

식민지 민족주의가 시민 민족주의로 직접 해석될 수 있는 대상
이 아니며, 그와 동등한 분석 대상으로 간주해야 한다고 본다.
여기에서 우리는 박현채가 계승하고 있는 모순론적 인식이 탈식
민주의적 다원주의와 상통함을 볼 수 있다.

피억압 민족의 민족주의는 한 사회의 계급구성과 사회적 상황에 따라
달라지지만 반제국주의·반독점자본이라는 측면에서 민주주의적이고
진보적이며, 한 사회의 사회적 상황과 계급 구성을 반영하는 민족주의
의 여러 변종은 시민적 민족주의와 함께 민족적인 것의 계급적 프리즘
을 통한 발현이 민족주의라는 데서 **동등한 것**이 되어야 하고 그 **경제적
기초**가 밝혀져야 한다. (중략)

따라서 피억압 민족의 해방을 위한 민족운동의 민주주의적 요소와 진
보성을 역사적 계기에서 밝히기 위해서는 그 경제적 기반을 밝히는 것
은 물론, 민족부르주아지의 민족운동으로 대표되고 민족구성의 다른
계층·계급에 의해 승계되는 민족해방운동을 그 경제적 기초에서만이
아니라 **역사적 계기라는 긴 맥락** 속에서 하나로 설명할 수 있어야 한
다. 그런 것은 민족주의라는 이름 밑에 민족주의운동의 변종 또는 **민
족운동의 여러 흐름을 통합하는 기준**을 갖고 그것이 기초하고 실존하
는 경제적 기반을 한 사회 안에서 발견하는 것이어야 한다.

여기에 민족주의론의 발전과 외연적 확장 위에서 피억압 민족의 민족
주의운동에 경제적 기초를 주고 민족주의운동의 내용을 규정하는 경

제적 상황 인식의 수단으로서 민족경제 개념의 정립에의 요구 또한 제기되는 것이다. 그리고 이것은 민족주의를 결정하는 것이 민족적 요소만이 아니라 계급적 요소이고 한 시대의 민족주의는 어떤 계급이 민족운동의 선두에 서고 그 목적은 어떤 것이며 사회문제 및 민족문제의 해결을 위해 어떤 방법이 제기되느냐에 달려 있다는 입장과 민족주의를 대표하는 사회집단 또는 계급이 민족경제에 자기 기반을 갖고 있으면서 진보적일수록 그 이데올로기적 및 정치적 관념에는 민주주의적 요소들이 보다 많이 있게 된다는 입장에 서 있다.[239]

따라서 박현채는 우선 민족주의가 구체적 계급적 상황을 반영하기 때문에 경제적 기반을 밝힐 필요가 있다고 보았다. 동시에 역사적 계기 속에서 '기준'을 가지고 민족주의를 파악해야, 서구의 시민적 민족주의를 통해 추상적으로 민족주의 운동을 인식하지 않고, 주체적이고 구체적인 인식을 얻을 수 있다고 보는 것이다. 이 때문에 서구 시민민족주의를 덮어씌우는 인식 방법은 하나의 외부적 기준으로 다원적인 피억압 민족의 민족주의 운동에 대해 구체성과 주체성이 결여된 추상적 인식을 시도하는 것이 된다. 게다가 박현채는 이처럼 다원적인 역사성과 경제적 기초를 반영한 민족주의 운동이 비로소 정치적으로 '민주'적일 수

---

239 박현채, 《민족경제론의 기초이론》, 27~28면.

있다고 봄으로써 평면화되고 추상화된 '민주' 관념을 넘어선다.

민족경제를 제기하는 역사적 및 이론적 근거를 제시한 다음, 박현채는 민족경제의 개념과 구성을 논의한다. 그는 '존재'와 '당위' 개념을 엄밀히 구분한다.

존재로서의 민족경제는 다음과 같은 것이다. ① 민족경제는 범세계적인 자본운동의 과정에서 한 민족이 민족적 순수성과 전통을 유지하면서 그것에 의거, 생활하는 민족집단의 생활기반이다. ② 이것은 순수경제적인 자본운동의 측면에서는 국민경제의 형식에 포함되는 하위개념이다. ③ 민족주의적인 관점에서는 국민경제보다 높은 상위개념이다. ④ 곧 민족경제는 경제적으로 민족주의의 근거이며 외세의 지배하에서도 면면히 계승되는 민족사의 정통의 장이라고 말할 수 있다.

이것에 대해 당위로서의 민족경제는 다음과 같은 것이 된다. ① 민족경제는 한 민족의 정치·경제적 통일체이어야 하며, ② 민족을 위한 힘과 부를 창조하는 과정임과 동시에 장으로서의 민족의 내면적인 생활통일체이어야 한다. ③ 민족경제는 그 완성된 경제적 내용으로 국민경제의 자주·자립을 실현할 수 있는(국민경제의 형식과 내용이 하나로 되는) 국내적으로 완결된 자율적 재생산 구조를 가져야 한다.[240]

이러한 민족경제는 다른 민족과의 관계에서 민족적 생활양식이 위기에 처했을 때 중시되고 강조된다. 따라서 민족경제는 민족주의의 경제적 기초가 된다. 그리고 경제제도적 구성에서 보면 식민지·반식민지 종속하 민족경제는 전근대적 부분이 큰 비중을 차지한다. 박현채는 이러한 식민지·반식민지 종속하의 민족경제를 하나의 동심원 이미지로 제시한다.

본래적인 민족경제와 부차적인 민족경제는 그 구조에 있어서 부차적인 민족경제가 본래적인 민족경제에로의 강한 지향을 갖는 데서 동심원적이다. 이것을 다르게 표현하면 다음과 같다. 곧 부차적인 민족경제 영역은 본래적인(따라서 그것은 기본적이다) 민족경제 왜곡의 소산이며 그것이 본래적이고 기본적인 민족경제의 이상적인 완성을 의도하여 민족적 생활양식의 회복을 지향한다는 데서 동심원적이라는 것이다. 따라서 민족경제의 두 영역은 때로는 그 경제제도적 성격에서 다른 모순을 가지면서도 민족적 모순에 의해 하나로 되고, 특히 부차적인 민족경제 영역에서는 기본적인 민족경제 밖에 서서 민족구성원의 생활상의 기본모순이 민족적 모순과 일치함으로써 더욱 강한 민족주의적 지향을 가진다. 말하자면 민족주의는 두 개의 동심원적 구성으로 되는 민족경제에 자기 기반을 갖는다는 것이다.[240]

이러한 동심원은 두 부분의 단순한 결합처럼 평면적으로 이

---

240 박현채, 《민족경제론의 기초이론》, 30면.

해하면 안 된다. 왜냐하면, 왜곡의 소산인 부차적 영역은 본래적 영역으로의 지향성을 갖고, 본래적 영역의 역사성은 그러한 지향성의 근거가 되면서, 두 영역이 합해 하나의 동력 기제를 형성하기 때문이다. 박현채는 특히 부차적 영역에서 생활상의 계급적 이해와 민족주의적 지향이 일치하면서 민중적 민족주의가 크게 대두한다고 본다.

이어서 박현채는 일제강점기 민족경제의 역사적 전개를 다음과 같이 세 시기로 나누어 개괄한다.

식민지 한국에서 일본자본의 운동은 식민지에서 선진 자본운동의 정형定型에 따라 다음과 같은 세 개의 단계적 양상을 보여주면서 전개되었다. 그것은 ① 자본의 원시적 축적기(1905~18년), ② 산업자본단계(1918~29년), ③ 금융자본단계(1929~45년)이다. **식민지 한국에 있어서 일본자본의 운동은 규정적이다. 그러나 그것은 민족경제를 주체로 하는 경우 외부적 조건 이상의 것은 아니다.** 일본자본의 운동은 자기 논리를 지니고 식민지 한국에서 관철되나 그것은 민족경제 및 민족경제 밖의 식민지 한국경제 상황과의 관련에서이다. 그리고 그 가운데서도 민족경제의 상황은 일본자본 그리고 매판자본의 운동에서 중요한 규정요인이다.[241]

---

241 박현채, 《민족경제론의 기초이론》, 36면.

이처럼 박현채는 국민경제적 관점에서의 일본 자본운동의 규정성을 승인하면서도, 민족주체적 차원, 즉 민족주의 운동의 차원에서 역으로 일본 자본 및 매판자본을 규정하는 민족경제의 상황을 설정한다. 그리고 민족경제의 상황 인식의 기준으로 ① 민족경제의 경제제도적 구성, ② 사회적 생산력의 담당주체, ③ 민족경제 안에서 민족경제의 두 개의 영역 간의 양적 구성을 든다. 박현채는 이를 통해 민족구성원이 의거하고 있는 사회의 성격, 사회적 모순관계 그리고 민족적 모순과 계급적 모순의 결합관계를 해명할 수 있다고 본다.[242]

이러한 관점에서 박현채는 일본 제국주의의 식민지 지배의 결과를 다음과 같이 개괄한다.

일본제국주의의 식민지 지배에서 비롯된 식민지적 자본제화 과정이 귀결한 것은 공업구조의 파행성, 농업에 있어서 낡은 전근대적 유제의 심화, 민족자본의 소멸이었다. 그리고 이것은 식민지 초과이윤을 위한 일본자본의 운동, 곧 식민지 수탈과정의 반영으로써 가혹한 경제잉여의 수탈에 의한 자주적 민족경제 기반의 와해 또는 축소와 한국민의 궁박한 생활로 된다. 그리하여 정치적·경제적 통일체로서의 민족의 생존을 위한 힘과 부를 창조하여야 할 경제의 주요 부문이 일본독점자본의 지

---

242   박현채, 《민족경제론의 기초이론》, 36면.

배하에 놓이게 되고 민족의 생활권은 축소되어 식민지통치하 조선민중의 빈곤은 이에 항거하는 여러 가지 형태의 항일 투쟁에도 불구하고 계속 악화되었다. 즉 식민지통치하 조선에 있어서 사회적 생산력의 담당 주체는 일본자본 또는 일본의 식민지지배에 협력한 극소수의 매판자본으로 되고 민족자본가는 거의 소멸되었다. 이로부터 민족경제를 담당하는 주요 세력은 식민지경제하 외국자본에 고용된 비숙련 노동자 대다수, 소작농민으로 전락한 농민층, 전근대적인 수공업과 중소기업에 생활 근거를 갖는 독립소생산자로 구성되게 되었으며, 민족의 생존기반인 민족경제의 경제제도적 근거를 농업에 있어서 반봉건적인 지주-소작관계 그리고 식민지적 임노동관계에 한정짓게 된 것이다.[243]

물론 1945년 8월 15일 식민지 억압으로부터의 해방에서 변화의 계기를 얻었으나, 냉전과 내전/분단으로 인해 변화의 가능성은 실현되지 못했다. 그러나 박현채는 광복 이후 및 전쟁 상황에서 경제 및 정치 측면에 민족경제 회복의 성과가 존재했음을 강조한다.

일본의 식민지지배의 종식과 함께 우리나라에서는 민중의 생활상의 요구를 기초로 지역마다 지역적 분업 위에 서고 지역적 시장에 매개

---

243 박현채, 《민족경제론의 기초이론》, 39~40면.

되는 자생적인 중소기업이 광범하게 생성되게 된다. 이것은 1950년 6·25동란의 폐허 속에서도 다시 되풀이되는 것이지만 자연적 질서에 따른 자본주의 전개에서 볼 수 있는 자생적 발전의 과정으로 되면서 민족자본을 생성케 하는 것이었다. 민중의 생활에 기초한 이와 같은 민족자본의 태동과 축적에의 길은 그 후 원조에 의한 매판적인 거대공업의 생성과 이들에 의한 시장지배의 과정에서 봉쇄당하게 된다.[244]

한편 박현채는 민족경제의 회복을 위한 정치적인 주체적 의지를 가지고 있었다고 보면서, 일본 기업에 대한 노동자 자주관리, 반봉건적 지주–소작관계 청산 노력, 자주통일 및 분단극복을 위한 정치권의 노력 등 식민지 유제의 청산, 새로운 민족경제의 확립, 분단 상황의 극복을 위한 노력 등이 민족의 자주적 역량을 보여준 것으로 평가한다. 그러나 미국 등 외세의 개입이 상황 변화를 주도하는 강력한 제약 요인이 된다. 이로 인해 박현채는 다음과 같이 전후 민족경제의 상황을 평가한다.[245] 이는 박현채가 줄곧 견지하고 있는 '식민'과 '신식민'의 연속성이라는 인식을 표현한다.

---

244   박현채, 《민족경제론의 기초이론》, 40~41면.
245   박현채, 《민족경제론의 기초이론》, 41~42면.

민족경제의 역사는 전후 자기 민족의 정치권력에 의한 밑받침이 주어졌다는 데서 상황을 달리하는 것이기는 하나 정권의 매판적 성격은 한국의 상황을 신식민지 또는 반#식민지적 상황에 놓이게 함으로써 민족경제적 상황을 크게 바뀌게 하는 것은 아니다. 그런 의미에서 민족경제는 **전전**戰前 **이래 같은 추세선상**에서 이해될 것이라 생각된다.

민족경제의 역사적 전개는 전전 이래의 맥락에서 지금도 주어지고 있다. 이것에 대해 우리는 **역사적 계속성** 위에서 그것에 대한 논리적 전개를 다시 봄으로써 역사적 전개에 대한 인식을 보다 심화시키고자 한다.[246]

바로 이 지점에서 박현채의 '신식민성' 인식의 기본 입장을 확인할 수 있다. 다시 말해, 박현채는 매판적 정권하의 가상적이고 왜곡된 '현대화'의 심화를 '반봉건성'과 '비주체성'의 심화로 정확하게 이해하고 있었다.

구조와 제 범주

《민족경제론의 기초이론》은 제1부와 제2부에서 문제의식과 개념 규정을 하고, 제3부에서 11개의 주제를 설정해 이를 적용하고 있다. 특히, 제1부 제2장 및 제2부에서 민족경제론을 구성

---

246 박현채,《민족경제론의 기초이론》, 43면.

하는 범주들 사이의 상호관계를 다루는데, 아래에서는 주로 제1부와 제2부의 논의를 바탕으로 《민족경제론의 기초이론》의 기본 구상을 소개한다.

박현채는 논의에 앞서 먼저 이와 같은 접근 자체가 갖는 '본원적인 제한성'을 언급한다.

> 그러나 여기에는 본원적인 제한성이 있다. 그것은 민족경제론이 아직 완성된 체계가 아니고 우리 문제를 전체적으로 포괄하는 이론체계일 수도 없는 만큼 현실적으로 완벽한 통일된 체계로 구성될 수 없기 때문이다. 그러나 이미 주어진 범주들 상호간의 관계 해명은 그것이 비록 한계성을 갖는다 할지라도 제한된 범위를 인식하면서 시도된 것이다.[247]

민족경제와 국민경제의 괴리라는 상황을 민족주체적으로 설명하기 위해 민족경제론이 제시되었음은 전술한 바와 같다. 이를 위해 박현채는 민족경제론이 기존의 경제이론을 받아들이면서 현상의 민족주체적 인식을 위한 보완적 이론 수단을 덧붙이고자 했고, 이를 통한 주체적 인식이 성공적이었다고 평가하면서, 민족경제론의 시야가 확대되는 배경을 다음과 같이 설명한다.

---

247 박현채, 《민족경제론의 기초이론》, 44면.

그러나 현상의 다양성과 실천상의 여러 요구는 단순한 보완적 도구의 소박한 상태에서의 정체나 고정화를 허용하는 것은 아니었다. 즉, 새로운 상황, 지금껏 다루지 않았던 분야에 대한 적용을 요구받게 된 것이다. 여기에 민족경제론은 보다 정밀화되고 이론적으로 자기완결적인 것이 되려는 자기발전의 논리에 빠져들게 된다.[248]

그런데도 박현채는 이러한 이론의 정밀화가 갖는 실천상의 한계 지적을 잊지 않는다.

이론의 정밀화나 이것이 하나의 체계로 발전하는 것을 요구함이 이론의 사회적 실천상의 역할과 긴밀히 관련되는 것은 아니다. 그것은 그런 의미에서 이론 그 자체의 자기발전 논리의 관철 이상은 아니다. 민족경제론은 정치경제학적인 경제이론을 식민지·반식민지 상태의 식민지종속형 자본주의 발전국가들에 적용하려는 것이고, 이들 나라에 있어서 '일반이론'의 발전을 모색하는 것이다. **따라서 그것은 다른 일반이론에 대체되는 새로운 일반이론의 정립을 의도하는 것이 아니다.** 민족경제론의 완결된 체계를 시도하지는 않을 것이다. (중략) 민족경제론은 완성된 이론은 아니며 우리 문제의 해결을 위한 노력에서 시도된 것 이상은 아니다. 따라서 그것은 모든 비판을 수용하면서 이미 정립된 이론 위에

---

248 박현채, 《민족경제론의 기초이론》, 45면.

서서 우리 문제의 해결을 위한 사회적 실천에 올바른 기준과 수단을 민족주체적으로 가지려는 노력인 것이다.[249]

박현채는 이러한 한계성을 인지하면서 민족적 생활양식, 민족자본, 자립경제, 민족주의, 민중, 경제계획 및 사회구성체 등을 민족경제론을 구성하는 범주로 든다. 이 같은 민족경제론의 제 범주는 상호 밀접한 논리적/실천적 관계를 맺는 하나의 체계라고 볼 수 있다. 이를 개괄하자면, 우선 민족적 생활양식은 과거로부터 현재까지 면면히 이어져 내려오는 역사적인 것을 의미한다.[250] 민족자본론은 매판자본이나 외국자본과 대비되며, 역사성을 가진 공동체의 경제적 구성의 기초이자 동력이라고 볼 수 있다. 아울러 자립경제론은 이러한 민족자본을 바탕으로 건설해야 할 이상적인 지향이자 그 원칙이다. 민족주의론은 이 같은 지향을 실현하는 경제 체제 건설을 위해 구체적인 정세와 운동을

---

249 박현채, 《민족경제론의 기초이론》, 46면.

250 이는 미조구치 유조(1932~2010)가 제기한 '기체基體'에 상당한다. "물론 근대 일본의 아시아·아프리카 諸國에 대한 선진·우월의식은 각 민족의 문화를 각각의 고유하거나 내재된 가치기준에서 파악하지 않는다는 점에서, 또 그것이 유럽 근대를 보편적인 가치기준으로 삼고 그것에 일원적으로 귀속시키는 데서 반역사적이면서 부당한 것이지만, 그렇다고 하더라도 일본의 근대를 '아무것도 아니다'라고 전면 부정해버리는 것 또 하나 아주 반역사적이며, 이러한 반 혹은 몰역사적인 관점으로는 일본이든 중국이든 각각의 근대가 각각의 전근대를 어떻게 기체로 삼고, 그것을 기체로 삼은 것에 의해 어떻게-유럽과의 대비에서 도-상대적으로 독자적인지 (중략) 파악하는 것은 불가능하다." 미조구치 유조, 《방법으로서의 중국》(부산: 산지니, 2016), 14면.

파악하는 범주이다. 민중론은 이러한 운동의 기본적이며 주요한 주체로서 민중을 다룬다. 이러한 역사 및 현실을 파악하는 이론적 도구로 제시된 것이 사회구성체론과 발전단계론이다.

1) 민족적 생활양식론

우선 민족적 생활양식론은 역사 발전의 부차적 동인으로 제시된다. 여기에서 '민족적 삶'은 다음과 같이 규정된다.

> 민족적 삶이란 민족적 감정, 민족적 정서에 충실한 보다 구체적 삶이다. 한 민족에게는 자기들이 살아온 기후·풍토에 따라 형성된 전체적인 삶이 있다. 그리고 이것은 한 민족에게는 가장 알맞은 삶이기도 하다. 보다 나은 삶이란 이와 같은 구체적인 민족적 삶일 수밖에 없다는 것이다. 따라서 민족적 삶이 강조되는 것은 전래적으로 생활의 축적 속에 주어진 익숙해진 민족적 삶이 보다 나은 삶의 기준으로 된다는 의미에서이다.[251]

민족적 생활양식은 자연적 조건과 자원부존 상태의 제약에 의해 규정된다. 이러한 생활의 축적은 생활양식을 형성하고, 나아가 가치의식을 결정한다. 이러한 민족적 생활양식은 인간과 자

---

251 박현채,《민족경제론의 기초이론》, 46면.

연간의 관계를 제약할 뿐만 아니라 사회적 생산력 수준을 반영하는 인간 간의 사회적 관계를 제약한다.[252] 그런데 민족경제론과 관련해 민족적 생활양식은 다음과 같은 의미가 있다.

> 역사 발전에서 발전의 동인이 인간의 보다 나은 생활에 대한 요구와 그것에 기초하는 사회적 생산력의 진보적 발전의 법칙에 따른 생산력의 발전, 보다 구체적으로는 그것을 둘러싼 인간 간의 관계 곧 인간 간의 사회적 모순관계라는 점이며, 또한 그것이 단순히 추상적인 보다 나은 생활에 대한 요구가 아니라, 구체적인 민족적 생활양식 위에 선 보다 나은 생활에 대한 요구로 된다는 의미에서이다.[253]

박현채는 민족경제론의 제 범주를 열거하며 첫 번째 범주로 민족적 생활양식론을 든다. 더 나은 삶에 대한 민중의 요구는 역사 발전의 기본 동인으로 설정되는데, 그런 맥락에서 민족적 생활양식은 이러한 요구의 역사적이고 구체적인 근거가 되기 때문에 역사 발전의 부차적 동인으로 간주된다. 이것이 바로 그가 줄곧 제시해온 '민족=민중' 입론이다.

본래 상대적으로 자급자족적이었던 전래의 민족적 생활양식

은 자본제화되면서 파괴되고 자본운동에 종속된다. 그 결과 식민지종속형 자본주의 발전에서 민족적 생활양식은 '민중'에 의해 담당 및 유지되는데, 이는 자본주의의 발전이 '민중'을 강제적으로 프롤레타리아화하기 때문이지만, 또한 다음과 같은 이유에서이기도 하다.[254]

원래 직접적 생산자로서의 민중은 생산에 뿌리를 갖는 생산자로서 생활 그 자체에 보수적이고 자기생활권 밖의 사람들에 대하여 이인적시 zenophoby하는 경향이 강하기 때문이다.[255]

그것은 민중 이외의 계급 또는 계층의 생활이 외래적인 것이고 감성에 있어서나 능력에 있어서 적응적인데 반하여 민중의 생활은 감성에 있어서나 경제력에 있어서 비적응적이기 때문이다.[256]

이러한 상황에서 민중적 모순과 민족적 모순이 일치된다. 이상과 같은 민족적 생활양식론에 대해 박현채는 다음과 같이 요약한다.

민족적 생활양식의 사례를 우리는 우리의 전래적인 주거양식인 초가에

---

254 박현채, 《민족경제론의 기초이론》, 59~60면.

255 박현채, 《민족경제론의 기초이론》, 60면.

256 박현채, 《민족경제론의 기초이론》, 60면.

서 발견할 수 있다. 그것은 오늘에 있어서 지난날의 빈곤의 상징으로 인식될 수도 있으나 그것이 우리 주변에서 얻을 수 있는 부존자원을 기초로 조성되었을 뿐 아니라 다시 자연에 환원되는 것이며, 오랜 역사적 경과 속에서 우리의 민족적 감정, 정서, 심리, 의식 등 감성적인 것의 기초로 된다는 의미에서이다. 전체적인 생활의 변화 속에서 감성적인 쪽에서 많은 것들이 변했으나 이런 것들은 기본적인 개념에서 크게 바뀐 것은 아니다. **그리고 이런 것들은 오늘의 신식민지적 상황에서도 정도의 차는 있을지언정 그대로 적용된다.** 민족해방투쟁의 외피는 민족적인 것의 유지나 회복이라는 형태로 주어지나 그 본래적 내용은 민족적 생활양식이라는 구체적인 것이고 그런 의미에서 민족적 생활양식은 모든 역사에서 민족적 저항의 기초이고 그 구체적 내용에서 민중적 저항의 일차적 요구의 기초로 된다. 따라서 민족적 생활양식은 역사 발전의 원동력이 보편적으로 민중의 생활상의 요구와 그것의 역사적·사회적인 실현을 위한 실천상의 모순에서 주어진다고 하더라도, **그것에 구체적인 내용을 주는 부차적인 요인**으로 된다. 역사 발전에 부차적 동인으로서의 민족적 생활양식이 민족경제론의 기초개념으로 제기되는 것은 이런 의미에서이다.[257]

역사 발전의 두 가지 동인으로서 역사적 기준인 '민족', 현실

---

257 박현채, 《민족경제론의 기초이론》, 61면.

주체로서의 '민중'이 제시되면서, 양자의 관련하에 사회적 실천에서 '지식'의 역할도 규정된다고 볼 수 있다. 이는 또한 박현채가 사회구성체론으로 제기한 지식의 식민성 문제를 이해하는 데 도움이 된다. 즉, 역사에 근거하지 않고, 따라서 실천 속에서 민중으로부터 유리된 '지식'이 민족/민중론적 지식윤리 원칙에 위배된다는 것이다. 특히, 박현채의 입장에서 보면, 전후 '신식민'을 단절적으로 인식하는 것, 또는 '식민성'을 부정하는 것이 바로 '탈역사화'이고, 따라서 현실로부터 유리되는 지식생산의 전제가 된다.

2) 민족자본론

박현채는 민족자본을 정치적 기준에 따라 판단할 수 없다고 보며, '민족자본'의 속성을 다음과 같이 규정한다.

> 민족자본의 기본속성은 그것이 민족경제에 자기 재생산의 기반을 갖는 자본이라는 점이고 부차적 속성은 민족계 자본이라는 점이다. 자본제하 민족자본은 민족경제의 주체적 담당자이어야 하고 그것은 사적 자본만이 아니라 국가자본까지를 포괄하는 것이어야 한다.[258]

---

258 박현채, 《민족경제론의 기초이론》, 47면.

그리고 이 같은 민족자본 논의의 배경은 앞서 언급된 국민경제와 민족경제의 괴리 현상이다.

곧 범세계적 성격을 띤 자본활동이 자본주의 발전의 독점단계에서 자본수출을 구체화시키고, 자본수출의 과정에서 후진제국의 **식민지화와 허구적인 근대화**가 이루어질 때, 국민경제와 민족경제가 괴리되면서 민족경제의 사회적 생산력의 담당자로서 민족자본 문제는 한 민족의 자주자립의 실현을 위한 민족해방, 민족경제 확립과 관련하여 중요한 뜻을 지니는 것으로 제기된다. 그간에 관점을 달리하면서 제기된 민족자본 논의는 바로 이와 같은 것들을 배경으로 제기되었던 것이다.[259]

이러한 논의는 역사적 관점에서 '자본' 일반에 대한 추상적인 비판이나 부정을 넘어서는 것인 동시에 자본주의를 극복하는 동력 자체를 피억압적 계급주체와 이로부터 연유하는 권리 담론에서만 찾지 않고 역사적으로 형성되어 온 인류의 물질적/경제적 관계에서 찾는 것이기도 하다. 박현채는 민족경제에 자기 재생산의 기반을 갖는 민족자본의 조건을 다음과 같이 규정한다.

이것은 민족구성원의 자주적 생존기반인 민족경제에 자본의 재생산 행

---

259 박현채, 《민족경제론의 기초이론》, 63면.

정상의 두 개의 조건—소재보전 및 가치보전, 곧 원자재 관련과 시장 관련—을 갖는다는 것이다. 이것으로부터 자립적 민족경제에 자기 이해를 갖는 민족자본은 국민경제의 종속적인 대외의존, 고도화된 식민지 경제구조를 거부하고 이와 같은 식민지 경제구조를 기초짓고 있는 외국 자본 및 매판자본과 이해의 대립을 갖는 것이어야 한다.[260]

박현채는 앞서 말한 바와 같이 민족자본의 기본 속성을 그 재생산기반이 국내적 분업 관련 위에 서는 민족경제라는 데 있다고 보고 '자민족 출신'은 부차적으로 보았는데, 이는 전후에 국가자본뿐만 아니라 개별자본이 '다국적기업'의 일반화라는 방식으로 진출하던 맥락을 파악하는 데도 더욱 적실하다. 게다가 '다국적기업'의 일반화는 남한 출신의 '다국적기업'에도 적용될 수 있고, 국내적 분업 관련이 취약한 남한계 다국적기업 또한 이 같은 민족자본의 기본 요건을 충족시키지 못한다고 볼 수 있다.

그러나 한편 박현채는 '신식민주의하 정치권력의 매판성의 사상捨象'이라는 조건을 달면서 국가자본 또한 민족자본이 될 수 있다고 본다. 아울러 '민족적인 자본'을 설정해 매판으로서의 거대독점자본과 모순관계에 있는 거대독점자본 또는 중소자본이 '동요와 이중성' 속에서 민족자본과 동맹관계를 맺을 가능성 또

260 박현채, 《민족경제론의 기초이론》, 64면.

한 열어둔다.[261] 이 때문에 국가자본에 대해 박현채는 정치권력의 민중성 위에 민중민족적 요구가 관철될 가능성이 주어지는 한 민족자본의 주요한 존재양태라 보는 개방적 태도를 보인다. 따라서 국가자본주의는 자본주의 경제제도에서나 과도기의 경제에서 민족경제의 확립을 위한 중요한 수단이 된다. 경제계획론은 바로 이렇게 민족자본으로서의 국가자본을 축으로 민족경제의 완성, 즉 자립경제를 건설하기 위한 전략 강령으로 제기된다.

이어서 박현채는 '현상 인식'의 차원에서 역사 속 민족자본의 전개, 역사 인식에서 민족경제의 역사적 전개를 나누어 고찰한다. 특히, 현상 인식의 차원에서 민족자본은 소멸하거나 쇠잔의 과정을 거치면서도, "민족적 생활양식에 기초한 민족경제가 존재하는 한 민족자본은 부단히 생성·소멸의 과정이라는 대류현상 속에서 중소자본으로서 자기를 유지한다"고 본다. 또한, 민족경제 영역의 축소에도 불구하고 넓은 의미의 민족자본은 부단히 보완되는데, 이는 식민지권력의 정책과 민족주의 운동의 강도에 의해 결정된다고 본다.[262] 박현채는 이에 관한 실례로 중국의 사례를 든다.

---

261 박현채,《민족경제론의 기초이론》, 65면.

262 박현채,《민족경제론의 기초이론》, 66~67면.

한국에 있어서 민족자본의 보잘것없음에 비해 중국의 경우 자본의 운동영역에서 명확한 것은 아니지만 질적 기준이 있다는 것은 그것을 말해주는 것이다. 반식민지 중국에는 제국주의와 매판관료자본이 존재하여 이들이 나누어 갖고 있는 영역과 이것으로부터 벗어난 남은 경제영역이 있어서 민족 자본은 후자의 영역에서 활동하고, 시장, 금융, 그밖의 자본운동에 있어서 필요한 조건을 일단 독자적으로 확보함으로써, 상대적으로 자립성을 유지하면서 전개되었고, 압박받으면서도 제국주의에 항쟁할 수 있었다. 이것은 반식민지 경제구조에서 민족경제의 본래적 영역의 군건한 잔존과 이것에 기초한 민족자본의 존재를 말해주는 것이다.[263]

따라서 민족자본과 민족주의 운동은 밀접한 관련이 있다. 민족자본은 자본으로서 낡은 유제의 청산 요구를 가지는 동시에 매판자본과는 모순관계에 놓여, 논리적으로 반봉건 민주주의 변혁 및 반제 민족해방운동과 결합한다. 그러나 식민지 종속하의 민족자본은 이러한 긍정성에도 불구하고 끊임없는 생성과 소멸이라는 대류현상 속에서 축소 및 쇠잔하는 경향이 있기 때문에 이 시기에 고양되는 '민중적 민족주의'를 보완하는 역할에 머문다. 한편, 노동계급이 성숙하지 않고 양적으로 소수이며 민족

---

263 박현채, 《민족경제론의 기초이론》, 67면.

자본가가 박약한 가운데 이 시기의 민족주의는 소시민적 지식인이 중심이 되어 주도한다. 박현채는 이런 상황이 신식민주의 단계와 '정치권력의 상대적 독자성이 인정'되는 '민주화' 시기에도 동일하게 지속된다고 보았다.

이와 같은 민족자본과 민족주의의 관계 그리고 민족자본가에 의한 민족주의의 내용과 한계는 신식민주의단계에서 정치권력의 상대적 독자성이 어느 정도 인정되는 시기에 있어서도 그 정치권력의 기반이 외국자본과 매판자본에 의거하고 있는 데서 동일하게 적용된다.[264]

한편, 역사 인식의 부분에서 박현채는 신식민 시기에 '민족경제 영역의 축소와 쇠잔'이 더욱 심각한 것으로 진단한다.

오늘 한국자본주의에서 거대독점자본, 다시 말해 계열기업군을 거느린 재벌 중에 외자와 관련을 갖지 않는 자본은 없다. 그리고 그들의 경제적 이해는 그들 자본의 형태에 비추어 외국자본과 긴밀히 연관되면서 생산력적 기반이 없는 저차적 독점 위에 군림하고 있다. 그리고 이들 재벌은 그 축적의 기반이 소비재산업에서 비롯되었던 데서 일부 소비재산업에서조차 민족자본의 존립을 허용하지 않게 된다. 독점적인 대재

---

264 박현채, 《민족경제론의 기초이론》, 70면.

벌은 산업합리화라는 이름 밑에 정부의 정책지원하에 중소기업 영역을 침범하여 독점적 지배의 범위를 확대할 뿐 아니라 광범한 중소기업을 하청계열화함으로써 이를 매판자본화하고 있다. **이것은 곧 국민경제에 있어서 양적 팽창과는 달리 민족의 자주적 생존기반인 민족경제 영역에서 축소·쇠잔이 일제 식민지하에서보다 급격하고 큰 규모로 진전되고 있음을 말한다.** 이와 같은 상황에서 전후 한국자본주의에서 민족자본의 존재 양식은 식민지하 한국에 있어서 민족자본의 존재 양식과 크게 다를 것이 없는 상황에 놓여 있다. 그들은 간신히, 그것도 일부가 중소기업으로서 거대자본의 힘이 미치지 못하는 분야에서 생성과 소멸이라는 대류현상 속에서 자기를 유지하고 있을 뿐이다.[265]

물론 박현채는 이러한 역사적 상황 인식에서 비관적 결론을 끌어내지는 않는다. 박현채는 민주화운동과 결합한 광범한 민족주의 운동의 고양과 '민족적인 자본의 동요'가 결합할 가능성에서 희망을 보기도 했다.[266]

3) 자립경제론

자립경제는 민족경제의 당위적 완성 형태라고 정의된다. 박현

---

265 박현채, 《민족경제론의 기초이론》, 71면.

266 박현채, 《민족경제론의 기초이론》, 71면.

채는 자립경제의 구조를 다음과 같이 설명한다.

자립경제는 기초산업을 저변으로 하고 그 위에 농촌공업으로서의 중
소기업 그리고 국민적 산업으로서의 소비재공업 및 생산재생산공업이
라는 피라미드형의 산업구조를 기업·산업 간의 긴밀한 분업 관련 위에
서 통합적으로 실현하는 것이어야 한다. 그리고 이것은 민족적 생활양
식의 견지와 상대적 자급자족체계의 실현에 의한 민족적 자주·자립 실
현의 기초이어야 한다.[267]

특히 역사적으로 보면 자립경제는 단지 이상형일 뿐만 아니라,
역사적 근거이기도 하다.

민족경제는 원초적으로 자립경제를 자기의 존립양식으로 해왔다. 그것
은 경제의 존재 양식이 본래적으로 폐쇄적인 상대적 자급자족체계로
되고 외부로부터의 보완은 비경제적인 약탈 이상의 것으로 되는 것은
아니었기 때문이다.[268]

아울러 박현채의 자립경제론은 기본적으로 '인간'이 부재한 현

267　박현채,《민족경제론의 기초이론》, 47면.

268　박현채,《민족경제론의 기초이론》, 73면.

대경제학에 대한 비판을 전제로 한다.

> 일반적으로 봤을 때, **인간 간의 사회적 관계를 중요시하지 않는 근대 경제학적인 논의는 인간이나 민족 간의 사회적 관계보다는 아무런 구체적 연관을 갖지 않는 경제제량 간의 양적 균형에 중점을 두는 데 대하여, 민족경제론적 시각은 그와는 반대로 인간 간·민족 간의 사회적 관계를 중시하면서 구조적으로 이것을 파악하려고 한다.** 말하자면 민족의 자주·자립과 민족적 생활양식의 유지라는 민족주의적 요구를 충족시키는 자립적 경제라는 것이다.[269]

여기에서 박현채가 경제를 바라보는 데 있어 인간의 관계를 '인간 사이'와 '민족 사이'의 이중적 차원에서 접근하는 존재론적 관점을 가지고 있음을 알 수 있다. 이는 1장에서 제시한 것처럼, '민족'을 매개로 '개체'의 자유와 '민족' 간의 평등에 기초해 역사의 동력을 파악하려 했던 문제의식과 일치한다. 다시 말해 이는 '민중론'과 '민족론'적 접근을 경제인식에 반영하는 것이다.

한편, 박현채는 이러한 자립경제의 제 지표로서 재생산조건의 장악, 자기 완결적인 자율적 재생산 메커니즘, 국민적 확산메커니즘, 국민경제와 민족경제의 통합을 제시하고, 이를 실현하는

---

269 박현채, 《민족경제론의 기초이론》, 74면.

과정에서 수많은 곤란과 장애를 마주하기 때문에 정치 영역이 중요한 의미가 있음을 다음과 같이 설명한다.

경제문제는 고립되어 존재하지 않는다. 그 집약적 표현은 인간 간의 사회적 관계로서의 정치상황에서 발견된다. 따라서 자립경제의 실현 문제는 민중적 의지에 기초를 두고 민주주의적 정치절차에 의해 이를 국가 의지에로 구체화시키는 정치적 문제로 된다.[270]

자립경제의 실현을 위한 모색은 전술한 것과 같이 단순히 경제적인 문제만은 아니다. 따라서 오늘 우리 상황에서 자립경제를 둘러싼 이해당사자의 위치와 성격 그리고 힘의 균형을 밝혀야 할 뿐만 아니라 이것에 능동적으로 작용하는 국가권력에 대한 분석 등 보다 광범한 논의 위에서 다루어져야 할 것이다. 그리고 이것에 바탕하여 경제자립에 이르는 기술적 과정이 제시되어야 한다.[271]

이어서 박현채는 자립경제를 제약하는 외적 요인과 내적 조건 및 요인에 대해 분석할 필요성을 제기하고, 우선 세계경제적 상황의 변화에 대해 다음과 같이 요약한다.

---

270 박현채, 《민족경제론의 기초이론》, 84면.

271 박현채, 《민족경제론의 기초이론》, 85면.

유효하다고 평가되어온 국가독점자본주의적 성장정책을 파국에 이르게 하여 전면적인 불황으로 치닫게 한다. 순환성 불황이 아닌 구조적 불황으로 평가되는 세계적 불황은 이들 분극화에의 성향을 더욱 가속화시키고 지난날의 식민지종속에서 해방된 신생국들의 UNCTAD(UN 무역개발회의), 비동맹회의를 발판으로 한 선진자본주의국들에 대한 도전은 신경제질서를 요구하게 되어 세계자본주의의 상황을 더욱 혼미하게 만들고 있다.[272]

박현채는 이와 같은 상황 인식에서 남한 경제에의 의의를 다음과 같이 파악한다.

먼저 불황의 심화와 세계경제의 저성장 그리고 각국에 의한 수입규제 및 내포화의 경향은 수출입국이라는 이름 밑에 국제적 분업체계에 종속된 하나의 고리로 외연적 성장구조를 정착화시킨 한국경제에 결정적인 타격을 주게 되었다. 수출의 성장둔화 속에서 심각한 불황을 초래하여 국민경제는 그간에 확대재생산된 대외의존적 경제구조의 파국적 청산을 강요받고 있다. 앞으로 세계적인 불황의 진전과정에서 약간의 기복이 있을 수 있으나 **우리가 경험하고 있는 불황이 구조적인 것인 한 그 경향으로 봐서 그간에 확대재생산된 대외의존적 경제구조의 파국**

---

272 박현채, 《민족경제론의 기초이론》, 86면.

적 청산이라는 쪽으로 경제의 논리가 관철되리라는 것은 부인할 수 없을 것이다.[273]

이러한 박현채의 경고는 사실상 1997년 초래된 재난적 위기를 예상한 것이었다고 할 수 있다. 그러나 동시에 박현채는 세계 자본주의의 분극화가 자립경제 추구에 보다 많은 가능성을 준다고 보았다. 한편, 내적 조건 및 요인과 관련해, 박현채는 상대적 빈곤의 심화로 소외된 민중의 저항, 국민경제의 성장으로 형성된 사회의 생산 기초가 하나의 잠재력이자 가능성이 될 수 있다고 본다.

그러나 자립경제론에 관한 박현채의 결론은 '반성'이 부재한 상황에 대한 비판과 사회적 실천에 대한 강조였다.

오늘 우리의 상황은 정치적으로나 경제적으로 지난날의 역사적 과정에 대한 반성에 의해 새로운 전기를 가지려 하고 있으며, 이는 국제경제적 조건의 변화와 국민경제의 재생산 과정상의 위기와 그에 따른 인간 간의 사회적 관계 위에서 가능성의 형태로 주어지고 있다. 한 민족의 역사에서 진정한 자기해방의 실현은 오랜 기간을 요하는 역사적 과제이기도 하다. 그렇다고는 하지만 **우리 역사에서 그간의 경과는 지지한 것**

---

273 박현채, 《민족경제론의 기초이론》, 87면.

이었고 반성 없는 것이었다는 점은 부인될 수 없다. 가능성이나 잠재력을 현실화시키는 것은 인간의 사회적 실천뿐이다. 여기에 자립적 민족경제의 확립을 위한 길에서 자립경제의 실현을 위한 이론적 모색이 갖는 의미가 있다고 생각된다.[274]

4) 민족주의론

박현채의 '민족주의'적 역사 인식은 일정하게 역사변증법적 균형감을 가지고 있었다.

외세의 침략에 대한 대응에서 한말 한국 사회는 내부적 모순을 첨예화시키면서 사회구성에 따른 서로 다른 반응을 낳았다. 그것은 크게 둘로 나누어진다. 그 첫째는 지배계급에 의한 위로부터의 대응인데, 이것은 다시 둘로 나눌 수 있다. 하나는 보수적 대응이며, 다른 하나는 근대화 지향적 개화파적 대응이다. (중략) 지배계급의 위로부터의 대응에 대하여 밑으로부터의 민중적 대응은 구한말 우리 사회의 구성을 반영하여 농민에 의해서 이루어졌다. (중략) 그러나 그것은 특정한 봉건 국가 관료를 주요 목표로 하고 있었으며 그 내부에서 봉건제도 자체를 부정하고 운동으로서 지역범위를 넘어 횡적으로 결합되는 사상적 계기를 갖지는 못했다. (중략) 따라서 **이 시기의 우리나라 민족주의는 보수적·**

274 박현채,《민족경제론의 기초이론》, 89~90면.

지주적 민족주의에 의해 대표되고, 이것은 후기 의병투쟁에서 밑으로 부터의 민중적 민족주의가 결합됨으로써 더욱 강화된다.[275]

특히 19세기 말부터 1945년 전후에 이르는 역사에 대한 인식이 남한의 진보 또는 좌익의 '추상'적 민중사관과 차별성을 지니는데, 이는 '북한'의 역사관과 유사하다고 볼 수 있다. 그가 적극적으로 제기하지는 않았지만, 사실상 이는 '전통' 인식의 문제를 '현대성'에 근거한 좌익 유물사관에 환원시키지 않았다는 방증이라고 볼 수도 있다. 이와 관련해 남한의 저명한 진보 역사학자 강만길(1933~)은 북한의 역사학에 대해 유사한 관찰을 제시한다.

특히, 개화기의 문제가 우리와 상당히 차이가 난다는 생각이 드는데, 오히려 북한의 역사학이 갑오농민전쟁까지 포함해서 개화기의 모든 민족운동을 부르주아민족주의운동으로 규정하고 있습니다. 남한 역사학계보다도 개화파의 역할이나 심지어는 척사위정자들의 역할도 더 높이 평가하고 있는 것을 볼 수 있죠. 남한학계는 오히려 척사위정자들은 물론이고 개화파들까지도 반역사성을 지적하는 쪽의 흐름으로 가고 있다는 것 같은데, 이것은 유물사관적인 시대구분을 성립시키려고 하다 보니까 그렇게 되었다는 생각이 듭니다.[276]

---

275 박현채, 《민족경제론의 기초이론》, 237~238면.

이처럼 역사적 균형감으로 19세기에서 20세기로의 전환기를 대했던 박현채는 다음과 같이 민족주의론을 개괄할 수 있었다.

민족주의는 단순히 시민적 민족주의에 한정되는 것이 아니라 한 사회를 구성하는 계급·계층의 대외적 관계에서의 요구이고 그런 뜻에서 계급적인 것의 민족적 프리즘을 통한 표현으로 되는바, 식민지종속형 자본주의 발전의 경우 (중략) 자본주의 이후에는 이것을 계급적인 것의 민족적 프리즘을 통한 표현으로 하게 한다. 그것은 민족주의의 추상으로의 민족주의로 존재하는 것이 아니라 한 사회를 구성하는 계급·계층의 민족적이라는 것에 의해 조정된 요구를 대외적으로 표현한 것 이상은 아니다. 그리고 이것은 다른 말로는 민족적 생활양식에서 비롯하여 민족적 이익을 둘러싼 다양한 계급적 대응의 표현이다.[277]

박현채에게 민족적인 것은 역사적인 것으로서 '상대적 독자성'을 가진 것이다. 이는 그가 세계를 다원주의적 구성으로 보고 있음을 보여준다. 박현채는 민족주의 인식의 곤란을 복잡성과 독자성에서 찾는다. 우선 민족주의가 민족 간 관계, 계급관계, 사회변혁운동(특히 민족해방운동)에 관련되고, 동시에 순수한 형태

---

276 강만길의 발언, 〈권두좌담〉, 《역사비평》, 1989.11, 44면.

277 박현채, 《민족경제론의 기초이론》, 47면.

가 아니라 정치, 법률, 종교, 사회 등의 영역과 얽혀 있음을 설명한다. 이어서 민족적인 것의 독자성을 다음과 같이 설파한다.

민족적인 것은 역사적인 한 시대에서 부차적인 것 이상이 되지 못함에도 불구하고 때로는 역사적 상황에서 기본적 모순을 추상화한 채 주요 모순으로 제기됨으로써 문제의 이해를 어렵게 만들고, 민족적인 것이 그 계승성 때문에 사회적 조직의 여러 부문 간의 상호관계에서 어느 정도의 **상대적인 독자성**을 지님으로써 이것 또한 문제의 이해를 어렵게 한다는 것이다. (중략) 이와 같은 관계 속에서 민족관계의 총체는 어느 정도 상대적인 독자성을 지니고 있으며, 이것은 사회적 인종공동체가 어떤 형태에서 다른 형태로 옮아갈 때 생활의 여러 가지 측면의 **역사적 계승**으로서 나타난다. 새로운 민족의 제 관계들은 먼 과거의 물질적·사회적 기반이나 그것이 낳은 원인의 흔적을 내부에 간직하고 있는 경우가 많다. 보존된 앞선 형태의 민족적 관계가 갖고 있었던 여러 특징은 사회의 인종공동체의 운동과 발전과정에서 발생하는 새로운 요소와 결합한다. 민족적 관계의 총체가 일상의 의식, 이론적 수준에서 반영되는 것도 계승성이 지니는 특질이다. 민족적 관계의 많은 측면은 사회의 안에서 유지될 뿐 아니라 물질적 실천상에서도 구체적으로 나타난다. 이런 것들은 전쟁과 같은 심한 사회적 위기상태가 발생했을 경우 특히 뚜렷해져서 그 구체적 결과가 민족적 관계, 민족적 대립, 민족적 이해관계 위에 직접 반영되기도 한다.[278]

이와 같은 민족주의에 대한 인식으로부터 박현채는 기존의 민족주의 이론을 넘어 '넓은 의미의 민족주의 개념의 정립' 필요성을 다음과 같이 제기한다.

넓은 의미의 민족주의 개념의 정립은 역사적 현상인 지난날의 민족주의 이해의 혼미를 극복하고, 오늘의 상황에서 우리와 우리를 닮은 제3세계에 주어진 사회현상으로서의 민족주의를 정당하게 평가하기 위한 것이다. 그리고 그것은 민족주의를 상대적인 독자성을 지니고 계승되는 민족주의적인 것이 한 사회의 구체적인 조건 속에서 실현되는 계급적인 반영으로 보자는 것이다.[279]

이처럼 박현채는 '민족적인 것'을 하나의 역사적 종축으로 보면서, 이것이 사회조직의 여러 부문과의 관계 및 민족 간 관계에서 상대적 독자성을 지니는 것으로 보았다. 그의 사상체계 전반에서 그는 이러한 민족성과 민족주의에 기초하여 이를 하나의 '구심'으로 삼아 주요모순을 파악하고 '실천'의 방향을 제출하고자 했다.

---

278 박현채, 《민족경제론의 기초이론》, 92~93면.

279 박현채, 《민족경제론의 기초이론》, 94면.

5) 민중론

박현채는 민중의 기본 속성을 직접적 생산자이자 생산결과에서 소외된 자로 보고, 부차적 속성으로 '주요모순'에 대응하는 것으로 본다.

> 민중은 개념상으로 직접적 생산자이면서 생산의 결과에서 소외된 계급·계층이지만 그것이 개념으로서가 아니라 사회적 실체로 등장하는 것은 이들 민중범주와 그들과 대립하는 계급·계층 간의 현실적인 모순이 주요모순으로 제기되었을 때이다. 민족경제와 국민경제 간의 괴리가 있는 나라들에서는 민중의 생활상의 이해를 둘러싼 모순과 민족적 모순이 일치함으로써 민중을 민족주의운동의 주체로 등장시키고 이른바 민중적 민족주의가 민족주의운동의 큰 흐름이 된다.[280]

박현채는 민중의 기본 구성을 노동자, 농민, 도시 빈민이라는 순환계열로 보고, 계급적 성격에서 노동자 계급이 주도계급이 된다고 보며, 동시에 부차적 구성에서 광범한 중산층과 중소자본에까지 외연을 가질 만한 가변적인 것으로 본다. 아울러 주요모순과 민중인식은 마찬가지로 확정되지 않은 것이라는 점이 강조된다.

---

280 박현채, 《민족경제론의 기초이론》, 47~48면.

주요모순은 계급관계에서 설정되는 기본모순과는 달리 고정적인 것이 아니라 가변적인 것이다. 주요모순의 가변성은 한 사회가 처해 있는 상황에 따른다. 예를 들어 세계자본주의의 독점단계에서 식민지배를 받는 나라들의 경우, 대외적인 민족적 자각은 반제국주의적인 것이며 일차적인 민중적 자각은 대내적인 것으로서 반독점적인 것이 된다. 따라서 민중적 차원에서 주어진 주요모순의 변화에 따라 민중의 내포나 외연 또한 달라진다.[281]

이 때문에 박현채는 주요모순에 대응하는 실천적 개념인 '민중'에 대한 추상화, 즉 이론주의적 민중인식 또는 민중에 대한 낭만주의적 긍정 등의 편향을 경계한다.

사실상 민중의 개념을 정립할 때, '추상화'는 민중의 내용을 무의미한 것으로 만든다는 점에서 피해야 한다고 생각한다. 앞에서도 강조한 바와 같이 역사의 실체에 대한 추상화는 무의미하기 때문이다.[282]

이 때문에 현 시기를 '민중'의 시대로 보면서도 능동적 주체화

---

281   박현채, 《민족경제론의 기초이론》, 103면.
282   박현채, 《민족경제론의 기초이론》, 103면.

를 제약하는 요인을 동시에 언급한다.

먼저 민중의 능동적 주체로서의 구성에서 다수의 이른바 '중산층'의 이탈과 이들에 의한 대중사회적 상황의 구체화는 민중이 현실세계의 주체로 되는 것을 가로막는 요인 중의 하나이다. 다음으로 민중적 욕망의 주체적 해방을 위한 노력을 제약하면서 매스컴 등 대중조작수단으로 민중적 요구를 일정 수로로 유도하기 위한 노력 또한 민중을 역사의 현실적 주체로 되는 길을 막는 요인이다. 셋째로 산업사회의 고도화에 따르는 정황의 복잡성은 오늘의 상황을 다양한 다선지적 상황으로 만들고 있으며 이것 또한 민중으로 하여금 현실세계의 주인이 되지 못하게 하는 조건 중의 하나이다.[283]

6) 사회구성체론과 발전단계론

우선 박현채는 기간 논쟁의 대상이던 사회구성체론과 민족경제론 사이의 관계를 밝힌다.

민족경제론의 또 하나의 중요한 구성범주는 사회구성체론과 발전단계론이다. 이것은 민족경제론이 적용되는 한 사회의 지배적인 경제제도 및 사회적 성격의 문제와 얽혀 있으며, 그것이 어느 발전단계에 놓여 있느냐

---

283 박현채, 《민족경제론의 기초이론》, 106면.

하는 문제로 된다. 식민지반봉건 사회론에 대한 비판적 입장의 계기, 자본주의적 발전 단계의 규정 문제에 있어서 국가독점자본주의적 규정 문제는 이것과 연관되어 있다. 이 가운데서 국가독점자본주의 문제는 정치권력의 성격 문제 및 민중 구성과 이의 외연 문제와 긴밀히 얽혀 있다. 그러나 국가독점자본주의론이 민족경제론의 구성범주로 된다고 하여 국가독점자본주의론이 민족경제론의 하위범주가 된다거나 하는 것을 의미하는 것은 아니다. 그것은 민족경제론이 기존의 이론체계의 포섭 위에 서는 한 민족의 자주·자립의 실현이라는 쪽에서의 적용이나 보완적 체계 정립 이상의 큰 의미를 지니는 것은 아니기 때문이다.[284]

여기에서도 마찬가지로 박현채가 '민족경제론'을 제시하는 원칙적 태도가 확인된다. 박현채는 '이론'적 차원에서는 기존 이론을 부정하거나 초월하면서 또 다른 '보편/특수주의'적 이론 제시를 거부하고, 동시에 자신의 이론적 작업을 하나의 '실천'으로서 '적용' 또는 보완'으로 규정한다. 박현채는 우선 기간 사회구성체 논쟁의 주요 논점인 일제강점기 한국의 '식민지성'과 '반봉건성'에 대해 차원이 다른 규정을 제시한다.

먼저 식민지성이라는 범주는 엄밀하게는 자본-임노동관계를 중심으로

---

284 박현채, 《민족경제론의 기초이론》, 116면.

형성되는 자본제적 생산관계의 범주이고 식민지 지배가 자본주의의 제국주의 단계의 소산인 데서 식민지자본주의 **그 자체**를 뜻하는 것으로 된다. 그러나 이 시기에 있어서 자본–임노동관계를 중심으로 형성되는 자본제적 생산관계는 주된 것으로 되지는 않는다. (중략) 그러나 이들 자본제적 생산관계는 그것의 상층구조로 되는 총독부권력과의 관계에서 지배적인 것으로 되고 **경제제도적 범주가 아니라 사회구성체적 범주로 된다.**[285]

반봉건성의 범주는 사회구성체적 범주는 아니다. 그것은 봉건적 토지소유하 소농민경영이 봉건제하에서 주된 우클라드로 되다가 식민지화에 따른 새로운 경제제도의 이식과 이의 지배적 경제제도에로의 이행에 따라 이들 소농민경영이 부차적인 경제제도로 됨으로써 주어진다. 그리고 이것은 식민지적 상황에서 종주국자본에 의한 낡은 유제의 온존을 위한 노력의 소산이다. (중략) 따라서 식민지하 반봉건성은 반봉건적 토지소유하 농민경영에 그 근거를 갖는 **부차적 경제제도의 범주이다.**[286]

따라서 박현채가 일제강점기의 조선 사회에 대한 성격 규정에서 이미 사회구성체와 사회성격을 명확히 구분했음을 알 수 있다. 그리고 핵심적 차이는 사회구성체와 경제제도를 대비시키고

---

285 박현채, 《민족경제론의 기초이론》, 121면.

286 박현채, 《민족경제론의 기초이론》, 121~122면.

있다는 점이다. 따라서 경제제도는 사회성격을 파악하는 범주라고 볼 수 있다. 그리고 이러한 그의 방법은 전후의 상황 전개에 대한 분석에도 그대로 적용된다.

오늘 한국사회의 성격논의를 중심으로 사회구성체론과 발전단계론은 논쟁에서 많이 인용되고 있다. 사회구성체론은 역사적으로 기본적인 자본주의 경제 체제와 같은 것에 대한 논의이며 발전단계론은 협의의 의미에 있어서 자본주의 그 자체의 발전단계론이다. 그런 의미에서 사회성격 문제는 이들과 차원을 달리한다. 성격의 문제는 일정한 사회구성체하 발전단계 그리고 상황의 소산으로서의 경제제도적 구성에 의해 표현양식을 달리하는 자본주의적 제 상황을 말하는 것이다. 따라서 사회성격 문제는 사회구성체나 발전단계의 문제와는 차원을 달리하는 것이다. 사회구성체론과 발전단계론에 대한 기본적 인식의 심화에 의해 한국 자본주의의 성격규정에 진일보한 규정이 주어질 수 있어야 한다. 그리고 **이 과정에서 일제 식민지하 한국사회 성격의 규정에 적용된 정식은 오늘의 한국사회 성격 규정에 있어서도 그대로 적용되어야 한다.**[287]

우리가 제3장에서 확인한 것처럼, 박현채는 1980년대 한국 사회에 대해 '신식민지반봉건'으로 성격 규정을 했던 것이다.

---

287 박현채, 《민족경제론의 기초이론》, 128면.

'민족경제론'과 신식민/분단 체제

실천적 이론들이 다 그렇듯이 오랜 사색과 논리적 검증을 거쳐 이론체계를 갖출 만한 여유를 갖지 못하였기 때문에 정치한 이론체계를 갖추지는 못하였지만 새로운 실천적 과제가 제기될 때마다, 그리고 자신의 이론에 대한 비판이 제기될 때마다 이론을 확충하고 수정하는 노력을 기울여왔음은 사실이다.《민족경제론의 기초이론》은 체계화의 요구에 따라 그의 민족경제론에 담긴 이론들을 한 단계에서 정리하려는 의식적 시도였다. (중략) 불리한 지적 환경과 박 교수의 건강 상태로 보아 그 자신이 그러한 작업을 성공적으로 해낼 것으로 기대할 수 없게 된 것이 현실이지만 그 귀추와 상관없이, 민족경제론은 60년 이래의 한국 산업화 과정에서 형성된 독특한 한국적 정치경제학으로서 민주주의와 민족 자주화 및 통일을 지향하는 변혁운동에도 중요한 영향을 끼친 실천적 경제이론 및 사상체계로서 한국경제사상사에 남을 것이다.[288]

정윤형의 이와 같은 언급에서 우리는 박현채의 사상적 실천이 늘 역사의 전개에서 주어지는 새로운 요구에 답하기 위한 것이었음을 알 수 있다. 그 때문에 박현채는 궁극적으로 어떠한 체계화도 의도하지 않으면서, 자신의 지식 작업을 늘 하나의 '실천'이자

---

288 정윤형, 〈민족경제론의 역사적 전개〉,《민족경제론과 한국경제》, 30면.

'노력'으로 간주했다.

이 같은 노력이 결국 박현채의 삶으로 하여금 '박현채=무無=다多'의 존재 양식을 갖게 했다. 이는 현대적인 '소유'의 지식인과 다른 역사적으로 계승된 실천적 지식인의 윤리적 존재 양식이다. 기실 1980년대의 박현채는 1950~60년대 이후 남한에서 미국 영향하의 현대적 지식양식을 체화한 세대와 갈등을 빚었는데, 이는 근원적으로 실천양식의 역사적 단절에 기인하는 것이었다고 볼 수 있다. 나는 이를 '신식민주의적 지식생산 기제'와 '신식민주의적 지식주체의 형성'이라는 문제로 개괄한다.

이러한 실천 양식은 박현채가 '문학'을 대하는 태도에도 반영돼 있다. 박현채는 '문학'을 '실천'으로 보았기 때문에 '현대' 문학이론을 기반으로 문학의 자율성을 보호하려는 입장이 오히려 사회적 실천에 부합하지 않는 기성의 문학이론과 작품의 편에 서 있는 것으로 비판했다. 다시 말해, 문학작품과 문학비평을 분리하고, 다시 문학이론(비평)과 '사상'을 분리하면서 형성된 현대주의적 '문학'의 역사성 자체가 비판 대상이었던 것이다.

박현채의 이와 같은 '비소유'적 지식 태도는 제1세계와 제2세계에 대한 외재적 양비론으로서의 제3세계 실체화를 비판했다. 나아가 제1세계에 대한 '주체'적 극복 및 부정의 역사로서 현재진행형인 '제2세계'의 성과를 중국의 경험 및 식민지 조선에서의 민중적 민족주의의 경험을 통해 주체적으로 전유하고자 했다. 결국,

박현채에게는 역사적 '왜곡'과 '단절'을 극복하는 것이 핵심적인 문제의식이었다. 이 때문에 진영진이 사상의 '빈곤'을 해결하기 위해 '제3세계'라는 참조점에 주목한 반면, 박현채에게 '이중 부정'으로서 '제3세계'는 오히려 식민지 민족주의의 사회주의적 역사 계승성에 대한 부정, 즉 '탈역사화'로 인한 왜곡의 표현으로 간주되었던 것이다. 아울러 박현채에게 '분단' 극복은 단순한 형식적 통일이 아니었고, 이에 대한 적극적 사유는 남한에서 탈식민 주체 형성의 근원적 제약 요인을 드러내는 계기가 된다. 이러한 문제의식은 반공주의와 분단이데올로기에 의해 초래된 정치적 공백으로서의 '당'과 인식론적 공백으로서의 '북한'이라는 두 공백을 보충할 수 있는 새로운 논리와 실천양식의 창안을 요구한다.

마지막으로, 《민족경제론의 기초이론》은 박현채의 사상적 실천의 부분적 체계화를 보여주지만, 이 역시 기본적으로는 박현채가 역사적 전개에서 주어지는 새로운 요구에 답을 주려는 노력의 산물이다. 우리는 그가 체계화를 거부하면서 불가피하게 제시한 하나의 체계가 탈냉전적 전환의 시기에 어떤 답을 주려는 노력이었는지 파악할 필요가 있다. 민족경제론을 구성하는 민족적 생활양식, 민족자본, 자립경제, 민족주의, 민중, 사회구성체 등의 핵심 범주는 역사적 기체, 인간의 물질적 기초와 동력, 이상적 경제 체제, 사회변혁운동, 주체, 이론 등의 차원을 결합하고 있다. 이를 바탕으로 박현채는 역사와 현실을 매우 포괄적이고 광범위하게 고찰한다.[289] 이는 겉으로 보기에 '경제학'의 확장인 것 같지만, 내용으로 보면 '경제학'은 외피일 뿐이다. 그의《민족경제론의 기초이론》은 그야말로 '사상' 그 자체다. 이는 남한의 현재적 지식 담론에서 직접 파악될 수 있는 것은 아니다. 우리는 우선 '주체'적인 지식 양식을 재구성해야 하고, 나아가 이러한 지식 작업을 담당할 수 있는 지식 주체를 형성해야 한다. 되돌아보면, 박현채가 고립되었던 1989년 그가 이 저작을 집필하여 출판했던 목적은 아마도 당시 현장의 담론 구도에 개입하기 위한 것이 아니었을 것이다. 실제 효과를 살펴보면 이 저작에 대한 여하한 반응도 없었음을 발견하게 된다. 따라서 이 저작은 미래를 위해 출판했다고 간주할 수 있다. 역사적 중간물로서 박현채는 이 책의 출판을 통해 사상의 역사적 단절 지점을 기록하고자 했던 것 같다. 그리고 우리에게 이 저작은 또한 하나의 출발점에 불과하다. 이 저작은 우리로 하여금 역사 속으로 진입할 수 있게 해주고, 박현채와 그가 계승한 역사적 종축의 풍부성과 재역사화의 필요성을 확인하게 해줄 것이다.

---

289 제3부는 다음과 같은 11개의 주제를 다루고 있다. 〈해방 전후 민족경제의 성격과 그 전개〉, 〈분단시대 한국경제의 전개와 자립경제에의 길〉, 〈한국 민족주의의 전개와 그 과제〉, 〈노동문제의 본질과 국가독점자본주의〉, 〈국가독점자본주의하에서의 노동운동〉, 〈한미일 경제유착구조의 민중사적 의미〉, 〈한국사회의 성격과 발전단계에 관한 문제 제기〉, 〈민족통일문제에 대한 기본적 인식〉, 〈통일론으로서의 자립적 민족경제의 확립 방향〉, 〈한국사회 민주화의 성격과 과제〉, 〈한국경제의 과제와 전망〉.

5장

무대의 해체

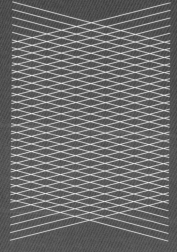

다시 사상해방 공간을 열기 위하여

나는 20세기 동아시아의 사상적 실천이 일정하게 사상해방 공간의 궤적을 형성했다고 본다. 특히 권역적 사상해방 공간은 역사적 조건에 근거해 이론과 실천이 결합한 시기와 이에 대한 성찰의 시기를 시간성의 구성단위로 가지고 있다.

구체적으로 보자면, 20세기 전반기 동아시아 (반)식민지의 이론과 실천은 반제국주의 민족해방운동이라는 권역적 국제주의에 의해 대표된다. 그 가운데 가장 두드러지는 사상적 성과로 모택동, 노신 등과 같은 사상가의 실천을 들 수 있다. 그러나 동아시아 권역은 내전을 거쳐 냉전 체제에 진입하면서 권역적 국제성과 민족성을 가졌던 이론과 실천의 결합 조건을 점차 상실하게 되었다. 이로 인해 냉전 시기의 동아시아 권역은 과거 역사에 대한 성찰 단계로 진입했고, 이 시기 사상해방 공간은 일본이었던 것으로 보인다. 이는 주요하게 냉전 질서 아래 중국과 사회주의 체제 국가가 봉쇄 속의 '건설' 시기로 접어들면서 성찰적 사상 과제를 감당하는 데 제약조건으로 작용했고, 남한 및 대만 등과 같은 지역은 미국의 신식민지가 되어 사상적 단절과 왜곡을 경험했기 때문이다. 마침 이러한 조건하에 일본에서 역사적 사상 실천을 성찰할 공간이 전후에 마련되었다. 이 맥락에서 다케우치 요시미, 미조구치 유조 등과 같은 사상가의 '방법으로서의 아시아', '방법으로서의 중국'과 같은 사유에 주목하게 되었다.

그런데 1980년대 냉전의 동요라는 역사적 조건은 남한과 대만 지역의 사상계에 이론과 사상 문제를 다시 사고할 것을 요구했다. 그 결과 동아시에 권역적 국제주의 성격을 갖는 사상 연대의 네트워크가 형성되었고, 1990년대 남한에서는 '동아시아론'이 출현하기도 했다. 그러나 일본 지식계와 남한 지식계의 장기적인 교류, 1980년대 이래 진영진의 사상적 실천은 동아시아 권역의 지식연대 활동이 가진 유구한 역사성을 보여준다. 게다가 대만 지식사상계는 일찍이 1970년대 초반부터 조어대 보위 운동으로부터 역사적 주체성에 관한 계발을 얻고, 현대시 논쟁 및 향토문학 논쟁 등을 거쳐 외부와의 관계성을 부각시키는 '주체'적인 사상 담론 공간을 형성하기도 했다. 이러한 조건하에서 1980년대 대만의 사상문제를 사유했던 진영진은 남한 사상사의 권역적 성찰을 위한 참조점이 된다.

이 연구는 권역적 상호참조라는 방법에 기대어 대만과 남한의 신식민성에 관련된 지식사상사적 모순을 역사적으로 토론했다. 특히 진영진과 같은 대만의 사상적 참조점이라는 존재로 인해 박현채 사상에 대한 본 연구가 적절한 언어와 해석을 얻을 수 있었다. 본 연구의 궁극적 함의는 다음과 같다.

할양/식민을 거친 대만은 2차대전 이후 국민당이 대만을 접수한 반식민지 시기에 중국 대륙과의 관계에서 주어지는 비주체성을 일정하게 극복했지만, 내전의 중단과 분단/신식민적 전환으로 인해 대만의 비주체성이 다시 문제화되었다. 이 문제에 대해 진영진은 역사와 전통이라는 문제의식에서 출발하여 식민성의 연속과 식민주의적 현대성이 초래한 왜곡을 제기했다. 그는 정치적 차원에서 역사적 합리성의 논리로부터 중국 사회주의 통일에 동의했지만, 문학사상적 차원에서 신식민지 대만의 종별성을 더욱 심각하게 사고했다. 그의 사상이 갖는 역사적 맥락에서 보면 대만은 할양/분단에서 주어지는 '비국가성(지방성+권역성)'이 두드러진다. 그리고 이와 같은 비국가성은 대만의 가상국가화를 제약했다. 이로 인해 남한과 달리 권역적 관계성의 맥락에서 더욱 직접적으로 역사적 정세의 변동을 체험했다. 이런 조건하에서 1980년대 진영진은 더욱 적극적으로 '사상의 빈곤'이라는 문제를 제기하고, 정치경제학 연구의 필요성을 역설한다. 게다가 적극적으로 남한의 논쟁(사회성격 논쟁, 사회구성체 논쟁 및 민족경제론 등)을 참조적 시야로 삼기도 했다. 그러나 진영진이 추구한 상호참조의 구도는 할양/분단의 역사적 제약 아래서 '이론'(정치경제학)으로 역사적 '중국성'과 현실적 '대만성' 사이의 모순을 극복할 수 없었고, 결국 '실천'(문학) 영역에서 사상과제의 복잡성을 드러내게 된다.

한편, 박현채는 식민지민족해방운동의 주체성(사상전통과 실천태도)을 계승한 남한 좌익사상가로서 신식민을 식민의 연속으로 보고, 탈식민주의적 경제사상으로 사상전통을 계승해 문제를 사고하고 해결하려는 주체적 면모를 드러냈다. 그는 이러한 연속성의 관점에 기반해 내전/분단 이후 신식민 남한의 종별성 해명을 시도했다. 이 같은 주체성으로 인해 박현채는 진영진과 달리 참조점으로서의 제3세계의 중요성과 필요성을 절박하게 느끼지 않았다. 그러나 1980년대가 되면 그의 주체성은 스스로 인지하지 못했던 지식 체제의 거대한 신식민적 전환 과정 중에 고립되고, 역사와 사상의 단절이라는 문제를 제기하게 된다. 이때 사회과학의 '제3세계론'이었던 종속이론(나아가 식민지 반봉건 사회론 및 주변부 자본주의론)은 그에 의해 '제3세계'의 역사에 내재한 '제2세계'의 사상전통을 부정하는 모종의 탈역사화된 특수주의 이론으로 간주된다. 결과적으로 신식민에 대한 그의 근본적 인식 경로는 '분단'을 매개로 확인된 가상적 국가화와 현대화였다. 그가 도달한 인식의 내용은 분단/신식민적 현대성이라 할 수 있다.

동시에 그는 언어/문학의 '빈곤' 문제를 사고하기 시작하면서 '문학'을 통해 사상적 단절이라는 문제를 해결할 수 있기를 기대했다. 비록 그가 확실한 역사적 주체성으로부터 출발했지만, 사상적 단절 상황을 마주하며 언어/문학의 빈곤을 사유하게 된 것이다. 그러나 언어/문학의 빈곤을 초래한 역사적 원인과 이의 해결방법은 권역적 상호참조라는 네트워크와 역사 및 현실에 대한 재인식을 통해서만 파악될 수 있었다. 이 때문에 '문학'에 대한 박현채의 사고는 권역적 상호참조를 지향하는 사회과학적 성찰이었다고 할 수 있다.

권역적 사상사의 맥락에서 볼 때, '사상의 분단'으로 동아시아 권역의 신식민 상황을 개괄할 수 있다. 진영진의 '사상의 빈곤'과 박현채의 '사상의 단절'을 낳은 근본 원인은 권역적 국제주의 사상의 역사적 분단에 있다. 이러한 분단은 동시에 역사와 지리의 단절이 초래한 후과를 반영한다. 이 때문에 이 책은 '사상의 분단'이라는 이름을 갖게 되었고, 궁극적으로 사상의 권역적 국제주의 전통을 회복하는 데 일조하기를 희망한다.

아래에서는 이 책의 핵심 논점을 개괄적으로 회고하려 한다.

우선 1장 '무대의 설치'에서는 권역적 참조연구를 취하게 된 배경적 문제의식, 서술전략 및 단서 등을 소개했다. 이 책은 기본적으로 인류의 역사에서, 특히 식민 이후 지식의 모순에 주목하여 두 가지 비판적 관점, 즉 '망각'을 거부하며 재역사화하는 '역사 우위'의 관점, 그리고 권역적 상호참조를 통한 주체적 지식생산의 관점을 취했다. 이를 통해 20세기 후반 남한에서 활동한 사상가 박현채의 사상적 실천이 갖는 당대적 의의를 고찰하고자 했다. 특히 남한 지식사상계는 1960년의 '4·19혁명'과 1980년의 '5·18참사'를 거치면서 능동적으로 정치형식으로서의 '민주'와 정치 주체로서의 '민중'이라는 범주를 획득했지만, 동시에 역사적 범주로서의 '민족'으로부터 멀어지는 추세를 보였다. 식민과 내전을 직접 경험한 '살아남은 자'로서 박현채는 1980년대에 민족을 부정하거나 민족을 외재화하는 지식사상적 경향이 지식의 탈실천성과 탈민중성을 초래한다고 보면서 실천 영역에서 신식민성을 인식하며 '지식윤리'를 체현했다.

2장 '모심'은 권역적 참조체계 속에서 '당대 역사적 중간물' 박현채의 사상적 실천을 재해석하기 위해 20세기 동아시아의 권역적 참조점인 대만의 당대 역사적 중간물 진영진의 문학적 실천을 참조적 시각으로 삼고, 이로부터 남한 지식사상사를 성찰할 경로를 찾으려 했다. 진영진은 식민, 냉전, 포스트 냉전의 역사적 전개를 마주하며 역사적 중국에 대한 인식을 기초로 문학과 사상을 결합한 독특한 사상가였다. 그는 초기 문학 실천을 통해 '전통–식민–냉전'으로 이어지는 역사 인식의 구도를 확정했고, 이어서 초중기 문학에서는 '사랑'의 문제의식에 기반해 역사와 현실 모순을 드러냈다. 다시 말해, 그는 초기와 중기 문학을 통해 '역사적 단절'이 초래한 사랑의 불가능성을 문제화했다. 이어서 '백색테러' 시리즈와 '워싱턴 빌딩' 시리즈에서 역사와 현실의 모순에 착안해 '사랑'의 불가능성을 극복할 방향을 모색한다. 마지막으로 그는 '충효공원' 시리즈에서 양자의 유기적 결합을 시도한다. 본 연구는 이와 같은 진영진의 문학적 실천으로부터 남한에 대한 상호참조적 의제로서 '이중분단', '내전의 외재성' 그리고 '민중 구성의 복잡성'을 추출했다.

한편, 박현채의 '미완의 회고록'은 식민과 내전의 당사자로서 형성한 사상 실천의 원형적 동기를 드러낸다. 이와 같은 원형적 동기 또한 그가 신식민성에 대해 역사적이고 주체적인 인식을 할 수 있었던 기반이자 배경이었다. 특히, 그는 1980년대 사회구성체 논쟁 중에 스스로 이 논쟁을 촉발한 당사자였음에도 불구하고 논쟁이 격화되는 가운데 주변화된 바 있는데, 그 가운데 그의 실천이 오히려 이론을 대하는 그의 주체적 자태를 보여준다. 그는 주요하게 모택동의 실천론 및 모순론과 같은 실천사상의 전통을 계승하면서 이론을 '소유'가 아닌 '방법'으로 삼았다. 이 때문에 구체성을 지나치게 강조하면서 특수주의(경험주의)로 빠지는 경향과 구체성을 이론에 환원하는 보편주의(합리주의)적 경향 모두에 대해 유력한 비판을 전개할 수 있었다. 특히 그가 제시한 역사 인식방법으로서 '자료로부터의 해방', 이론전개의 출발점으로서의 '형식논리의 부정'은 주체적이고 실천적인 그의 태도를 잘 보여준다.

　3장 '씻김'은 1980년대 남한 지식사상계에서 대규모로 격렬하게 진행된 '사회구성체/사회성격 논쟁'을 단서로 박현채의 사상 실천이 마주한 곤혹을 살펴보았다. 1980년대는 20세기 후반 남한 지식사상계가 경험한 특수한 시기였다고 할 수 있다. 당시 포스트 냉전적 전환이 가져온 전지구적이고 권역적인 영향 속에서 남한 지식사상계 또한 모종의 '사상해방' 공간을 경험했다. 그러나 그럼에도 불구하고 역사적 단절의 심화는 해방 공간의 가능성을 크게 제약하고 있었다. 이 때문에 이러한 경험은 '결함'을 갖는 가치로서 재평가가 필요하다. 이 맥락에서 볼 때, 박현채가 제기한 비판은 주목할 필요가 있다. '5·18참사'가 형성한 각성의 분위기 속에서 그가 사상계의 종속이론 및 제3세계론 수용방식에 대해 제기한 비판이 사회구성체 논쟁을 촉발했고, 논쟁 과정 중에 그는 적극적으로 '분단' 모순을 사고하며 '신식민성'에 대한 인식을 구체화했다. 그러나 마침 같은 시기의 주류 비판이론과 담론은 '포스트 냉전적 전환'의 강력한 영향 속에서 대규모로 각종 '전향'의 길을 걸었다. 이 때문에 박현채의 사상 실천은 그들과 명확한 대비를 형성하게 되었고, 또한 이로 인해서 그의 영향력 또한 매우 제한적일 수밖에 없었다.

　한편, 진영진은 1980년대 남한의 사회성격 논쟁으로부터 계발받아 대만사회성격에 대한 사유를 심화하고자 노력했다. 먼저 진영진은 '민족경제권' 범주를 적극적으로 전유해 탈식민보다는 탈분단(통일)을 강조하게 되었고, 이로 인해 그의 대만사회성격론은 실천적 측면에서 '구체성'을 띠지만, 주체적 측면에서는 일정한 '수동성'이 확인된다. 상대적으로 볼 때, 내전의 당사자로서 박현채의 '민족경제론'은 탈식민주의적 '경제'를 사유하면서 '주체성'을 확보했지만, 그것을 실현할 구체적인 경로는 여전히 일정한 '추상성'을 띠었다. 둘째, 내전의 외재성과 관련해 대만의 중소자본은 미국의 반공주의 신식민 전략하에서 적극적 포용대상이 되었다. 이와 반대로 내전과 그것이 내포한 극단적 폭력을 경험한 남한에서 중소자본은 처음부터 국민경제로부터 배제되어 있었다. 이 때문에 박현채는 오히려 중소기업이 '민족자본'으로 전환될 가능성을 승인했다. 마지막으로 진영진의 사회성격론에서 식민과 신식민 사이의 '반식민지'라는 단계는 대만이 중국으로 일정하게 회귀했음을 의미한다. 그러나 남한의 경우 1945년의 '가상'적이고 '비주체'적인 독립은 좌/우 사이의 격렬한 대립과 좌익 내부의 분열을 거치면서 가상적 주체성에 기반한 분단/신식민성의 원형을 형성했다.

이 책은 이와 같은 고찰을 기초로 1980년대 서로 대비를 이루는 박현채와 진영진의 사상 실천의 서로 다른 문제의식을 확인했다. 개괄하자면, 진영진이 '사상의 빈곤'으로 고뇌했다면, 박현채는 '살아남은 자'로서 '사상의 단절'로 고뇌했다. 그러나 이러한 대비로부터 우리는 대만의 '사상의 단절'과 남한의 '사상의 빈곤'을 문제화할 수도 있다. 특히, 남한에서 박현채는 '사상의 단절'이라는 문제를 제기해 여러 실천을 전개했지만, 그 과정에서 언어/문학 및 사상형식의 '빈곤'을 경험한 것 같다. 이러한 '빈곤'은 그의 곤혹을 배가하며 '문학을 통한 해결'을 모색하게 한다.

4장 '보냄'은 1980년대 사회구성체/사회성격 논쟁 외부에서 진행된 박현채와 백낙청의 논쟁을 실마리 삼아 '분단'을 매개로 박현채가 '신식민성' 인식을 구체화하는 과정을 살펴보았다. 박현채는 분단이 '민족 내부모순'을 '국가 간 모순'으로 외화했고, 그로 인해 '현대'적 '국가' 인식론이 '역사적 민족인식론'을 대체했으며, 이러한 탈역사화된 보편주의적 인식론은 필연적으로 실천론으로부터 유리된다고 보았다. 나아가, 그는 '문학'의 현대적 형성에 대한 비판을 통해 경제학을 포함한 사회과학의 한계를 극복하려 했다. 이는 문학 비판이라기보다는 사상 형식의 한계에 대한 문제 제기로 보는 것이 옳다. 종속이론과 같은 이론사조 비판과 같이 '비판이론'을 지식인의 '소유'로 간주했던 지식사상계의 존재론적 뿌리를 비판했던 것이다. 그리고 4장 '보냄'에서는 《민족경제론의 기초이론》을 다시 읽을 필요성을 제기했다. 왜냐하면, 이 저작은 그가 생전에 이미 주변화된 상태에서 미래를 위해 남긴 유일하게 체계를 갖춘 저작이기 때문이다.

마지막으로 5장 '무대의 해체'는 '신식민/분단 체제'로 박현채의 사상적 실천을 개괄하며, 박현채가 하나의 사상과제를 제시했다고 보았다. 즉, '내전/분단'이 형성한 반공이데올로기와 분단이데올로기는 북조선 인식에 대한 공백과 인식론적 보편주의(현대화), 나아가 실천 차원에서 남한의 혁명 '당' 성립의 불가능성을 초래했다. 남한 사상계에 이 과제는 여전히 중요한 의의가 있다. 이 때문에 우리는 먼저 '인식론적 공백'과 '실천적 장애'라는 역사적 제약을 명확하게 인식할 필요가 있고, 권역적 국제주의의 사상 네트워크 속에서 박현채와 같은 선배의 길을 따라 민중과 민족의 지혜로 역사적 책임을 다하는 사상지식 방식을 모색할 필요가 있다. 나는 이것이 오랜 시간 막혀 있던 사상해방의 길을 다시 여는 것이라고 생각한다.

박사논문 후기

본 논문은 대략 3년 전 '역사 우위'와 '권역적 참조'라는 문제의
식을 획득한 이래 일련의 작업에서 얻은 단계적 성과다. 그렇지
만 문제의식이 충분히 투철하지 않은 시기에 쓰인 부분과 일정
하게 성숙도를 갖춘 부분이 혼재되어 있어 독자들은 이 논문이
유기적인 전체 구성에 성공하지 못하고 있다고 느낄 것이다. 게다
가 생활에서의 필요가 집필 리듬에 영향을 주었기 때문에 중간
에 여러 번 중단된 바 있다. 이 또한 논문의 일관성과 체계성에
영향을 줬다. 그러나 공교롭게도 논문 외부 세계의 변화에 적응
하려는 시도가 문제의식의 심화를 가져왔고, 이로 인해 풍부함
을 더하고 사고의 수준도 제고됐다.

사실 2009년 내가 완성한 석사논문의 주제는 남한과 대만의
국제 이주노동자 운동을 비교하는 것이었다. 당시 나의 기본적

인 이론 관점은 남한 내부의 이론 상황으로부터 영향받은 것이
었고, 궁극적으로는 보편주의적 마르크스주의와 세계체계론에
기대어 보편으로부터 특수로의 규범적 지향으로 남한과 대만의
역사 및 현실을 대했다. 이 시기에 남한에 대한 인식은 기본적으
로 외재적이었다. 왜냐하면, 시각 자체가 보편주의 좌익이었기
때문이다. 그런데 대만 비교연구를 진행할 때, 남한에 외재적인
시각은 일종의 상대적 우월성의 근거가 된다. 결과적으로 대만
은 타자화와 본질화의 대상이 되었다. 그렇지만 나는 대만에서
연구만이 아닌 생활도 했다. 나아가 생활의 시간이 길어질수록,
이론적 인식과 생활의 괴리가 더욱 분명해지기도 했다. 특히 학
술계 외부 문화예술 장역과의 접촉이 빈번해지면서, 원래 내가
가진 이론적 경향의 한계를 명확히 보게 되었다. 되돌아보면, 差
事극단(Assignment Theater), 牯嶺街소극장 및 신체기상관과 나
는 남한과 대만의 매개 활동을 시도해왔는데, 이는 내게 모종의
특별한 사상해방 공간이었다.

　박사과정 초기에 생활공간을 台北에서 新竹로 옮겼다. 마침
이 시기의 나는 이론과 현실을 분리하고, 이론의 심화를 위해 서
구 정치철학을 집중적으로 독해하고 있었다. 그러나 박사과정에
입학함과 동시에 錢理群 선생의 수업을 들으면서, 역사적으로
'나' 자신을 인식할, 즉 '나'를 역사화해야 할 필요성을 느꼈다.
이로 인해 점차 '나'의 주체성을 부정하는 것이 내 지식작업 자체

의 주체성 결여 문제를 초래함을 자각하게 되었다. 그러나 본래 내가 가진 이론적 경향은 여전히 전리군의 사상적 실천에 대한 이해를 외재적으로 제한하고 있었고, 결과적으로는 전리군 사상 실천에 대한 대상화와 타자화를 피할 수 없었다.

이와 동시에 陳光興 선생(훗날 지도교수가 됨)과의 만남은 내게 긴장감을 만들어줬지만, 나의 반응은 그의 지식방식에 대한 강렬한 거부 이상이 아니었다. 그런데 만남이 가져온 긴장감과 나 자신의 여러 방면에서의 변화는 상호작용을 일으켜, 나의 이론적 경향과 남한의 이론 상황 전체를 성찰하는 중요한 계기가 되어줬다. 그런데 훗날 나는 '비교'에서 '참조'로의 전환이 단순한 방법론적인 전환만을 의미하는 것이 아니라, 지식과 이론을 대하는 방식, 지식과 현실의 관계 그리고 지식담당자로서 생활방식 자체의 전환을 의미하는 것임을 알게 되었다.

박사반에 들어온 후, 나는 남한과 대만 사이의 유학생 신분을 활용해 적지 않은 글과 서적을 번역했다. 단행본으로 보면 네 권의 중한번역과 한 권의 한중번역이 있고, 내용으로 보면 이론, 문학, 역사 등 다양한 영역을 포괄한다. 번역은 집필을 중단시켰지만, 동시에 나 자신의 언어를 획득하는 훈련과정이기도 했다. 내 글의 文風은 쌍방향 번역 과정에서 형성된 것이다.

첫 번째 번역 저작은 전리군 선생의 《모택동 시대와 포스트 모택동 시대》(상/하)의 한국어판이다. 2011년 봄 상해에서 4개월의 시간 동안 상권의 초고를 완성했고, 훗날 대만으로 돌아와 12월에 하권의 초고를 완성했으며, 2012년 9월과 10월 한국에서 출판되었다. 이 저작의 중문판은 한국 파주 북소리 제1회 저작상을 수상하기도 했다. 우리는 한국어판의 출판을 기념하기 위해 전리군 선생을 초청해 집담회를 진행했고, 그 성과로《전리군과의 대화》가 내 번역을 거쳐서 2013년 4월 한국에서 출판되었다. 특히 이 번역 과정 중에 나는 '한국어문'의 '현대화' 과정이 '신식민성'의 전형적 표현임을 확인했고, 이는 훗날 지식의 신식민성의 문제로 확장되었다.

한편, 상해에서 거주하던 시기에 나는 汪暉 선생님의 봄학기 대만 강의와 관련한 텀페이퍼를 완성했다. 그 과정에서 나는 다소 이론적으로 박현채의 '민족민중론'을 연구했고, 훗날 그 성과인 〈박현채 선생의 사상적 특징: '민족민중론'을 중심으로〉가《區域 :亞洲研究論叢》第二輯에 실렸다. 내게 이 경험은 처음으로 박현채의 글을 집중적으로 독해한 기회라는 의미가 있다. 내가 박현채에게 관심을 갖게 된 것은 2011년 대만 교통대학 방문학자로 와 있던 조희연 선생님과 백승욱 선생님의 영향이 컸다. 그러나 이 시기의 나는 남한 당대 사상을 연구할 충분한 동기와 능력을 갖추지 못했다. 그래서 비록 내 글이 이미 서구 정치철학과 마르크스주의적 이론 및 개념의 구속을 벗어나기 위해 노력하고 있었음에도, '현실'과 '일상'의 범주는 여전히 모호했으며, 결과적으로 논문의 내용은 역사와 정치 두 범주 사이의 현학적 유희를 노정하고 있었다. 물론 이러한 한계가 있지만, 사실상 이 시기의 나는 비교적 진지하게 '역사' 범주를 사고하기 시작했다.

박사과정 초기에 나는 여러 번 대만이라는 타자에 대한 이론적 인식의 한계를 확인했는데, 이러한 반성은 남한 이론 사상의 상황에 대한 성찰로 이어졌다. 박현채의 사상적 실천을 다시 읽는 것은 표면적으로는 거의 '우연'에 가깝지만, 박현채의 사상 실천 자체의 역사성은 하나의 계기가 되어 과거 강렬하게 내 이론적 경향에 영향을 준 남한 좌익 이론 상황을 역사적으로 성찰하게 했다. 2011년 여름 상해에서 대만으로 돌아온 뒤, 나는 생활 공간을 다시 타이베이로 옮겼는데, 이렇게 나에게 '이론'적 공간이었던 신주를 떠나면서 내 생활은 모종의 물질성을 획득하기 시작했다. 물론 2011년부터 2012년까지 나는 줄곧 전리군의 사상에 관심을 두고 독해를 진행하고 있었지만, 2013년이 되어 여전히 대상화된 중국과 전리군에게 구속받고 있음을 자각했다. 그래서 다시 '남한'으로 되돌아갈 수밖에 없었다.

그런데 박현채를 논문 주제로 삼는 데는 일련의 사전 준비 작업이 필요했다. 이 준비는 2013년 가을 공식적으로 시작해 2014년 상반기에 마무리된 두 번의 자격고사를 포함한다.

첫 번째 자격고사의 제목은 '포스트 식민/포스트 냉전 지식상황에 대한 성찰'이었다. 2013년 12월 주제설명을 제출한 후, 2014

년 4월 시험을 마무리했다. 이 과정 중에 나는 다케우치 요시미와 미조구치 유조로부터 크게 계발 받았고, 이를 기초로 남한 당대 사상사, 특히《창작과 비평》이 전개한 민족문학론, 분단 체제론 그리고 동아시아론의 복잡성에 대해 초보적으로 성찰적 검토를 했다. 이 성과는 본 논문의 서론에 담긴 핵심적 문제의식이 되었다. 두 번째 자격고사의 제목은 '진영진 문학과 탈식민 실천'이었다. 마찬가지로 2013년 12월 주제설명을 제출하고, 2014년 6월 시험이 완료되었다. 이 논문에서 논의하고 있는 진영진의 문학과 사상은 대부분 이 시기에 정리된 것이다.

자격고사를 마친 후, 나는 7년 동안 생활한 대만을 떠나 서울의 성공회대학에서 일과 논문 집필을 병행했다. 한편으로 박현채 관련 자료를 추가로 수집했고, 다른 한편 남한 지식사상계의 변화에 다시 적응했다. 그리고 1년을 준비한 후, 2015년 6월 대만으로 돌아와 논문계획서 심사를 받았다. 계획서가 통과되고 한국으로 돌아왔지만, 일과 관련한 활동에 참여해야 했기 때문에 논문 집필 시간을 거의 확보할 수 없었다. 결국, 2016년 1월 공식적으로 논문 집필을 시작해, 5개월의 시간을 들여 지금과 같은 논문을 완성했다.

2014년 8월부터 남한에 거주하면서 나는 오래 미뤄뒀던 曹征路 선생의 소설《민주 수업》의 한국어판 번역에 착수했고, 2015년 8월 서울에서 출판되었다. 이 과정에서 나는 조금씩 '문학'에 대한 사고를 심화할 수 있었다. 특히 나는 조정로 선생이 제기한 '부업작가론'에 주목했고, 그러한 접근은 진영진과 박현채 실천 방식의 특수성을 이해하는 데 도움이 되었다.

한편, 2015년 2월 성공회대학 동아시아연구소의 '아시아 사회주의 워크숍: 대만과 홍콩'을 기획해서, 대만과 남한을 상대화할 수 있는 '홍콩' 시각을 사고하게 되었다. 나는 특히 홍콩의 독특한 냉전 경험을 집중적으로 사유했다. 같은 시기 유사한 주제로 두 차례 서울에서 강연을 한 바 있고, 몇 차례의 학술토론회에 참여했다. 대외적 활동은 내가 소통의 가능성과 한계를 느끼게 된 계기였다. 특히 두 번의 학술토론회 발표 경험은 내 문제의식이 작금의 이론적 영역에 거의 전달될 수 없음을 확인해줬다. 이러한 경험과 좌절은 내 박사논문이 '한국어'적 맥락에 곧바로 놓일 수 없다고 판단하게 했다. 이 때문에 나는 고립감을 가졌지만, 공교롭게도 이러한 고립감으로 인해 장기적 전망을 가지고 비교적 자유롭게 박현채의 사상적 실천에 집중할 수 있었다.

마지막으로 나의 문풍과 관련하여 《인간사상人間思想》과의 인연을 이야기해야 할 것 같다. 나 자신이 본래 가졌던 이론주의 문제, 한국어 자체의 신식민성 문제를 반성하기 시작한 후, 글쓰기 자체가 매우 곤란해졌었다. 《인간사상》은 이런 문제의식에서 내가 실험적인 글을 쓸 수 있는 공간을 제공해줬다. 특히 그 과정에서 王墨林 선생과의 솔직한 토론과 대화는 내가 계속 방향을 찾아가는 데 큰 격려가 되었다.

이와 같은 과정의 성과가 지금 내놓은 박사논문이다. 나는 나의 박사논문이 또 하나의 출발점이 될 것이라는 확신을 갖지 못한다. 이 문제의식을 실천에 옮기려면 오랜 기간을 기다려야 할지도 모른다. 그렇지만 먼 훗날의 미래이든 가까운 미래이든 지금 내가 한 정리와 총결이 의미 있을 것임을 나는 믿는다.

2016年 6月 12日

新竹

참고문헌

1. 박현채 저작

박현채 전집발간위원회 엮음, 《박현채 전집(전7권)》, 서울: 해밀, 2006.

박현채, 《전후 30년의 세계경제사조》, 서울: 평민사, 1978.

———, 《민족경제론: 박현채 평론선》, 서울: 한길사, 1978.

———, 《민중과 경제》, 서울: 정우사, 1979.

———, 《한국농업의 구상》, 서울: 한길사, 1981.

———, 《한국경제의 구조와 논리》, 서울: 풀빛, 1982.

———, 《한국경제와 농업》, 서울: 까치, 1983.

———, 《경제현실의 인식과 실천》, 서울: 학민사, 1984.

———, 《역사와 민중: 민족사발전에 대한 사회과학의 시각》, 서울: 한길사, 1984.

———, 《한국자본주의와 민족운동》, 서울: 한길사, 1984.

———, 《한국경제구조론》, 서울: 일월서각, 1986.

———, 《역사·민족·민중》, 서울: 시인사, 1987.

———, 《민족경제와 민중운동》, 서울: 창작과비평사, 1988

———, 《민족경제론의 기초이론》, 서울: 돌베개, 1989.

———, 《변화를 막을 수는 없다》, 서울: 어머니, 1990.

———, 《정치경제학 강의》, 서울: 돌베개, 1991.

———, 〈문학과 경제-민중문학에 대한 사회과학적 인식〉, 《실천문학》(4호), 1983.

———, 〈문학과 경제-보다 근원적인 상호관계에 대한 인식〉, 《실천문학》(5호), 1984.

박현채, 송기숙 대담, 〈80년대의 민족사적 의의〉, 《실천문학》(8호), 1987.

2. 박현채 공저, 주편, 공편, 편역

박현채 등, 《자본주의 발달사 연구 서설》, 서울: 한길사, 1981(편역).

———— , 《경제학사전》, 서울: 풀빛, 1988(조용범과 공편).

———— , 《현대경제사상사》, 서울: 전예원, 1982(주편).

———— , 《한국자본주의와 임금노동》, 서울: 화다, 1984(주편).

———— , 《통일전선과 민주혁명》, 서울: 사계절, 1988(김홍명과 공편).

———— , 《한국사회구성체논쟁》(총4권), 서울: 죽산, 1989~1992(조희연과 공편).

———— , 《한국근현대사입문》, 서울: 역사비평사, 1988(공저).

3. 박현채 관련 구술 및 논문집

정윤형, 전철환, 김금수 등, 《민족경제론과 한국경제》, 서울: 창작과비평사, 1995.

박현채전집발간위원회 엮음, 《아! 박현채》, 서울: 해밀, 2006.

4. 진영진 저작(중문)

陳映真, 《陳映真小說集》1-6, 台北: 洪範, 2001.

———, 《陳映真散文集》1, 台北: 洪範, 2004.

———, 《陳映真作品集6, 思想的貧困(訪談卷: 人訪陳映真)》, 台北: 人間出版社, 1988.

———, 《陳映真作品集7, 石破天驚(訪談卷: 陳映真訪人)》, 台北: 人間出版社, 1988.

———, 《陳映真作品集8, 鳶山(隨筆卷)》, 台北: 人間出版社, 1988.

———, 《陳映真作品集9, 鞭子和提燈(自序和書評卷)》, 台北: 人間出版社, 1988.

―――,《陳映真作品集10, 走出國境內的異國(序文卷)》, 台北：人間出版社, 1988.

―――,《陳映真作品集11, 中國結(政論及批評卷)》, 台北：人間出版社, 1988.

―――,《陳映真作品集12, 西川滿與台灣文學(政論及批評卷)》, 台北：人間出版社, 1988.

―――,《陳映真作品集13, 美國統治下的台灣(政論及批評卷)》, 台北：人間出版社, 1988.

―――,《陳映真作品集14, 愛情的故事(陳映真論卷)》, 台北：人間出版社, 1988.

―――,《陳映真作品集15, 文學的思考者(陳映真論卷)》, 台北：人間出版社, 1988.

―――,《人間》, 1989年6月號.

―――,《人間》, 1989年7月號.

―――,〈台灣現代文學思潮之演變〉,《中華雜誌季刊》, 第31年, 總1期, 民國81年12月.

―――,〈祖國：追求·喪失與再發現―戰後台灣資本主義各階段的民族主義〉,《海峽評論》, 1992年第21期(台北).

5. 진영진 저작(국문 번역본)

천잉전,《충효공원》, 파주：문학과지성사, 2011.

천잉전 외,《야행화차 외》, 서울：중앙일보사, 1989.

6. 대만정치경제총간(진영진 기획 및 주편)

涂兆彥,《日本帝國主義下的台灣》(台灣政治經濟叢刊 1), 台北：人間, 1992.

劉進慶,《台灣戰後經濟分析》(台灣政治經濟叢刊 2), 台北：人間, 1992.

段承璞,《台灣戰後經濟》(台灣政治經濟叢刊 3), 台北：人間, 1992.

谷蒲孝雄, 《國際加工基地的形成》(台灣政治經濟叢刊 4), 台北: 人間, 1992.

陳玉璽, 《台灣依附型發展》(台灣政治經濟叢刊 5), 台北: 人間, 1992.

劉進慶等, 《台灣之經濟》(台灣政治經濟叢刊 6), 台北: 人間, 1993.

E. A. Wimckler & S. Greenhalgh 合編, 《台灣政治經濟學諸論辯析》(台灣政治經濟叢刊 7), 台北: 人間, 1994.

7. 기타 단행본(중문)

陳光興, 《去帝國: 亞洲作為方法》, 台北: 行人, 2006.

陳光興, 張頌仁, 高士明主編, 《後／殖民知識狀況: 亞洲當代思想讀本》, 上海: 世紀文景, 2012.

溝口雄三, 《中國前近代思想的演變》(索介然, 龔穎譯), 北京: 中華書局, 1997.

_____, 《中國的公與私》(鄭靜譯, 孫歌校), 北京: 生活. 讀書. 新知三聯書店, 2011.

_____, 《中國的思維世界》(劉東主編), 南京: 江蘇人民出版社, 2006.

_____, 《中國的衝擊》(王瑞根譯, 孫歌校), 北京: 生活. 讀書. 新知三聯書店, 2011.

_____, 《重新思考中國革命: 溝口雄三的思想方法》(陳光興'孫歌'劉雅芳編), 臺北: 臺灣社會研究雜誌社, 2010.

_____, 《做為「方法」的中國》(林右崇譯), 台北: 國立編譯館, 1999.

_____, 《做為「方法」的中國》(孫軍悅譯), 北京: 生活. 讀書. 新知三聯書店, 2011.

魯迅, 《魯迅全集(第一卷)》, 北京: 人民文學出版社, 1981.

魯迅, 《魯迅全集(第三卷)》, 北京: 人民文學出版社, 1981.

錢理群, 《毛澤東時代和後毛澤東時代——另一種歷史書寫》(上, 下), 台北: 聯經, 2012.

白永瑞, 陳光興編, 《白樂晴: 分斷體制·民族文學》, 台北: 聯經, 2010.

8. 기타 단행본(한국어)

정성진 등,《한국사회연구5》, 서울: 한길사, 1987.

윤소영 등,《현실과 과학 제2집》, 서울: 새길, 1988.

신채호,《단재 신채호 전집(하)》, 서울: 형설출판사, 1995.

백낙청,《흔들리는 분단체제》, 서울: 창작과비평사, 1998.

백낙청 등,《한국문학의 현단계III》, 서울: 창작과비평사, 1984.

백낙청 등,《한국문학의 현단계IV》, 서울: 창작과비평사, 1984.

박현채 등,《퇴경조용범박사화갑기념논총》, 서울: 풀빛, 1991.

다케우치 요시미,《다케우치 요시미 선집》(I, II)(윤여일 역), 서울: 휴머니스트, 2011.

이병천, 윤소영 등,《80년대 한국 인문사회과학의 현단계와 전망》, 서울: 역사비평사, 1988.

하상일,《1960년대 현실주의 문학비평과 매체의 비평전략》, 서울: 소명출판, 2008.

김진균 등,《산업사회연구 제1집》, 서울: 한울, 1986.

————,《제3세계와 한국의 사회학―현대한국사회론》, 서울: 돌베개, 1986.

김성재 등,《한국민중론의 현단계》(한신대학 제3세계문화연구소편), 서울: 돌베개, 1989.

강진호, 이상갑, 채호석 편,《증언으로서의 문학사》, 서울: 깊은샘, 2003.

서관모,《현대 한국사회의 계급구성과 계급분화》, 서울: 한울, 1984.

최원식,《민족문학의 논리: 최원식평론집》, 서울: 창작과비평사, 1984.

———,《제국이후의 동아시아》, 파주: 창작과비평사, 2009.

최원식, 임규찬 엮음,《4월혁명과 한국문학》, 서울: 창작과비평사, 2002.

미조구치 유조,《중국의 사상》(최진석 역), 서울: 소나무, 2004.

장상환 등,《현단계 제1집》, 서울: 한울, 1987.

瀧澤秀樹,《현대한국민족주의론》, 서울: 미래사, 1985.

변형윤 등,《분단시대와 한국사회》, 서울: 까치, 1985.

9. 기타 단행본(영어)

Paik, Nak-chung, *Division System in Crisis*, trans. by Kim Myung-hwan et al., Berkeley: Global, Area and International Archive, University Of California Press, 2011.

10. 개별 논저(중국어)

延光錫,〈二二八, 五一八與六四 : 冷戰與失語〉,《人間思想》第五期, 2013.

邱士杰,〈試論陳映真的社會性質論〉,《現代中文學刊》2013年第6期(總第27期).

陳光興,〈陳映真的第三世界 : 狂人／瘋子／精神病篇〉,《台灣社會研究季刊》, 78期(2010年6月號).

陳光興,〈陳映真的第三世界 : 50年代左翼份子的昨日今生〉,《台灣社會研究季刊》, 84期(2011年9月號).

11. 개별 논저(한국어)

백기완,〈아! 박현채 교수〉,《아! 박현채》, 서울: 해밀, 2006.

전봉준,〈告示·京軍與營兵而教示民〉, 국사편찬위원회편,《東學亂記錄(下)》, 서울: 탐구당, 1974.

오지호,〈내 뜻대로 산다〉,《어문연구》, 11(1), 1983.

김정한,〈5·18 광주항쟁 이후 사회운동의 이데올로기 변화〉,《민주주의와 인권》, 10(2), 2010.

김수행,〈한국 경제학계의 새로운 동향들〉,《현상과 인식》11(1), 1987.

강만길 등,〈권두좌담: 80년대 민중사학론, 무엇이 문제인가?〉,《역사비평》, 9호, 1989.

장일우,〈농촌과 문학〉,《한양》, 1963년 12월호.

12. 기타

〈동아일보〉, 1946년 8월 13일 자.

〈조선일보〉, 1947년 7월 6일 자.

曹征路訪談, 〈我只是個業餘作家〉, 《深圳商報》, 2013年11月8日(http://sznews.com/culture/content/2013−11/08/content_8727627.htm).